U0522811

经济行为选择过程要义

何大安 著

Jingji Xingwei Xuanze Guocheng Yaoyi

中国社会科学出版社

图书在版编目（CIP）数据

经济行为选择过程要义/何大安著. —北京：中国社会科学出版社，2014.12
ISBN 978-7-5161-5268-3

Ⅰ.①经… Ⅱ.①何… Ⅲ.①经济行为—研究 Ⅳ.①F014.9

中国版本图书馆 CIP 数据核字（2014）第 297428 号

出 版 人	赵剑英
责任编辑	侯苗苗
责任校对	王 斐
责任印制	戴 宽
出　版	中国社会科学出版社
社　址	北京鼓楼西大街甲 158 号
邮　编	100720
网　址	http://www.csspw.cn
发 行 部	010-84083635
门 市 部	010-84029450
经　销	新华书店及其他书店
印　刷	北京市大兴区新魏印刷厂
装　订	廊坊市广阳区广增装订厂
版　次	2014 年 12 月第 1 版
印　次	2014 年 12 月第 1 次印刷
开　本	710×1000　1/16
印　张	18.75
插　页	2
字　数	309 千字
定　价	59.00 元

凡购买中国社会科学出版社图书，如有质量问题请与本社发行部联系调换
电话：010-84083683
版权所有　侵权必究

目 录

序言 ………………………………………………………………… 1

第一章 导言 ……………………………………………………… 1

第一节 行为理性选择理论之概评 …………………………… 2

第二节 利己偏好、利他偏好与认知过程 …………………… 6

第三节 认知过程与效用期望之关联 ………………………… 13

第四节 行为理性选择理论的研究趋势 ……………………… 18

第五节 本书结构安排 ………………………………………… 24

第二章 理性选择中的认知过程与个体主义方法论 ………… 33

第一节 经济学个体主义方法论的几点评述 ………………… 33

第二节 行为理性分析的个体主义方法论边界 ……………… 37

第三节 行为主体认知过程与个体主义方法论 ……………… 41

第四节 重塑经济学个体主义方法论的探讨 ………………… 46

第五节 几点理论感悟 ………………………………………… 54

第三章 非主流经济学的个体行为实验及其理论贡献 ……… 63

第一节 引言 …………………………………………………… 64

第二节 个体行为实验之主要理论概析 ……………………… 67

第三节　行为经济学视角下的非理性 ………………………… 72
　　第四节　行为经济学的理论贡献 …………………………………… 76
　　第五节　分析性结语 ………………………………………………… 79

第四章　行为理性选择的认知过程 …………………………………… 85
　　第一节　对代表性认知理论观点的评述 ………………………… 86
　　第二节　关于认知影响行为理性选择的理论解说 ……………… 91
　　第三节　认知形成过程与理性选择过程的关联机理 …………… 100
　　第四节　认知与选择的程序对应之研究 ………………………… 105
　　第五节　关于拓宽认知过程研究的思考 ………………………… 110

第五章　选择偏好、认知过程与效用期望 …………………………… 117
　　第一节　引子 ………………………………………………………… 117
　　第二节　偏好与认知的逻辑和现实关联 ………………………… 120
　　第三节　认知过程中的效用期望调整 …………………………… 127
　　第四节　重塑行为理性选择理论的框架思路 …………………… 132
　　第五节　分析性结语 ……………………………………………… 137

第六章　经济行为的理性与非理性融合 …………………………… 142
　　第一节　效用最大化是理性选择的必要条件吗？ ……………… 143
　　第二节　新古典经济学对理性非理性融合现象的失察 ………… 147
　　第三节　行为经济学对理性非理性融合现象的理论敏感 ……… 151
　　第四节　有限理性实现程度、理性非理性融合与效用最大化 …… 156
　　第五节　行为金融学蕴含的理性非理性融合思想 ……………… 159
　　第六节　从理性非理性融合得出的理论启示 …………………… 163

第七章　人类实际选择行为的效用函数 …………………………… 170
　　第一节　引语 ……………………………………………………… 170

第二节　联系效用函数对理性和非理性再评述 …………… 172
第三节　选择行为的成本构成及其模型描述 ……………… 178
第四节　人类实际选择行为的效用函数 …………………… 182
第五节　简短的结语 ………………………………………… 188

第八章　厂商投资选择及其心理情结 …………………… 193

第一节　问题分析的理论基点 ……………………………… 193
第二节　厂商理性与非理性选择模式的交叉 ……………… 199
第三节　从选择模式交叉得到的启示 ……………………… 203
第四节　证券价格波动与厂商投资选择 …………………… 208
第五节　厂商理性选择及其心理情结 ……………………… 212
第六节　厂商非理性选择及其心理情结 …………………… 217
第七节　几个值得研究的问题 ……………………………… 222

第九章　公司治理中的理性选择与非理性倾向 ………… 227

第一节　公司治理模式的组织形式及其选择 ……………… 228
第二节　理性选择：公司治理中的制度安排 ……………… 233
第三节　公司治理中的非理性倾向 ………………………… 240
第四节　公司治理结构与投资选择安排 …………………… 246
第五节　几点补充说明 ……………………………………… 255

第十章　厂商行为选择理论的建构路径 ………………… 261

第一节　问题的提出和理解 ………………………………… 262
第二节　行为主体分析假设之探讨 ………………………… 265
第三节　厂商行为选择理论建构之路径 …………………… 268
第四节　建构厂商行为选择理论的几点补充说明 ………… 276

后记 …………………………………………………………… 283

序 言

自从有了人类社会，就有了人的选择（决策）行为；自从有了人的选择行为，就有了研究选择行为的社会科学；自从有了社会科学，就有了不同学派的学术争论；自从有了学术争论，就有了人类文明进步的催化剂。人类社会的政治、经济、文化和思想意识形态等的发展过程，一方面可以看成是社会制度的变迁过程，另一方面也可以理解为是人类选择行为的变化过程。社会制度（正式或非正式）对人类选择行为起着规范和约束作用，但由于制度本身是人类选择行为的产物，因此，对理论研究而言，我们可以将人类选择行为的研究作为制度分析的基础，或者说，我们在对制度等问题进行分析时要重视经济行为选择的研究。

社会科学研究以"理性"作为人类选择行为的逻辑起点和终点，是哲学家的功绩；但经济行为选择过程理性化的系统论证，则可认为是由经济学家完成的。古典经济学和新古典经济学奉行"经济人假设"，这个假设是以亚当·斯密为代表的古典经济学首创，核心是将人的行为选择动机解释为唯一追求自身利益和效用最大化，并赋予其经济理性含义。新古典经济学运用严密的数理逻辑对"偏好的内在一致性"和"效用最大化"进行推理，论证了"经济人假设"，把经济行为主体描述成"理性经济人"。理性经济人作为一个分析范式，对经济学的影响是广泛而深刻的，以这个范式为基础而发展起来的理论体系逐渐成为主流经济学。但在微观经济理论和宏观经济理论发展越来越精细的背景下，针对"理性经济人"范式，主流经济学中也出现对这个范式的批评和质疑。为分析方便，本书把坚持"理性经济人"范式的那部分主流经济学连同新古典经济学一起，统称为传统主流经济学。

传统主流经济学的经济行为选择过程的理论要义，可概括为以下几点：1. 以追求自身利益最大化作为唯一选择动机；2. 以"偏好的内在一致性"作为偏好的稳定假设；3. 通过完全信息和完全理性假设与偏好稳定假设的结合，否定对认知过程进行分析的必要性；4. 以最大化假设作为效用函数的核心内容，并以效用最大化作为判别经济行为理性的依据。这些理论要义集中反映在"理性经济人"范式上。传统主流经济学从人类错综复杂的选择行为中抽象出经济行为，从各种不同选择动机的经济行为中，抽象出单纯追求自身利益最大化的选择行为，并以此来界定经济行为理性及其边界。传统主流经济学提供了一个简单可用的分析前提和分析框架，将行为理性选择理论构筑成一个具有精美逻辑的理论体系。

但是，社会科学对问题的描述和分析越精美，其内蕴的软肋就有可能越明显和突出。半个多世纪以来，现代经济学的不同流派对"理性经济人"范式进行了批评。这些批评主要集中在对传统主流经济学有关行为理性的狭窄界定，以及与此相关的选择动机、偏好、认知和效用等对现实的偏离等方面。概括而论，这些批评主要涉及两大方面的问题：1. 在个体主义方法论下，如何对理性选择动机、偏好、认知和效用等作出符合实际的认识和解说；2. 在个体主义方法论下，如何对行为理性选择理论的分析基础作出理解和运用。现代经济学尤其是其中的非主流经济学，曾通过理论研究、心理实验和实证分析对第一个问题作出了许多有价值的阐释。针对第二个问题，行为经济学、实验经济学、神经元经济学甚至包括演化经济学都倾向于强调认为，行为理性选择理论的分析基础应该是社会科学与自然科学的结合。半个多世纪以来行为理性选择理论的发展表明，现代经济学关于以上两大问题的分析和研究，正在进一步逼近现实地揭示出经济行为选择过程要义。

经济学个体主义方法论对于行为理性选择理论的形成和发展有着二重影响：它在规范着经济学家以"个体行为"作为基本分析单元来刻画人

们经济行为，从而建构出精美的行为理性选择理论的同时，也限制了经济学家对群体选择行为的分析，以至于使传统主流经济学有关个体理性选择的一系列"给定条件约束"的抽象分析，难以对群体选择行为作出解释。其实，针对个体经济行为理性选择的研究，无论是传统主流经济学还是现代经济学，它们都是对选择的"个体行为准则"的研究。但是，即便不考虑这些高度抽象性理论所带来的这样和那样的问题，现有的行为理性选择理论也应该能在经济学个体主义方法论下解释群体选择行为，以便对选择的"社会行为准则"作出解释。人们的行为准则包括个体行为准则和社会行为准则的事实，要求经济学家扩大分析视阈。

演化经济学在演化理性框架下对人类选择行为的研究，批判了传统主流经济学在建构理性框架下对人类选择行为所作的一些重要分析结论，这一批判性研究在涉及行为理性选择的自然科学基础的同时，也涉及人类选择的行为准则问题。行为经济学、实验经济学和神经元经济学强调行为理性选择的自然科学基础，也触及了人类选择的行为准则问题。当经济学家不能在个体主义方法论基础上解释群体选择行为时，就会避开对行为准则的研究，而放弃行为准则研究，就会使效用函数缺少相应变量而过于抽象。本书针对这些情况，提出了重视对人类行为准则研究的观点，认为行为理性选择理论的社会科学基础，要扩张至行为准则的研究，并基于这样的理解，本书在不违背经济学个体主义方法论的基础上，描述和构建了反映人们选择的实际效用函数。

经济学博大精深的效用函数，可谓是行为理性选择理论的重要归宿，它在很大程度和范围内反映了经济行为选择过程要义。现代经济学对传统主流经济学行为理性选择理论的一系列批评，说到底，最后都反映在效用函数上。传统主流经济学对效用函数的描述，是直接从追求自身利益最大化假设来展开的；现代经济学对它的质疑和批评，主要集中于对偏好内在一致性假设以及跳跃认知过程两个方面。总的来说，现代经济学尤其是其中的非主流经济学，承接了赫伯特·西蒙的有限理性学说，在信息不对称和有限理性背景下对个体选择动机、偏好、认知和效用等展开了贴近现实的研究，他们引进心理因素，通过把心理学与经济学的并轨，大大拓宽了经济行为选择过程要义，发展了行为理性选择理论。但是，现代经济学并没有对经济行为选择过程要义作出系统的梳理，这在一定程度上限制了行为理性选择理论的发展。

传统主流经济学通过一系列假设，以最大化锁定效用函数的分析模式，使效用函数严重脱离实际，使经济行为选择过程要义被限定在极其抽象且狭窄的范围。本书的研究任务，是在对现代经济学相关理论作出评说和梳理的基础上，围绕个体选择动机、偏好、认知和效用，对行为理性属性、行为主体假设、行为理性选择理论一般分析框架等作出分析和研究，力图较为切合实际地揭示出经济行为选择过程要义。

在笔者看来，行为理性属性是行为理性选择理论最重要的基础，行为主体假设是行为理性选择理论的分析前提。传统主流经济学把行为理性属性等价于自利最大化，是与其"经济人假设"一脉相承的。传统主流经济学建构其精美理论的成功之处，也是传统主流经济学遭到现代经济学严厉批评的地方。从学理或从实际考察，行为理性属性是与选择动机、偏好、目的等相关联的，行为主体假设需要以符合实际的动机、偏好、认知和效用等为基础。现代经济学在对传统主流经济学进行一系列批评时看到了问题的症结，但没有对行为理性属性作出明确的界定；现代经济学批判了"经济人假设"，但没有在理论上彻底改造或重塑这个假设。因此，与其说现代经济学为我们揭示了经济行为选择过程要义，倒不如说现代经济学为我们分析和研究经济行为选择过程要义提供了思想材料。

作为对问题研究的一种学术探讨，本书对行为理性属性作出了界定，提出了"行为人假设"；与这个假设相对应，本书以"理性行为人"概念取代"理性经济人"，并试图用它们作为全书分析主线来描述和揭示经济行为选择过程要义。理论研究在基本假设和基础概念或范畴上的创新是很重要的（假如本书提出的假设和概念被认为是创新），我们用新假设取代旧假设，用新概念取代旧概念，必须能在解释和批判原有假设和原有概念的前提下，对新假设和新概念有充分的理论论证。基于这样的要求，本书的许多章节直接或间接对这个新假设和这个新概念进行了说明和论证,并坚持以新假设和新概念来展开对经济行为选择过程要义的研究。

根据现代经济学在行为理性选择理论上的新发展,本书在坚持经济学个体主义方法论的前提下,分析和研究了个体选择动机、选择偏好、认知过程和效用函数,认为个体现实的选择动机具有多重性,选择偏好也具有多重性,这些多重性决定了认知过程的不确定性,而认知不确定导致了效用期望发生调整。诚然,这些理论见解可散见于现代经济学不同学术流派的论述中,但本书是在"行为人假设"和"理性行为人"概念基础上,对现代经济学这些零散观点作出了一种系统的研究归纳。全书强调选择动机、偏好、认知和效用的逻辑和现实关联,它不仅与传统主流经济学相去甚远,而且在分析脉络的把握上,也与现代经济学有很大区别。就经济行为选择过程要义而论,笔者认为,发现和指出这一要义是一回事,系统描述和论证这一要义则是另一回事;经济行为选择过程要义的揭示,需要有一个能够得到基本假设和基本范畴支撑的相对严谨的分析框架。如果说我们把"多重动机→多重偏好→认知过程→效用期望调整"作为揭示经济行为选择过程要义的分析框架,那么,这样的分析框架有可能是推进行为理性选择理论发展的一种可供选择的建构。

人类的行为理性选择有着十分宽泛的内容,除社会科学外,一些自然科学也对此发生兴趣,它们在一定程度上与经济学有融合的趋势。但无论是社会学或政治学还是心理学或生物学,都没有像经济学那样呈现出"经济学帝国主义"的霸势。在经济学领域,行为理性选择理论业已形成相对完整的体系,它对其他社会科学发展的影响是显而易见的。虽然,伴随社会政治、经济和文化发展所形成的演化理论学说,曾对行为理性选择有过不同于经济学的理解,心理学和生物学理论曾对行为心理和脑神经如何影响理性选择作过一些有价值的分析,但这些理解和分析始终是对动机、偏好和认知的解析,只是扩大了行为理性选择理论的社会科学和自然科学的分析基础,也就是说,这些理论尚不足以完整或系统地揭示出经济行为选择过程要义。从目前各类学科所具备的条件和基础来看,完善行为理性选择理论的重任，还得落到经济学家的肩上。

经济学家对行为理性选择理论在现实操作层面上的具体运用，主要是分析和研究制度运行和厂商行为。社会经济制度是规则及执行规则的手段。一般来讲，制度的规则是行为理性选择的结果，规则的执行手段是行为理性选择的行为反映；但在有些情况下，个人、厂商和政府也会出现非理性选择，为此，本书花了一定篇幅探讨了非理性选择问题。另一方面，基于理性选择行为往往是与制度执行交织在一起的事实，本书结合制度经济学理论讨论了厂商选择行为及其心理情结，并重点讨论和研究了公司治理中厂商的理性选择和非理性倾向。本书分析结构之如此安排，是基于厂商选择行为既能反映个人又能反映政府行为，而行为理性选择理论必须以实际为参照的考虑。公司治理中的内部制衡和外部约束，会在公司和市场两种制度运行中反映出厂商的行为选择，这恰恰是行为理性选择理论所必须重点关注的。

传统主流经济学在厂商理论上的缺失，给现代经济学发展行为理性选择理论留下了研究空间；由于现代经济学的行为理性选择理论缺乏一个简单可用的理论假设和分析框架，迄今为止，现代经济学还没有建立起符合实际的厂商行为选择理论。作为一种研究尝试，笔者依据本书所描述和揭示的经济行为选择过程要义，讨论了厂商行为选择理论的建构路径。这种建构路径的讨论，始终是围绕"多重动机→多重偏好→认知过程→效用期望调整"来展开的；读者可将这种建构路径，理解为本书依据现实对经济行为选择过程要义的理论概括。当然，针对这种建构路径有可能存在的这样或那样的问题，可以进行批评、商榷和讨论。

经济行为选择过程要义，主要体现在理性选择和非理性选择两大方面。经济学关于选择动机、偏好、认知和效用的大量研究，已为这种要义的揭示积累了丰富的思想材料。如果说本书的研究存在创新之处，则突出反映笔者在提出"行为人假设"和"理性行为人"概念的基础上，对现代经济学相关的思想材料进行了整合、加工和处理，使经济行为选择过程要义的分析链得到清晰化。笔者以为，行为理性选择理论要创新要发展，仅仅揭示经济行为选择过程要义是不够的,它还必须运用数学工具或数理逻辑等现代分析方法,运用社会科学和自然科学作为分析基础,对多重选择动机、多重选择偏好、认知过程、效用期望调整等展开贴近现实的研究,让行为理性选择理论更加成熟更加科学。显然,这需要经济学家的长期努力。

何大安

2014 年 6 月

第一章

导　言

　　人类经济活动的行为选择问题是经济理论的分析基础，它包括理性选择和非理性选择两大内容，这两大内容构成了经济学的行为理性选择理论。我们在理论上通常把经济行为的选择过程划分为是由动机、偏好、认知和效用等阶段构成。经济学家对这些阶段所进行的分析和研究，因假设前提、参照系和分析方法的差别，形成了不同的经济学流派。从经济学基础理论的形成和变迁来考察，在一定意义上，经济学理论的发展史可以看成是行为理性选择理论的发展史。人类经济行为的选择过程充满着令经济学家深感头痛的不确定性，这种不确定性在显示出经济学家智慧的同时，也反映出经济学家大脑受到了有限理性的制约。

　　自新古典经济学对人类行为理性选择作出"经济人假设"到现代经济学对以这个假设为基础的"理性经济人"范式的质疑和批评，先后产生了诸如演化经济学、行为经济学、实验经济学、神经元经济学等一系列理论学说，这些学说对经济行为的选择过程中的动机、偏好、认知和效用等有各自独到的见解。但较之于以新古典经济学为底蕴的传统主流经济学，这些学说的共同特点是没有像传统主流经济学那样，在理论上建立起简单可行的行为理性主体假设以及与此相对应的分析结构，以至于这些学说对经济行为的选择过程的分析显得有些松散。如何改进或重塑现代经济学行为理性选择理论在动机、偏好、认知和效用等过程分析上的松散结构，无疑是经济学家的一个重要研究课题。

第一节　行为理性选择理论之概评

古往今来之人类社会生存和发展的历史，被理论家描述或解释为是制度形成和变迁的历史；制度是规则及实施规则的手段这一事实，引发了理论家对制定和执行制度的行为理性主体的关注；作为行为理性主体的个人、厂商和政府，他们在经济、政治和文化等不同领域的理性选择行为以及由此产生的各种社会现象，使不同学科的理论家努力寻找能完美建构本学科分析框架的方法论。例如，经济学的个体主义方法论，社会学和政治学的群体主义方法论，哲学的一般方法论。[①]——人类在任何领域实施任何一项重大决策前，通常会对各种有可能成为实际决策的路径和方案进行思考，这种思考通常受动机和偏好的支配，思考的结果会形成认知并形成决策；同时，人们在决策过程中会不断调整效用期望，他（她）最终是在能够接受或不得不接受的数值区间内实现效用函数。从理论的一般性来概括，人们的行为动机、偏好、认知和效用等构成了行为选择过程前后相继的几个阶段。经济学对这几个阶段的分析和研究，形成了行为理性选择理论。

经济学以"个体行为"作为基本分析单元的个体主义方法论，在构建行为理性选择理论上取得了很大的成功。随着这种成功，经济学家开始尝试将有关行为选择的动机、偏好、认知和效用的基本理论扩张到社会的经济、政治、法律和文化等领域，但这种"经济学帝国主义"对其他学科领地的不断蚕食并没有获得全面的胜利。在现实中，包括一些经济现象在内的许多社会现象明显反映出群体行为的特征，这种情形似乎不支持经

---

① 经济学坚持个体主义方法论来研究行为选择，社会学和政治学主张用群体主义方法论来研究行为理性选择，而哲学则是跳出具体行为束缚从一般理论层面来研究行为选择。不同学科主张采用不同的方法论，除了各学科不同研究对象的区别，还在于它们对行为理性及其属性有不同的理解或定义。本书在很多地方会经常涉及对这个问题的讨论。

济学以"个体行为"作为基本分析单元的个体主义方法论。在很多社会学家和政治学家看来，分析和研究社会的经济、政治、法律和文化等，仍需要在一定范围内坚持以"群体行为"作为基本分析单元的群体主义方法论。理论研究的方法论问题，不仅关系到行为理性选择理论的哲学背景和框架，而且涉及具体的分析方法和手段。在经济学的理论体系中，就明显存在着这两方面的问题，因此，我们有必要在理论上作出概要性的解说。

在正统新古典经济学或传统主流经济学的视野中，个体基本上是被看成抽象的行为主体。新古典经济学把个体描述为凌驾于所有社会关系之上的一种独立存在，将社会关系解说为个体行为理性选择的结果，其个体主义方法论是以"建构理性"为哲学背景的，认为个体行为理性选择是一种有意识的规则遵循。现代主流经济学与传统主流经济学一样，在很大程度和范围内同样是以新古典经济学为分析底蕴，其个体主义方法论也是以建构理性为哲学背景的。与正统新古典经济学或主流经济学不同，演化经济学推崇"演化理性"，认为演化理性是人类长期的生物和文化演化的结果，主张在演化理性下运用个体主义方法论，其分析结论是强调个体理性选择行为的无意识地规则遵循。① 这两种不同哲学背景下的行为理性选择理论，对经济理论研究的基本分析方法产生了深刻的影响。

建构理性催生了经济学的均衡分析，演化理性孵化了经济学的演化分析。针对个体主义方法论是否适合于经济行为分析，这两大分析方法在原则上并没有太大分歧（演化分析并不明确反对个体主义方法论，只是在有些场合认为可考虑运用群体主义方法论），但它们在具体分析方法、基本假设、基本范畴以及逻辑推论等方面却存在着相当大的差异。概括而

---

① 传统主流经济学将建构理性简化为完全建构理性，认为人类所有的选择都可以由个体理性获取，这种观点在其均衡理论模型中的反映，是认为人类一切博弈都可以通过个体理性的算计而得到博弈的解。哈耶克（1969，1979，1987）对建构理性这种超越先验的唯理主义持严厉的批评态度，他认为人类一切制度和文化不是人有意识的设计，而是人类长期的生物和文化演化的结果。相对于传统主流经济学均衡理论所推崇的完全建构理性，经济理论界把哈耶克有关理性的认识，解说为经济演化理性。

言，均衡分析主张运用物理类比，而演化分析则主张生物类比；均衡分析强调理性选择的目的论，而演化分析则强调理性选择的自然演化；均衡分析始终强调主体性和理性选择最大化，而演化分析则始终强调客体性和理性选择的无意识遵循。这两种分析方法在经济理论研究中处于长期的对立。以这种对立影响行为理性选择理论的形成和发展而言，它们在概念或范畴、分析工具和描述方法等方面的差别，直接导致了现代主流经济学与非主流经济学之间一些基本观点的分歧。

这些分歧出现在许多经济分析领域中。在行为理性选择理论领域，这些分歧或反映在问题研究的不同假设条件约束上，或反映在经济学家对行为理性属性及其边界的不同界定上，或反映在动机、偏好、认知和效用上，即反映在对经济行为之选择过程的不同解释上。追溯这些分歧产生的原因，主要是因为运用这两种分析方法的经济学家，对影响选择过程的信息和环境等复杂因素有不同理解，或者说，他们对经济行为的选择过程有不同的分析假设前提和不同的分析结构。

从分析逻辑的推理看问题，如果理论研究的假设前提之于现实太抽象，或者说理论分析的约束条件太多，它必然会与注重现实研究、从而主张较为实际的假设前提的理论产生分歧；理论研究要实现与现实的高度统一，势必要在分析中放弃更多的假设条件或约束条件，换言之，就是要在分析中尽可能让原先被视为外生的变量更多地作为内生变量来处理，但这在分析方法和分析工具受限制的情况下会碰到一时难以逾越的困难，于是，尽管那些追求与现实高度统一的理论找到了吻合于现实的假设前提，但由于这些假设前提繁杂松散，因而难以像主流经济学那样构建出精美的理论体系。现代非主流经济学就出现了这种情形。

新古典理论（在有些场合也包括主流经济学）是以完全信息和完全理性为分析假设的，把行为理性选择者看成偏好稳定、只追求自身利益最大化的经济人，把经济行为的选择过程解说为具有一定理论程式的逻辑演绎。现代非主流经济学认为，新古典经济学的行为理性选择理论的假设前提，使行为理性属性及其边界限制在狭小的范围，而建立在这种假设前提下的有关偏好、认知和效用的分析，则是与实际选择过程存在着系统偏差。然而，占统治地位的经济分析观点并不介意假设前提与实际的背离，在他们看来，正统的经济理论应该具有基本的简单可行的假设前提和分析范式，并在符合逻辑和学理的基础上构建出精美的经济理论分析框架；如果缺乏假设前提和基本分析范式而单纯通过对现实分析所得到的经济理论，则是一种学术厚度不够的非正统的经济理论。就此而论，演化经济学、行为经济学、实验经济学、神经元经济学等有关经济行为的选择过程的分析，统统属于现代非主流的行为理性选择理论。

现代非主流经济学是以信息不对称和有限理性约束作为分析假设的，它对新古典经济学理性选择理论的偏好、认知和效用的观点提出了许多批评。但由于新古典经济学的理性选择理论有属于自己的贯穿于其理论体系始终的假设前提（经济人假设），有能够与假设前提相一致的能够定义行为主体的基础分析范式（理性经济人），而现代非主流经济学则没有属于自己的统一的假设前提和分析范式。因此，无论是演化经济学和神经元经济学，还是行为经济学和实验经济学，它们的行为理性选择理论都呈现为一个发散的结构。不过，即便从这个发散结构来考察，现代非主流经济学对行为理性选择理论的贡献也是不可抹杀的，这些贡献主要表现在对偏好、认知和效用的重新解读上。这些解读使人们对行为理性属性有了新的理解，行为理性的分析边界得到了扩大；人们不再局限于从偏好稳定（新古典范式的偏好内在一致性）来审视选择行为，不再在行为理性选择的分析中跳跃认知过程，而是开始注重于对效用期望调整的研究。也就是说，现代非主流经济学对选择过程的解读，使行为理性选择理论迈出了从讲坛走向现实的步伐。

行为理性选择理论从新古典分析范式演变或发展至今，既是经济学家对人类选择行为及其过程进行讨论和探索的结果，也是经济学家对一系列新问题和热点问题展开研究，从而在分析方法、工具和手段等方面经过可能使行为理性选择理论与现代经济学发展方向保持一致的结果。经济学行为理性选择理论的发展，突出反映在对经济行为之选择过程的研究上，越来越多的经济学流派放弃了单纯自利动机和偏好稳定假设,开始关注认知过程和效用期望调整,各大经济学流派从不同角度对效用最大化提出质疑和批评,并对重塑效用函数提出了设想。

如果说赫伯特·西蒙(Simon,1973,1982,1986)把行为理性解说为"实质理性"和"过程理性",是对行为理性属性的重新理解或定义,哈耶克(1969,1979,1987)崇尚自然演化理论,强调人类选择行为的理性不及或无知,是对行为理性分析边界的拓宽;那么,行为经济学(Kahneman & Tversky,1973,1979)对不确定条件下风险决策的分析,实验经济学(Simth,1994)主张用可复制性和可控制性实验来纠正传统理论纯粹逻辑演绎和数学推论的实验分析,以及神经元经济学(Dam sio,1999;Stephens & Krebs,1986)依据神经元编码和映射实验把经过编码的信息理解为"生理期望效用"的分析,使得经济学在运用个体主义方法论对动机、偏好、认知和效用诸阶段所形成的选择过程的研究,大大逾越了传统行为理性选择理论的范围。

第二节 利己偏好、利他偏好与认知过程

社会科学对人类理性选择行为生成原因的研究,远远超出了经济学的分析范围。就在外延上能最大限度地概括这种分析范围的行为范畴来讲,社会科学实际上是围绕"个人准则"和"社会准则"两大范畴来展开的。"准则"在个体行为的分析层面上,可将其理解为偏好;在社会行为的分析层面上,则可将其解释为制度。当经济学家注重从"偏好"来研究行为理性及其选择过程时,其假设前提、分析方法及其基本观点的理论综合,就形成了行为理性选择理论;当经济学家注重从"制度形成和变迁"来研究行为理性及其选择过程时,就形成了我们所熟悉的制度分析理论。值得关注的是,经济学关于制度问题的研究,有着将"个人准则"和

"社会准则"放置于统一分析框架的趋势。这一研究趋势的未来发展,要求经济学家拓宽对偏好的解说,而不能像传统主流学说那样一味强调偏好稳定。在这方面,演化经济理论依据演化理性对个体行为和社会行为的制度和文化演化分析,可谓是放弃了偏好稳定假设、从而开启了把个人准则和社会准则放置于统一框架进行研究的先河。

偏好可划分为利己偏好和利他偏好(也称社会偏好)。我们分析不同层级的偏好,一方面对认知过程会有不同理解,进而涉及对效用函数的不同解说;另一方面会扩展到如何把"准则"运用于对偏好形成的说明中,以至于有必要放宽对偏好的经济学解释。事实上,现代经济学尤其是非主流经济学在研究认知过程时,已开始摆脱偏好稳定假设,他们将偏好看成是多重的,将认知看成是不确定的,并据此对以最大化为核心内容的效用函数及其变量构成提出质疑和批评(Akerlof, 2007)。现代经济学在行为理性选择理论上的这些发展,分明是要通过对偏好、认知和效用的新解说来改造或颠覆传统行为理性选择理论。从基础理论的要求看,这一研究工作还有许多困难,困难之一是发生在如何重塑偏好理论,把个人准则和社会准则放置于选择函数的统一框架。

大众通常把"喜欢什么或不喜欢什么"理解为偏好,这一朴素理解的背后暗含着"什么可做和什么不可做"的行为准则。如果说偏好是对喜欢什么或不喜欢什么的理论描述,那么,我们便可以把反映社会和他人(有时也包括自己)行为方式概念化的行为准则看成是社会偏好。不过,在千差万别的个体行为选择中,研究者很难在理论上用体现理性的一般偏好(准则)来描述个体具体的选择行为。新古典经济学在行为理性选择理论建构上的成功,是从所有的选择动机中抽象出利己动机,通过对个体利益最大化追求的描述,将经济行为的选择偏好固定在利己偏好上,并通过数理二元子集的逻辑推演,论证了偏好的内在一致性(Neumann & Morgenstern, 1947; Debreu, 1959)。但是,利己偏好只是人类理性选择的一种最主要选择动机的产物,它并不能涵括所有的选择动机,因而,经济学家仅用利己偏好是很难在行为准则层面上对偏好做出一般解释的。

现代经济学之"经济学帝国主义"式的扩张，实际上是试图"将偏好拔高到行为准则层面"，从而使行为理性选择理论适合于一切领域的分析。现代经济学既强调利己偏好也强调利他偏好，不同意传统主流经济学将非自利追求的行为动机迂回地解说成仍然是追求自利的分析观点。针对传统主流经济学的偏好内在一致性的分析及其论证，他们认为现实的选择子集应是一种 n 维向量空间，而不是传统主流经济学所描述的抽象二元子集。换言之，人们的选择动机是经济性和非经济性动机的混合，在信息不对称和有限理性约束下，人们的行为理性选择所面对的，通常是大于 2 的多元选择子集。针对现实选择中的非自利动机，他们十分重视利他、互惠和公平等选择动机所形成的利他偏好，认为许多场合下由利他偏好所驱动的选择行为，仍然可以用追求效用最大化来描述。现代经济学敏感意识到了比偏好更高层级的行为准则的存在，主张将行为准则作为效用函数的构成变量。这种情形可以从现代经济学对认知过程的研究中得到证实。

在成本经济中，投资者的经济行为的选择过程是一个充满不确定性的随机世界，这个世界按结果集的概率分布可划分为确定性随机世界和模糊性随机世界（Knight, 1921; Keynes, 1921; Dequech, 2000）。新古典经济学实际上以确定性随机世界为分析对象，而现代经济学则以模糊性随机世界为分析对象。认识这个区别很重要，它可以帮助我们理解为什么新古典经济学坚持自利最大化、偏好稳定和淡化认知，为什么现代经济学关注决策动机多重、偏好多重以及认知不确定。针对模糊性随机世界个体的行为理性选择，现代经济学以心理学和脑神经科学等作为行为理性选择理论的自然科学分析基础，先后出现了行为经济学、心智经济学和神经元经济学等理论，这些理论从心理因素和脑细胞结构等对偏好、认知及效用进行了研究。于是，行为理性选择理论从过去单纯以社会科学作为分析基础，开始走向社会科学与自然科学相混合的分析基础。行为理性选择理论的分析基础发生变化，经济学家对选择过程的研究也就发生变化。

如上所述，行为经济学和实验经济学曾以认知心理学为分析基础，通过对心理活动促动偏好和认知变化，从而影响个体理性选择行为及其过程的一系列范畴的描述，揭示了传统行为理性选择理论与个体现实选择过程的一系列偏差。鉴于传统行为理性选择理论只关注理性计算收益而不重视理性计算的认知成本，从属于行为经济学的心智经济学，开始注重从心智角度研究认知成本的节约问题。心智经济学认为，心智成本是个人选择中的思考成本（Conlisk，1996），可以运用启发式方法对心智成本展开研究（Taylor，1991；Gigerenzer，1999，2000，2001），通过对反映个体知识和智力水平的脑力供给和需求的分析，从而对个体处理信息及其费用的数量均衡分析来说明心智成本（德姆赛茨，1999）。心智经济学把心智成本看成是一个接近于思维成本但不包含生产成本和交易成本的概念，这在一定程度上推进了经济学家对认知过程的研究。

演化经济学同样认为，人类选择行为既存在自利偏好也存在利他偏好（Henrich，2003；Bowles et al.，2003），其对偏好和认知的分析基础，是生物学理论和历史文化理论的混合，该学说在一定程度上催生了神经元经济学。神经元经济学以脑神经科学为理论基础，它十分重视人类理性选择的自然科学基础，其著名的神经元编码和映射实验，以及对人类选择行为在生理上存在着理性机制的论证，是很有创意的，它试图摆脱行为经济学融合经济与心理二元动机的分析模式；同时，神经元经济学提出了人类大脑的模块结构经由脑循环，会导致个体在理性选择中产生不同的动机、偏好和认知的观点，提出了认知过程会发生个体基本情感转变为社会情感的生理调节观点（Dam sio，1999）。总之，神经元经济学是以脑神经科学为理论基础并且推崇自然选择的，它主要是从脑神经等方面揭示认知过程中的偏好形成机理，并没有结合动机、偏好和效用对认知过程进行详尽描述。在这一点上，它较之于行为经济学和演化经济学，并没有实质的区别。

新古典经济学的预期（期望）效用理论（Expected Utility Theory），以追求自利效用最大化作为行为理性选择理论的分析基础，并不是什么重大错误，其失误在于把这种追求看成是个体行为理性选择的唯一动机，并通过偏好稳定假设来排斥选择过程中的思考和认知。著名的"阿莱斯悖论"（Allais，1953）曾通过实验揭示投资者在不同场景下会对影响选择的信息进行思考，认为思考程度和范围的不同会决定投资者的不同认知，而不同的认知会造成不同的选择。但阿莱斯本人只是对预期效用理论"相同效用选择由等同概率决定"的观点提出了质疑或否定，并没有真正解决这个悖论。行为经济学的展望理论（Prospect Theory）针对预期效用理论与现实选择过程的偏差，提出了"个体行为理性选择的两阶段"理论，并通过实验否定了"相同选择通常在相同概率下发生"这一预期效用理论的经典结论。[①] 行为经济学实际上是把认知看成是思考的函数。

在传统主流经济学的精美理论大厦中，行为理性选择中的认知过程是一个黑箱。现代经济学对其展开的一系列质疑和批判，焦点或目的就是要打开这个黑箱。诚然，现代经济学分析了偏好的各种形式、偏好的多重性及偏好形成的社会机制或生理机质，但并没有在偏好促动认知形成的基础上，说明认知怎样影响行为经济行为的选择过程，因而这个黑箱被打开的程度是有限的。经济学家要解决偏好怎样促动认知，认知怎样影响经济行为的选择过程这两个理论问题，需要建立一个新的分析框架。这个新框架对模糊性随机世界中投资者行为经济行为的选择过程及其结果的解释，首先要跳越传统主流经济学的偏好稳定和效用最大化等约束；其次是分析多重动机和多重偏好对认知过程的作用机理。具体地说，就是要在信息不对称和有限理性约束下，把多重选择动机和多重偏好作为分析前提，把多重选择动机影响多重偏好的形成过程理论化，把多重偏好影响认知的形成过程理论化。显然，如果能够建立这样的新分析框架，认知过程这个黑箱将会被进一步打开。

---

① 预期效用理论把决策结果出现的概率视为效用权重，认为效用的加权之和等于这一概率，而相同的选择通常是在相同概率下发生的。展望理论（Kahneman，Tversky，1979）有关行为选择过程可分为前后相继的两个阶段的理论，认为人们在预处理和评估的过程中会受到特定情境中的高低几率事件的影响，这种影响会使决策者在简化和整合信息的过程中剔除极有可能引起偏差的相同因子，而选择者在运用不同的简化和整合方法来剔除相同因子时会造成不同于预期效用理论的认知偏差，从而使决策结果出现的概率不等于效用的加权之和。

针对多重选择动机影响多重偏好之形成过程的理论化，我们可以考虑在既关注利己偏好又关注利他偏好的基础上，把偏好上升到行为准则的高度来理解。经济行为偏好本质上是选择动机和目的所规定的个人准则，效用（收益）是个人准则的核心内容。在理论分析中，一旦我们把"什么该做可做以及什么不该做不可做"完全局限于个人经济利益来考察，便很容易把追求自身利益最大化看成是最主要乃至于唯一的个人准则（传统主流经济学就是如此），从而赞成传统主流经济学以自利偏好囊括一切偏好的经典教义。其实，个体在行为理性选择中会经常出现公平和互惠的利他偏好，利他偏好也可以用个人准则来解释。从社会的角度来看，即便利他偏好发生在个人身上，也可以理解为是社会偏好或社会准则。另一方面，政府制度或政策的选择动机是实现公平和互惠，这样的选择动机所形成的选择偏好是典型的社会偏好，它等价于社会准则的意义就更加明显了。因此，把偏好上升到个体准则和社会准则来分析，或许是将来经济学行为理性选择理论的一种发展趋势。

关于多重偏好影响认知形成过程的理论化。偏好影响认知，说到底是投资者选择动机和目的，怎样通过偏好影响投资者搜集、整合、加工和处理信息，从而对特定决策产生特定认识的问题。这个问题的分析在新古典经济学中是阙如的，而现代经济学对这个问题的研究是发散的。这是因为，虽然行为经济学、实验经济学、演化经济学以及神经元经济学等，都认识到了选择偏好的多重性，都洞察到了投资者对信息的搜集、整合、加工和处理，是认知形成和选择过程的最主要环节；但无论是基于社会科学分析基础还是基于自然科学分析基础的解读，现代经济学或注重于一般理论层面对偏好影响认知的解释，或局限于行为和心理实验对偏好影响认知的解释，或专注于生理机制对偏好影响认知的解释，而没能从偏好与认知之间的阶段性对应关系来展开研究。这是值得研究的问题。

经济学家要实现和完善多重偏好影响认知形成过程的理论化研究，包含两个层次的内容：一是在理论上解析出选择动机、偏好和认知之间的逻辑或函数关系；二是在理论上解析出偏好与认知之间的阶段性对应关系。就数理模型在这两个分析层次中应用而论，可以用数理模型对第一层次进行抽象描述，对第二层次进行具体描述；就数理模型在这两个层次上的分析空间而论，现有的分析文献表明，第二层次数理模型的分析空间，要比第一层次更加宽泛。但在这两个层次中建构数理模型，很可能达不到对实证分析偏爱的经济学家的要求，这涉及解释变量的选取问题，也就是说，如果我们把认知界定为被解释变量，那么我们如何通过对多重偏好影响认知的解说来界定解释变量呢？在笔者看来，对解释变量的选取，可以把重点放在多重选择动机和多重偏好，以及投资者对信息的搜集、整合、加工和处理等方面。因为这样安排解释变量，可以把经济行为的选择过程作为一个整体来处理。

认知过程在行为理性选择理论中的重要地位，已被经济学家们充分认识，无怪乎有人直接将行为理性解释为认知理性。[①] 认知过程之所以被重视，除了它直接决定行为理性选择及其过程，还反映在对效用函数的解释也离不开认知过程。行为经济学的展望理论对一系列反映心理活动范畴的论证，力图说明认知不确定会致使投资者效用期望发生转变，其学术批评矛头是直对传统效用函数的；实验经济学在不同情境设置下的大量实验，无非是要说明实验情境变化会导致投资者认知变化，从而引致投资者效用期望调整；演化经济学强调认知过程的自然演化，是把效用函数圈定在不确定的演化中；神经元经济学有关大脑模块结构及其功能对认知过程影响或决定的研究，则是要说明生理机制之于效用函数有不可忽视的作用。所有这些研究给我们的启示是：认知过程与效用期望之间存在着关联，对这种关联的研究是行为理性选择理论一个不可或缺的组成部分。

---

① "认知理性"概念最早是基于调和"工具理性"和"价值理性"而提出的（Boudon，1998）。国内学者黄凯南、程臻宇（2008）曾对其内涵和外延进行过解说，认为它是一般性概念，能够调和建构理性和演化理性以及相对应的均衡分析和演化分析，并对完善经济学个体主义方法论起作用。这是一篇值得一读的经济学论文。

第三节 认知过程与效用期望之关联

这是一个从现代经济学近几十年研究中选取出来的分析专题。我们对该专题的研究会发现在行为理性选择理论的发展中，现代经济学与传统主流经济学的理论分歧可以从许多方面加以揭示。以效用函数为例，经济学家对其内涵和外延的理解和解释，就充满着以现实为参照系的争论（关于这个问题，本书将描述一个反映实际的效用函数）；现代经济学运用心理学、生物学、脑神经学等自然科学对效用函数的研究，已在相当大程度和范围内弥补了传统主流经济学单纯以经济学和其他社会科学进行研究所存在的缺失。这些缺失既反映在效用函数变量构成、最大化解说等方面，也反映在被学人忽略但与效用函数有关的行为理性判断依据和行为最大化等方面（何大安，2013，2009）。从行为理性选择理论的整体发展脉络所涉及的多重动机、多重偏好和效用期望调整来看，现代经济学对传统效用函数的质疑和批评，主要是围绕认知过程来展开的。因此，对认知过程与效用期望之间是否存在关联的认识，是鉴别现代经济学与传统主流经济学有关行为理性选择理论分歧的一个重要线索。

在信息对称和完全理性假设的传统主流经济学中，其行为理性选择理论的分析链中是没有认知过程和效用期望调整席位的。这种情形可以概括为：传统主流经济学通过"偏好内在一致性"和"相同效用决策由等同概率决定"的严密数理逻辑（Neuman，Morgenstern，1947），认为个体掌握完全信息和具有完全理性的算计能力，能够知晓选择过程的未来结果，因而认知过程在传统主流经济学中是全然被忽略的。联系效用来看问题，个体知晓选择的未来结果，意味着效用最大化有可能实现，因而也就无所谓效用期望的调整问题。传统行为理性选择理论的分析链是：唯一追求自利的选择动机→具有内在一致性的自利偏好→效用最大化的实现。它是一条"动机、偏好和效用"高度合而为一的分析链。这条分析链向我们展示的有关行为理性主体的一般图景，是现实经济选择中存在着全知全能的"理性经济人"，对经济行为的选择过程的分析，不需要研究认知过程。

现代经济学尤其是现代非主流经济学，十分强调信息不对称和有限理性约束，认为传统行为理性选择理论的分析链存在着以下偏颇：忽视非自利的选择动机，忽视利他偏好或社会偏好，跳越认知过程，跳越效用期望而直接步入效用最大化。我们可以把现代经济学的行为理性选择理论的分析链理解是：多重选择动机→多重选择偏好→认知过程不确定→效用期望调整。较之于传统行为理性选择理论的分析链，这条分析链并轨了经济学与心理学，引入了被传统行为理性选择理论忽略的认知因素，通过个体行为经济行为的选择过程的心理分析，对认知和效用的"不确定性"进行了研究。这条分析链越来越接近于现实，它代表着现代经济学行为理性选择理论的发展方向，有许多值得肯定和进一步研究的内容。不过，正像前文曾从侧面提及的那样，这条最能代表现代经济学行为理性选择理论之精髓的分析链，它的最大缺陷是缺乏能贯穿其分析思想之始终的行为主体假设，缺乏一个简单可行的分析结构。这可谓是现代经济学行为理性选择理论之发展现状的一个瓶颈制约，有待于经济学家在以后的研究中解决。

投资者在选择中之所以会出现效用期望调整，根本原因是投资者对影响选择的信息进行搜集、整合、加工和处理时发生认知变化。现代经济学对效用最大化理念作出的重要批评之一，是反对传统理论把效用最大化作为判断行为理性决策的依据，认为随着认知的变化，人们对选择的未来效用会发生调整。经济学把人们对实际选择发生后的效用评估描述为效用函数。效用期望调整出现在认知形成后和效用产生前的这一事实，反映了认知过程与效用期望调整之间存在着关联。很多经济学家认识到效用期望调整主要是发生在认知阶段，但人们在认知阶段所出现的效用期望调整在理论上通常可以归结为哪几个方面呢？现有的理论却没有分析这个问题。同时，在投资选择实施阶段会不会出现效用期望调整，也是值得讨论的。很明显，对以上问题的讨论和研究，不应赞成"把能够实现效用最大化作为判断行为理性决策依据"的观点,而是要系统论证认知过程与效用期望调整之间的关联。

经济行为的选择过程涉及的问题相当宽泛,即便是在个体选择行为范围内考虑问题,除了个体的动机、偏好、认知和效用之间的关联外,还涉及个体选择行为的理性和非理性的界定问题,这种界定要求我们对行为理性决策的判断依据作出解说,要求我们对效用最大化作出符合实际的解说。不过,从行为理性选择理论的基础内容来考察,认知过程在经济行为的选择过程中的地位相当重要,它向后追溯到选择偏好和选择动机,向前追溯到效用期望调整和效用函数。我们应该把认知过程看成是经济行为的选择过程中的核心问题。人们在认知阶段的效用期望调整会表现在哪几个方面呢?据笔者所掌握的文献,这是一个没有被经济学家研究的问题。

人们的投资选择总是期望能够实现效用最大化,但实现效用最大化的条件配置至少会出现在市场调查、信息搜集加工和处理、选择方案论证、契约制定博弈、降低费用和扩大利润等方面。显然,这些配置条件既同投资选择实施阶段的降低费用和扩大利润有关,也与认知过程有关。就认知过程而论,出现在认知阶段的条件配置对效用期望调整的作用力具有多大权重,是必须讨论的。我们不能停留在行为经济学展望理论有关认知过程"编辑整理和预期评价"的两个前后相继阶段的分析上,而是尽可能以社会科学和自然科学作为分析基础,在数据采集、模型和变量处理等方面对这个问题展开探索,以说明认知过程与效用期望调整之间的关联。由于这个问题在现代经济学的行为理性选择理论中几乎找不到可参考的文献,它会碰到许多困难,因而我们权且作为一种分析思路来处理。

我们可以考虑把认知过程划分为几个阶段,分别对发生在每一阶段上的有可能出现的效用期望调整进行讨论。从经济行为之选择过程的理性要求来考察,投资者在不同认知阶段的效用期望调整有什么性质规定,投资者在哪个认知阶段会产生效用期望调整,效用期望调整的程度或范围有多大,都应该是行为理性选择理论要说明的问题。至于投资选择实施阶段出现的效用期望调整问题,则可以安排在认知形成后而作为效用期望调整的延伸问题来处理。在不同的认知阶段，效用期望调整的性质规定，取决于特定阶段的认知对实际投资选择风险的引致作用；效用期望调整在认知的哪个阶段发生的概率最大，取决于投资者即将实施实际选择时面对风险或收益有确定性预期的那个认知阶段；不同认知阶段的效用期望调整的程度或范围，则可以在理论上理解为由投资者有限理性在不同认知阶段的实现程度而定（何大安，2004）。倘若能将不同认知阶段的效用期望调整情形在理论上系统化，我们就有可能彻底揭示认知过程与效用期望调整的关联机理，从而使我们对行为理性选择的研究向前大大迈进一步。

现在，我们以厂商投资选择为例，概括地分析这个问题。现实中的认知过程与效用期望调整的关联，不仅表现为投资者在认知过程中调整效用期望，也反映在效用期望调整对投资者信心、进而对投资者认知过程的影响上。这是因为，如果效用期望不断被调整，这实际上表明投资者的认知能力不强或认知水平不高，即投资者对影响投资的信息和环境等复杂因素的分析和判断不准确或不到位。在通常情形下，投资者经常性的效用期望调整，有可能抑制其认知能力和水平的发挥，使投资者原本可依据对信息和环境等复杂因素进行分析而发挥出来认知能力或水平大大降低，以至于使投资者失去市场机会。这个问题的深入讨论，在理论上还是要归结为对信息不对称和有限理性约束的讨论。当我们专论认知过程与效用期望的关联时，问题的讨论会将我们导向效用函数，从而引发对最大化问题的探讨；当我们把这一关联问题提升到较高理论层级来进行讨论时，我们便回到信息不对称和有限理性约束这个基本假设平台上来了。在这里，我们看到了行为理性选择理论在偏好、认知和效用分析上的整体性。

作为对问题研究的一种探讨，我们能不能把效用期望调整看成是认知的函数呢？在笔者所涉猎的文献中，尚未见到这方面的专论。比较接近这一研究的，是丹利尔·卡尼曼和特维斯基（Kahneman, Tversky, 1979）针对财富变动（依据某一参照点）引致投资者效用期望调整所描绘的价值函数；这条以 S 形曲线表征的价值函数对行为理性选择理论的最大贡献，是在认知心理学背景下，论证了真实世界的效用函数是投资者依据

"财富变动"而不是依据"最大化"对效用期望进行不断的调整；丹利尔·卡尼曼和特维斯基以价值函数取代效用函数在学理上的成功，是批判了传统主流经济学以"效用最大化"而不是以"效用期望"对效用函数的解说。① 然而，展望理论有关价值函数的分析，还没有将效用期望调整看成是认知的函数。效用期望调整作为函数，应为一条反映认知过程变化的非线性的波动曲线；这条波动曲线所表征的函数关系，要比价值函数更加复杂，它更详细地反映了认知过程与效用期望调整的关联机理。

以上只是从"利己偏好促动认知过程"的角度对效用期望调整曲线的描述。如果我们从"利己偏好和利他偏好共同促动认知过程"来描述效用期望调整曲线，这条曲线会更加难以把握。在性质上被看成是社会偏好的利他偏好，并不存在标准经济学意义上的效用函数，即不存在单纯追求利润最大化的效用函数。诚然，利他偏好驱动的认知过程仍然存在着效用期望调整，但这种效用期望调整的程度和范围，一般不会引起投资者欣喜若狂或惊恐不安。因此，从宽广层面和深邃层次来研究认知过程与效用期望调整的关联，我们不仅要研究这两种偏好各自驱动的投资选择在这一关联上的区别，而且要研究这两种偏好共同驱动的投资选择所产生的关联。事实上，我们对这种关联问题的研究越复杂，就越接近于现实。现代经济学甚至包括行为经济学在内的非主流经济学，虽然在行为理性选择理论的分析链中触及认知过程与效用期望调整的关联，但其研究成果所显现的分析画面，尚没有达到以上有可能在将来成为研究目标的图景。

随着行为理性选择理论的长足发展，究竟是以利己偏好还是以利他偏好作为分析对象的争论，早已偃旗息鼓。经济学家普遍认为要在重点研究利己偏好的基础上兼顾对利他偏好的研究。众多的理论分析表明，这两种偏好不仅是由不同的选择动机和目的所造成，不仅会引致投资者在认知过

---

① 展望理论的价值函数还蕴含着丹利尔·卡尼曼和特维斯基所没有察觉到的思想内容。笔者（2005）在以前的研究中，曾依据这条以 S 形曲线展现的价值函数，对投资者理性选择向非理性选择的转化问题进行过研究。现在联系认知过程和效用期望调整来思考，这种选择行为转化与认知过程、效用期望存不存在关联呢？如果存在关联，我们应该从什么角度展开分析呢？这是值得研究的问题。

程中对收益和风险有不同的心理感受，而且会因这两种偏好所导致的不同效用函数的性质差异而导致性质不同的效用期望。面对这两种偏好之间的诸多差异，经济学家的理论分析逻辑自然会联系到行为理性主体假设，联系到行为理性属性及其边界，联系到行为理性的社会科学和自然科学的分析基础，联系到行为选择的非理性，联系到行为理性选择的判定依据，联系到"最大化理论"的缺失，联系到效用函数的变量构成，等等。

这一系列的"联系"显现了行为理性选择理论的未来发展方向和轨迹，但无论这些"联系"的未来发展方向和轨迹怎样变化，也无论这些"联系"会呈现出何种我们尚未考虑到的复杂组合，有一点是可以肯定的，那就是选择动机、选择偏好、认知过程和效用期望始终贯穿于经济行为的选择过程，始终是行为理性选择理论的核心。

第四节　行为理性选择理论的研究趋势

马克思曾说过，一种理论要达到成熟的程度必须成功地运用数学。笔者在此补充一句：一种理论要达到成熟程度，必须让假设前提、基本范式和分析结构等统一于相同的逻辑框架，并在这个框架内能够容纳与自己观点相左的观点。传统主流经济学的行为理性选择理论是统一于完全信息和完全理性之逻辑框架的，但由于其"经济人"基本假设和"理性经济人"分析范式与投资者实际决策有着明显的偏差，当现代经济学对其基本假设和分析范式予以否定时，正像我们前文所指出的那样，其分析结构便不可避免地在许多方面被肢解。传统主流经济学的行为理性选择理论，虽被冠以"传统"二字，但由于它的假设前提、基本范式和分析结构等是统一的逻辑框架，因而那些力主对其进行批判的学说，在尚未建立起统一的假设前提、基本范式和分析结构等的逻辑框架时，还不足以摘下戴在它头上的"主流"桂冠。经济学之主流与非主流的划分，并没有阻碍非主流经济学的

"口诛笔伐",于是,主流与非主流之间便形成了一系列的理论分歧。

这些理论分歧在催生着新观点新思想的同时,也在验证着传统主流经济学行为理性选择理论的成熟性。许多验证表明它不能容纳与自己观点相左的观点。例如,著名的"阿莱斯悖论"(Allais,1953)和"艾尔斯伯格悖论"(Ellsberg,1961)的实验揭示,投资者行为决策会对不同场景下的信息进行思考,并强调思考的区别会决定投资者的不同认知,而不同认知会出现不同决策。但这在缺乏认知分析的传统主流经济学的行为理性选择理论中是无法容纳并解释这两个与自己观点有严重分歧之悖论的。后期经济学家试图努力冲破传统主流经济学的逻辑分析框架,尽管他们通过实验分析或实证分析解释了许多传统理论所不能解决的经济现象和悖论,但由于他们太局限于实验或实证的局部问题论证,而不是在假设前提、基本范式和分析结构等方面形成新的逻辑分析框架,或者说,他们还没有找到能够取代传统理论的逻辑分析框架。行为经济学、实验经济学、演化经济学和神经元经济学等就是如此。于是,行为理性选择理论一直处于创新过程中。

现代经济学的行为理性选择理论,是以信息不对称和有限理性为假设前提的。但迄今为止,现代经济学还未出现对应于这个假设前提的有关行为主体的新的基本范式。新的基本范式关系到现代理性选择理论的未来发展,越来越多的经济学家认识到,不解决基本范式问题,行为理性选择理论就难以成为主流理论。很明显,依据信息不对称和有限理性假设,创新后的行为主体范式至少应包含以下几点内容:1. 行为主体具有以追求自身利益为主的多重选择动机;2. 包括自利偏好和利他偏好在内的多重选择偏好;3. 行为理性选择要充分体现思考的认知过程;4. 效用函数要反映效用期望调整。显然,这个行为主体新范式必须在内容上是对传统理性选择理论"理性经济人"的基本范式作出否定,必须对行为理性属性作出新的界定。[①] 行为理性属性的重新界定是创新理性选择理论的基础,行

[①] 何大安(2004,2006,2013)曾先后提出"行为经济人"和"理性行为人"两个概念,试图解决行为理性主体的基本范式问题;就揭示这一基本范式的含义来讲,"理性行为人"概念或许更为恰当。当然,这个概念还有许多需要斟酌的地方,欢迎讨论。

为经济学、演化经济学、实验经济学、神经元经济学等,就是因为没有对其作出新的界定,缺乏行为主体的基本范式,从而使自己的学说长期被看成是非主流。基于这样的理解,行为理性选择理论的未来研究的主要任务之一,是必须在重新界定行为理性属性的基础上探索行为主体的基本范式。

探索行为主体的基本范式会扩大经济学家的分析视阈。基本范式建立以后,经济行为的选择过程中的诸如偏好、认知和效用等的分析范围和结构就会扩大,经济学家对其内在联系的分析就会朝着吻合实际的方向发展。这种发展相对于传统或现代理性选择理论而言,最显著的标志有二:一是新的基本范式取代旧的基本范式,并贯穿于行为理性选择的分析始终(如用"理性行为人"作为基本范式);二是放大或扩大对行为理性选择研究的分析基础,这种放大或扩大,较之于传统行为理性选择理论,是摆脱原来只重视社会科学的局限而引入自然科学的分析基础,较之于现代主流的行为理性选择理论,则是在坚持基本范式的前提下运用社会科学和自然科学的分析基础。

一种理论的分析基础发生变化,从一定意义上来说是一场革命,它要求理论研究者的分析思路、假设前提、分析参照系、分析方法等发生相应的变化。现有的行为理性选择理论的分析文献已明显显露出经济学家正在重视如何建立与新的行为主体之基本范式相一致的分析基础,或者说,经济学家正在将这个基本范式作为未来行为理性选择理论研究的一种重要趋势。

现代社会是经济支配或导引政治、军事、文化、外交和思想意识形态的社会。假如"经济学帝国主义"的学术扩张理念对未来理论指导实践存在着合理性,那么,行为理性选择理论的地位就更加突出了。从个体或群体的行为理性选择来考察,经济学染指其他社会科学最基础的行为分析,可认为是利他偏好或社会偏好。如果经济学家企图依据行为理性选择理论来构建"经济学帝国主义"大厦,就必须把选择偏好提升到行为准则的高度;如果经济学家能够用包括了选择偏好的行为准则来解释人类经济行为，这个大厦就有可能被建立。如前所述，行为准则反映"什么事该做和什么事不该做"，据此，我们可以把反映社会和他人行为方式概念化的行为准则看成是社会偏好，但对个体的利己偏好和利他偏好（不视为社会偏好时），我们却很难在一般层面上对它们作出行为准则的解释。因此，假若经济学家要立志完成"经济学帝国主义"的宏愿，他们未来的重要研究任务之一，则是需要在行为理性选择理论中完成对"行为准则"之基础概念的研究。

行为理性选择理论的未来研究趋势，是由该理论的假设前提、基本范式和分析方法等的重塑所引起的，但这些重塑工作需要落实到对个体选择行为的理论解说上。在假设前提和基本范式的研究取得成效的情况下，如何进一步完善经济学的个体主义方法论，便应该提到议事日程上。经济学家一致把"个体行为"作为基本分析单元，但由于不同经济理论的分析重点和分析范围不同，这个基本分析单元会有细微差别，甚至会悄然发生"位移"。经济学家在个体主义方法论上出现的一些争论，在一定程度上可以看成是这种"位移"的结果。但论始求源，最基本的原因是假设前提、基本范式与个体主义方法论的不统一。因此，行为理性选择理论的未来研究任务之一，是必须选择统一的假设前提和基本范式，使个体主义方法论的运用有一个可被经济学家控制的边界。另一方面，个体主义方法论的运用是与个体选择偏好、认知过程及效用期望等的分析联系在一起的，因而行为理性选择理论的未来研究，仍然要落实到个体选择偏好、认知过程及效用期望等问题上。

我们可以把个体选择偏好、认知过程及效用期望等的研究，看成是行为理性选择理论的具体问题的研究。现实中个体选择偏好的多重性、认知过程的不确定性以及效用期望的不断调整，不仅要求经济学家展开性质分析，而且要求经济学家对它们进行数量分析。从行为理性选择理论有可能被重塑的学理来讲，无论是性质分析还是数量分析，经济学家最主要的研究任务是应在假设前提和基本范式的框架内，解释个体选择偏好的多重性、认知过程的不确定性以及效用期望的不断调整。这些问题的数量分析需要一系列模型建构来完成，它涉及许多显性和隐性的数量分析假设，涉及解释变量与被解释变量的处理，涉及各种函数关系的界定，这会给经济学家的未来研究设置很多困难。例如，多重选择动机所决定的多重选择偏好，应该以什么样的系列模型来表示，这一系列模型又如何体现在动机决定偏好的统一函数关系中；偏好影响认知的机理如何用模型来展示，用什么样的效用期望调整模型来反映认知过程的不确定，等等。所以，如何重塑假设前提和基本范式，极有可能成为未来研究的一种趋势。

与其他理论一样，行为理性选择理论的假设前提、分析范式、分析方法、分析对象之间的关联，通常会呈现出某种方式的组合，之所以如此，以至于在将来有可能成为一种研究趋势，除了学术研究专题本身的要求和规定外，最重要的原因，是人们面临的需要解决的实际问题对经济理论研究的要求使然。行为理性选择理论的研究也是如此。传统主流经济学的行为理性选择理论在假设前提、分析范式和分析方法上的不足，使它只能部分揭示和解决实际问题，这可以理解为是经济学家重塑行为理性选择理论的催化剂。从学理的结构安排来考察，假设前提应是分析基础，分析范式应是建立在这个分析基础上的灵魂，分析方法是"大胆假设小心论证"的手段，而分析对象则是融合或渗透了假设前提、分析范式和分析方法的学术论证载体。这就是说，行为理性选择理论的未来研究趋势要受到假设前提、分析范式和分析方法的制约。如果经济学家在假设前提、分析范式和分析方法上没有创新，便不存在行为理性选择理论的重塑问题，从而也就无所谓行为理性选择理论的未来研究趋势问题。

但是，我们在强调假设前提、分析范式和分析方法的同时，也不应忽略分析对象的重要性。行为理性选择理论主要是以选择偏好、认知过程和效用函数为分析对象的。针对选择偏好，神经元经济学曾从大脑模块结构及其功能进行过研究，但大多数经济学家基于对选择动机的理解，还是主张对其展开以社会科学为基础的定性分析。所以，对选择偏好（利己偏好和利他偏好）的研究，究竟需不需要以社会科学和自然科学来共同作为分析基础，是行为理性选择理论在未来研究中必须解决的问题。现代经济学有关选择偏好研究的新进展，几乎都是在放弃偏好稳定假设（偏好的内在一致性）基础上获取的，但要建立多重选择偏好的假设结构，需要在数理逻辑演绎和论证上有所成就，这是重塑后的行为理性选择理论要研究要解决的问题。

对认知过程的研究，可以说行为经济学的贡献最大。该学说有关心理活动对认知形成影响的研究，已被许多流派的经济学家认可。综合各大经济学说对认知过程的分析，我们有理由将现代经济学对认知过程的理解概括为：人们在社会机制和生理机制共同作用下，对影响选择的信息进行加工和处理所形成的有关"是否决策及如何决策"的看法。现代经济学十分重视心理活动对认知过程的影响，这一点，估计行为理性选择理论的未来发展也不会改变。但认知过程与选择偏好一样，同样有着生理机制的约束问题，同样面临着要不要以社会科学和自然科学共同作为分析基础的问题。——认知过程影响和决定选择，突出它在行为理性选择理论中的地位，更因为它在传统主流经济学中基本上是处于黑箱状态，因而它在行为理性选择理论的未来发展中，仍然是主要的研究对象。

关于效用函数问题。经济学发展到今天，无论是微观层面还是宏观层面的研究，始终是围绕选择动机和目的、投资（成本）和收益、最大化等问题来展开研究的。以行为理性选择理论的不同学术观点之间的争论而言，几乎所有的争论都直接或间接涉及效用函数，简言之，就是行为理性选择理论一切研究的归宿点都要落到效用函数问题上。传统主流经济学以完全信息和完全理性为理论假设前提，直接从选择函数步入效用函数的研究，这种研究路径使"最大化"成为问题的核心，并且这一理论假设前提所导致的重要分析推论，是投资者不需要经过认知过程就可以（至少有可能）实现效用最大化。现代经济学实际上是把"效用最大化"看成或理解为是投资者选择的一种主观期望。自赫伯特·西蒙（1973）的"过程理性"学说对效用最大化进行批评以来，现代经济学对效用函数分析所取得的进展，主要是借助于认知过程的研究成果对效用期望调整所展开的研究，这一点已被大量的研究文献所证实。

不过，符合投资者实际选择的效用期望调整，是对传统理论"效用最大化"理论的否定，它在触动传统效用函数敏感神经的同时，要求经济学家重新塑造效用函数。效用函数的重新塑造需要解决两个问题：一是效用函数的变量构成；二是对选择行为最大化问题的符合实际的理论解读。这两个问题的解决，在很大程度和范围内与效用期望调整存在关联，也就是说，经济学家对效用期望的理论解读的成熟与否，会影响或决定效用函数的重新塑造。因此，行为理性选择理论未来发展的重要内容之一，是在继续研究认知过程的基础上，进一步深入研究效用期望的调整问题，以弥补传统效用函数的缺失。

经济行为之选择过程的要义，在于选择者（投资者）如何受动机和偏好支配而进行选择，如何发挥认知而追求效用和不断进行效用期望调整。现代经济学越来越倾向于把选择过程中的动机、偏好、认知和效用等作为一个有机的整体来研究，认为要体现这一研究的要义，必须在方法论、分析对象、分析范式及分析基础等方面有所创新。基于认知过程和效用期望在经济行为的选择过程中的重要地位，更基于现有的分析文献在选择偏好、认知过程和效用期望调整上尚留有进一步研究的空间，本书以经济行为的选择过程作为研究对象，力图在自己理解的基础上对"导言"中提及的一些理论问题展开讨论，提出一些属于自己的观点，而对自己难以理解和解释的问题，尽可能以比较清晰的方式提出，争取得到致力于这方面研究的经济学家的奥援。

第五节 本书结构安排

本书在行为理性选择理论宽泛的分析框架内，围绕现代经济学用以批评传统主流理论的核心问题——偏好、认知和效用——展开讨论。这些讨论涉及经济学个体主义方法论、假设前提、行为主体假设、行为理性属性、理论分析结构、效用函数等。像本章对问题探讨的治学态度或风格一样，在余下各章中，笔者始终坚持探索精神对选择偏好、认知过程和效用期望的文献作出进一步的评说，并在此基础上提出自己的学术观点。如果说"选择偏好、认知过程和效用期望"是主题研究之"神"，那么，凡是非此"神"但却与之有关联的文献评论或思想火花，则是主题研究之"形"。本书的结构安排竭力做到形散神不散，力图在自己能力范围内让研究主题贯穿一条清晰的分析主线。

第二章的研究主题是经济学的个体主义方法论。笔者以为，经济学个体主义方法论在行为理性选择理论中的未来发展，在很大程度上取决于经济学家对认知过程研究的进展。本章在对新古典经济学、演化经济学、行为经济学和神经元经济学运用个体主义方法论的不同特点进行概要评说的基础上，通过对行为理性分析中个体主义方法论边界的讨论，重点分析了行为主体认知过程与个体主义方法论的逻辑和现实，并对重塑经济学个体主义方法论进行了探索。本章探讨了经济学个体主义方法论的分析边界，探讨了主流经济学和非主流经济学运用个体主义方法论的不同理论基础，探讨了主流经济学和非主流经济学有关行为理性决策的一些理论分歧等问题，这些探讨始终是围绕偏好、认知和效用等的分析展开的，认为各大经济学说之所以在运用个体主义方法论时出现不同的特点，一个重要的原因在于它们选用社会科学和自然科学作为分析基础时有着不同的侧重点，经济学个体主义方法论重塑的分析基础，应该是社会科学和自然科学的融合。

第三章分析非主流经济学的个体行为实验理论，分析对象以行为经济学为主，间或论及本质上仍属于行为经济学的实验经济学。这样的分析安排是基于两点考虑：一是行为经济学运用个体主义方法论比较典型，其分析方法及分析内容大体上可以代表实验经济学；二是行为经济学有关个体选择偏离传统主流经济学的相关论述，比实验经济学更能反映现实选择中的选择偏好、认知过程和效用期望等问题。本章在分析主流与非主流学派有关个体行为选择之理论渊源的基础上，对个体选择的行为实验理论进行了梳理，在理性框架内通过对非主流经济学个体行为实验的考察，分析了行为经济学和实验经济学有关非理性的论述；针对行为经济学最具有代表性的展望理论所提出的相关概念，展开了联系认知过程和效用期望的分析，并对行为经济学的理论贡献作出了评述。本章的分析重点最后归宿到展望理论的价值函数上，认为这个具有突出理论建树的函数包含着极其丰富的思想，是行为经济学的精髓，经济学家对它的挖掘有可能拓宽和加深认知过程和效用期望的研究，以至于总结出经济行为的选择过程的要义。

第四章对行为理性选择理论的核心问题——认知过程——展开了专门的研究。基于传统主流经济学偏好稳定假设跳过认知过程而直接对决策和效用的分析，也基于现代经济学开始重视认知过程但太注重以实验方式描述投资者认知形成而没有对认知过程作出一般理论概括的情况，本章在对经济学代表性的认知理论观点展开评述的基础上，着重分析以下几个问题：1. 对认知如何影响行为理性选择作出理论解说；2. 分析了认知形成过程与经济行为的选择过程的关联机理；3. 分析了认知过程与具体选择程序的对应关系。本章的分析框架是一种"从理论评判到理论演绎推理再到实际研究对接"的架构，这种架构中的"理论评判到理论演绎推理"，主要反映在针对现有的行为理性选择理论有关认知过程研究不足而提出的一些理论分析见解上，这种架构中的"理论演绎推理到实际研究对接"，则主要反映在对认知过程和实际选择作出三阶段划分的对应关系的研究上。如果说本章存在着可以察觉到的理论创新，那么，本章关于认知形成过程与经济行为的选择过程之关联机理的分析，以及把认知过程和实际选择划分为三阶段之对应关系的研究，则可以看成是试图对认知过程作出一般性理论概括、从而进行学术创新的一种努力。

第五章的研究对象是选择偏好、认知过程和效用期望。如此设定研究对象，一方面是因为偏好、认知和效用是行为理性选择理论的三个最重要的解释变量，它充分体现了经济行为的选择过程的要义；另一方面则是因为"选择偏好→认知过程→效用期望"这条分析链，是经济行为的选择过程的逻辑和现实的统一。现代经济学与传统主流经济学有关偏好、认知和效用的一系列分歧，在于对行为理性属性及其边界的不同理解，而现代经济学对传统主流经济学行为理性选择理论的批评，之所以不能在理论上让学人折服，关键原因是缺乏一个接近或大体上符合实际的行为主体假设，以及不能用一个可供选择的假设结构来替代传统学派简单可用的"自利最大化和偏好一致性"的假设结构。据此，本章围绕偏好、认知和效用，对行为理性属性作出了新理解，提出了一个新概念"理性行为人"和一个新的理论分析结构。继之，本章借助这个新概念和新理论分析结构，重点研究了偏好与认知的逻辑和现实关联，研究了认知过程中的效用期望调整，并对行为理性选择理论分析框架的重塑提供了一些可供讨论的思路。从本书的整体架构来看，"理性行为人"概念及新的理论分析结构，既是对前几章所提出问题的解答，也是本书后续章节对认知过程和效用期望进行研究的理论基础。

第六章的分析主题是理性与非理性融合及其对效用最大化的质疑。本章的非理性定义与现代非主流经济学不同的地方，在于不是以投资者选择是否偏离传统主流经济学的概率判断规则作为根据，而是以投资者有没有对影响选择的信息进行搜集、整合、加工和处理作为依据。这样的分析思路不仅契合于对理性非理性融合的观察，也为质疑效用最大化提供了理论基础。本章首先对传统主流经济学所蕴含的把效用最大化作为理性选择的必要条件进行了批判；其次，是用较大篇幅评说了新古典经济学对理性非理性融合的失察，行为经济学对理性非理性融合现象的理论敏感；再次，是分析了有限理性实现程度、理性非理性融合与效用最大化之间的联系，并结合金融市场情况对行为金融学所蕴含的理性非理性融合的思想进行了分析；最后，是从理性非理性融合的实际得出若干理论启示。本章试图通过理性非理性融合的分析，说明效用最大化给经济学行为理性选择理论在行为理性属性界定、效用函数构成等方面所产生的误导，主旨是通过理性非理性融合的分析，说明现实中的投资者界定为"理性行为人"的合理性。

第七章是分析经济理论研究的核心问题之一的效用函数。基于传统主流经济学长期以来把效用函数认定为物质变量构成的观点，讨论了效用函数的物质变量和非物质变量的双重构成及其约束，核心观点是认为实际效用函数的建构，要考虑选择者在加工处理信息和其他行为努力时的信息成本和时间成本，以物质变量和非物质变量来构造实际效用函数。本章联系效用函数对经济学理性和非理性的相关思想进行了再评述，分析了不同时期经济学家对效用函数及其最大化的不同理解；在概要评说效用函数之理论形成脉络的基础上，以理性与非理性融合、理性行为人等本书阐述的观点为分析底蕴，对选择行为的成本构成及其模型进行了描述；针对不同类型成本及其构成，专门讨论了理性选择成本和非理性选择成本，并建立了选择成本函数；针对一些经济学家修正主流经济学效用函数所提出的"广义效用函数"或"泛经济人效用函数"，通过对非理性行为同样追求效用最大化和选择成本函数的分析，建构了人类实际选择行为的效用函数，以在基础理论上进一步说明经济行为之选择过程的要义。

第八章基于经济行为的选择过程研究由基础理论分析和实际选择分析两大块构成，开始从纯理论分析进入现实分析；同时，基于厂商既具有个人选择又具有政府选择的特征，是最能反映经济选择的行为主体的事实，本章以厂商作为分析对象，重点分析厂商理性和非理性选择的心理情结。作为对前几章的进一步补充说明，本章对效用问题的学术渊源进行了考察，并在此基础上对新古典经济学、新制度经济学和行为经济学三大理论的投资选择模型进行了比较，揭示了三大理论有关厂商理性选择模型与非理性选择模型的交叉。本章从厂商理性选择模型与非理性选择模型交叉所得出的若干启示，构成了厂商选择心理情结的分析基础。继之，本章将分析重点移至最能够反映非理性选择的金融厂商，在对证券价格波动与厂商投资选择作出分析的基础上，研究了厂商理性选择和非理性选择的心理情结。这样的分析结构安排，是试图通过厂商选择行为及其心理情结的考察，加深和拓宽对选择偏好、认知过程和效用期望的分析，尤其是加深和拓宽对认知过程的心理学解释，以增添经济行为之选择过程要义的分析内容。

第九章以公司治理中的厂商选择作为考察对象，基本观点是认为厂商在公司治理中的选择行为或多或少夹带非理性倾向；分析路径是通过公司治理模式，从公司内部制衡和外部约束，以及经济体制模式或市场治理模式对公司治理的制约，来分析公司委托代理、契约联结、实际投资等选择活动。本章在分析公司治理模式的组织形式及其选择的基础上，对公司治理中的制度安排、非理性选择倾向、公司治理结构与投资选择安排等问题进行了研究。针对公司治理结构与制度安排约束之间的关联，本章认为，经济体制模式和法律规章等制度既定而市场运行制度不既定下的公司治理问题，应该围绕公司治理模式、投资选择、委托代理、契约联结等展开，问题研究的覆盖面需要涉及公司治理中的投资选择规则和程序，以及公司委托代理与投资选择安排；本章针对我国公司治理模式是组织治理型和市场治理型并列的格局，分析了公司治理模式随经济体制转轨而变化的情况，力图在理论和现实两方面来揭示政府和厂商在公司治理中的行为理性选择和非理性倾向。

第十章作为全书的结局，是探讨厂商行为选择理论的建构路径问题。从基础理论来考察，厂商投资选择需要从偏好、认知和效用等方面作出解释；从实际来考察，厂商投资选择涉及心理活动、价值观念、行为准则等超出传统主流经济学分析范围的分析。从这个意义上来讲，我们对厂商行为选择理论建构路径问题的讨论，是将其理解为经济行为之选择过程要义的理论和现实的归宿点。本章在对涉及厂商投资选择的主要理论作出概要回顾和评说的基础上，对行为主体分析假设问题进行了探讨，提出了"行为人假设"，认为这个假设是建构厂商行为选择理论的基础和前提，并对这个假设展开了分析和研究。本章围绕厂商行为选择理论的建构路径进行了较为深入的研究，先后从如何确立假设前提，如何认识厂商实际的偏好、认知和效用，如何处理影响厂商行为选择的内生变量和外生变量，如何理解厂商效用期望调整，如何坚持经济学个体主义方法论，如何理解建构厂商行为选择理论的分析链。最后，对建构厂商行为选择理论作出了一些有必要进行探讨的补充说明。

参考文献

Kahneman, D. and A. Tversky, "Prospect Theory: An analysis decision under risk", *Econometrica*, 47 (2), 1979.

Kahneman, D., Tversky, A., (1973). On the Psychology of Prediction. *Psychological Review*, 80; pp. 237 – 251.

Simon, H., 1982, Models of Bounded Rationality.

Simon, Herbert A., 1986, "Rationality in Psychology and Economics", *Journal of Business*, Vol. 59, No. 4, pp. 209 – 224.

Simth, V. L., 1994, Economics in The Laboratory, *Journal of Economic Perspectives*, Winter.

Akerlof, G. A., The Missing Motivation in Macroeconomics. *American Economic Review*, 2007, 97 (1).

von Neumann, John, and Oskar Morgenstern. *Theory of Games and Economic Behavior*, 2d ed. Princeton: Princeton University Press, 1947.

Debreu, G., 1959, *A Theory of Value*. SNew York: Wiley.

Dam sio, A. R., 1999, *The Feeling of What Happens: Body and Emotion in the Making of Consciousness*, Harcourt Brace and Company.

Stephens & Krebs, 1986, *Foraging Theory*, Princeton University Press.

Knight, F., 1921, *Risk, Uncertainty and Profit*, Boston: Houghton Mifflin.

Keynes, J. M., 1921, *A Treatise on Probability*, London: Macmillan.

Dequech, D., 2000, Fundamental Uncertainty and Ambiguity, *Eastern Economic Journal*, Vol. 26, No. 1, Winter: 41 – 60.

Conlisk, John (1996): "Why Bounded Rationality?", *Journal of Economic Literature*, 34 (2), pp. 669 – 700.

Taylor, S. E. (1991), "The asymmetrical impact of positive and negative events: The mobilization – minimization hypothesis. *Psychological Bulletin*, 110, 67 – 85.

Gigerenzer, G., Todd, P. M., The ABC Group, 1999, *Simple Heuristics That Make US Smart*, New York: Oxford University Press.

Gigerenzer, G., Selten, R. (Eds.), 2001, *Bounded Rationality: The Adaptive Foolbox*, Cambridge, MA: MIT Press.

Gigerenzer, G., 2000, *Adaptive Thinking: Rationality in the Thereal World*, New York: Oxford University Press.

Allais, M., 1953, Le Comportement de l'Homme Rationnel Devant le Risque: Critique des Postulats et Axiomes de l'Ecole Americaine, *Econometrica*, 21 (4): 503 – 546.

Henrich, Joseph, 2003, "Cultural Group Selection, Coevolutionary Processes and Large – scale Cooperation", *Journal of Economic Behavior and Organization*, 1, pp. 1 – 31.

Bowles, Samuel, Choi, Jung – Kyoo and Hopfensitz, Astrid, 2003, "The Co – evolution of Individual Behaviors and Social Institutions", *Journal of Theoretical Biology*, 223, pp. 135 – 147.

Boudon, Raymond, 1998, "Limitations of Rational Choice Theory", *American Journal of Sociology*, Vol. 104, No. 3, pp. 817 – 828.

Ellsberg, D., 1961, Risk, Ambiguity, and The Savage Axioms, *The Quarterly Journal of Economics*, pp. 643 – 669.

哈耶克:《建构理性主义的谬误》,载《哈耶克文集》中译本 (2001),首都经济贸易出版社1969年版。

哈耶克:《我为什么不是一个保守主义者》,载《哈耶克文集》中译本 (2001),首都经济贸易出版社1979年版。

哈耶克:《致命的自负》中译本 (2000),中国社会科学出版社1987年版。

赫伯特·西蒙:《从实质理性到过程理性》,载《西蒙选集》第245—269页,首都经济贸易大学出版社2002年版。

哈罗德·德姆赛茨:《所有权、控制与企业》(中译本),经济科学出版社

1999年版。

黄凯南、程臻宇：《认知理性与个体主义方法论的发展》，《经济研究》2008年第7期。

何大安：《行为理性主体及其决策的理论分析》，《中国工业经济》2013年第7期。

何大安：《交易过程中的行为最大化》，《中国社会科学》2009年第5期。

何大安：《行为经济人有限理性的实现程度》，《中国社会科学》2004年第4期。

何大安：《理性选择向非理性选择转化的行为分析》，《经济研究》2005年第8期。

何大安：《选择行为的理性与非理性融合》，上海三联书店、上海人民出版社，《当代经济学文库》，2006年版。

第二章

理性选择中的认知过程与个体主义方法论

现代经济学的行为理性选择理论的研究趋势和未来发展,必须对行为理性主体基本范式的界定作出不同于传统主流经济学的探索,并由此来扩大和修正对偏好、认知和效用等的分析范围和分析结构;行为理性选择理论的分析范围和分析结构的扩大和修正,要求经济学家应以社会科学和自然科学作为研究经济行为选择过程的分析基础,这会涉及经济行为选择过程的认知问题,而对认知问题的讨论,则关联到经济学的个体主义方法论。

第一节 经济学个体主义方法论的几点评述

经济学关于经济行为的研究,是在其理性选择理论不断完善的分析框架下展开的。这里所说的分析框架有着较为宽泛的内容,它包括假设前提、分析范式和分析方法。不同经济理论对选择动机、偏好、认知和效用等的不同解读,通常是与特定的分析框架相对应的。从现有的理论分析文献来看,无论是以完全信息和完全理性,还是以信息不对称和有限理性为假设前提的经济学家,一般都推崇个体主义方法论。诚然,经济学个体主义方法论在解说行为理性选择时具有明显的合理性,但它也受到了来自现实经济中的群体行为的挑战。新古典经济学、演化经济学、行为经济学和神经元经济学等有关偏好、认知和效用的基本分析观点，在一定程度和范围内展现了它们运用个体主义方法论的不同分析边界。

正统新古典经济学运用个体主义方法论对行为理性及其选择的分析和研究，是以完全信息或信息对称作为分析背景的，他们通过把人类经济行为放置于完全理性框架，创建了一般均衡、局部均衡、完全竞争、不完全竞争、边际和制度分析等一系列理论，并以此构筑了精美的经济理论大厦。从哲学层面来追溯，这一分析框架可以理解为是欧洲启蒙运动哲学思潮所推崇的建构理性在经济理论中的运用。建构理性认为人类社会的一切知识和制度都可以通过个体的理性推理获得，个体理性推理和演绎可以解决人类的一切难题；建构理性把人类行为理性解说为一种有意识的规则遵循，建构理性与个体主义方法论有着逻辑关联，它对经济学个体主义方法论的影响是深刻的。就它对行为理性选择的偏好、认知和效用的分析而论，我们可以认为正统新古典经济学是把行为理性选择界定为个体具有内在一致性的自利偏好，个体具有相同的无限的搜集、加工和处理信息的认知能力，个体最大化地追求和实现自身的效用函数。显然，当经济学家依据这种规则遵循来运用个体主义方法论时，行为理性个体便被描述为无本质差异和不涉及个体之间互动的单纯追求自身福利的经济人。

个体主义方法论是以"个体行为"作为分析对象的，即"个体行为"是个体主义方法论的基本分析单元。但是，经济学家研究个体行为理性选择时，主张不主张个体主义方法论是一回事，重视不重视信息约束和认知约束则是另一回事。正统新古典经济学坚持个体主义方法论，是以均衡分析为底蕴的，他们在建构理性导引下忽视信息约束和认知约束；同样，注重均衡分析的现代主流经济学也坚持个体主义方法论，但它们在一定程度上开始摆脱建构理性束缚，关注信息约束和认知约束。不过，无论是正统新古典经济学还是现代主流经济学，就其在个体主义方法论下是否重视信息约束和认知约束而论，主要涉及两大问题：一是个体如何符合理性地选择，以实现效用最大化；二是怎样利用能够解释和预测实际选择的理性模型，以说明个体实现效用最大化的条件。正统新古典经济学在建构理性框架下的一系列理论研究，是要说明自利个体应怎样选择而不是事实上该怎样选择的问题（Harsanyi，1977）；现代主流经济学虽然没有完全摆脱建构理性，但他们主张运用理性选择模型时要关注信息约束和认知约束，以说明个体选择行为如何才能符合理性（Edgeworth，1981）。

行为理性选择理论从不关注到关注信息约束和认知约束，既是新古典经济学发展到现代主流经济学进而产生现代非主流经济学的一条脉络，也是导致相悖于建构理性的演化理性进而催生出演化经济学的重要引擎。现代经济学尤其是其中的非主流经济学，在理性框架内利用个体主义方法论将经济学与心理学并轨，通过对个体行为的心理和行为实验，研究了信息约束和认知约束下个体行为选择与传统选择理论的偏离（Kahneman，D. & Tversky，1973，1974，1979，1986；Simth，1994，2003）。演化经济学对个体行为的信息约束和认知约束的理解，则是在发散的个体主义方法论的框架内予以解说的：行为理性不是一种先验性存在，而是在长期的生物和文化演化中产生的，新古典经济学的个体主义方法论所建构的模型难以刻画个体间互动所形成的群体或社会现象（哈耶克，1967，1969，1987）。演化经济学主张在运用个体主义方法论对个体行为进行分析时，必须关注个体间互动过程中的信息约束和认知约束。

现代经济学运用个体主义方法论对行为理性选择的分析，坚定主张以有限理性为分析假设，这与正统新古典经济学的完全理性分析假设有着重大区别。从行为主体的角度考察，正统新古典理论把行为理性主体理解为掌握完全信息，知晓选择结果和不会出现无效选择的经济人（约翰·伊特韦尔等，1996），并通过个体主义方法论和数理模型把偏好描述为只具有唯一自利特征的内在一致性，从而使选择函数、目标函数和效用函数融合于完全理性规定的统一的最大化分析框架（Neuman & Morgenstern，1947）。现代经济学将个体界定为受有限理性约束的行为主体，认为个体不可能掌握影响选择的所有信息，不可能完全掌控选择的未来结果，个体的行为偏好是利己和利他的组合，认为选择函数应考虑互惠和公平等社会偏好。① 值得指出的是，我们可以把以上观点放进演化经济学有关理性产生于长期生物和文化演化的分析框架来理解。

演化经济学认为运用个体主义方法论对社会经济现象的分析，不能完全局限于独立个体的分析，而是要在关注个体行为的同时，关注个体间的互动。这可以看成是演化理性下的个体主义方法论的具体运用。较之于新古典经济学所倡导的建构理性，可以认为演化理性的个体主义方法论潜藏着以"群体行为"为分析单元的观点。准确来讲，建构理性下的个体主义方法论，是以抽象的个体行为作为分析单元的，它不需要分析个体间的内在差异，不需要分析个体的不同认知能力，只需要对偏好、认知和效用等采用相同的推理法则，就可以通过模型来推导或推论个体间互动的群体现象。与此不同，演化理性下的个体主义方法论对个体和群体现象的理性认识，实际上是主张不仅要将个体而且需要将个体间互动（群体）作为分析单元。

很明显，演化经济学拓宽了新古典经济学的个体主义方法论的分析单元，它对社会科学发展的影响是宽泛的。就经济学个体主义方法论的具体研究而论，应当重视演化经济学的这种拓宽，并探讨这一拓宽有可能对经济学世界发生的影响。从这个意义上来讲，我们可以把"经济学帝国主义"理解成是个体行为分析单元被演化经济学拓宽后所出现的一种理论研究倾向。

但是，无论经济学家怎样安排和处理个体主义方法论的分析单元，② 他们对个体行为或群体行为的研究，都会涉及行为理性属性或性质的界定

---

① 一些经济学家（Goranson & Berkowitz, 1966; Berg et al., 1995; Forsythe et al., 1994; Marwell, Ames, 1979; Fehr et al., 1996）曾从心理动机揣测角度，对社会偏好进行分析，这种分析反映了有限理性约束以及与此相关的认知问题，它是从施惠、受惠、报复等方面对互惠和公平等利他偏好展开分析时的个体主义方法论的具体运用。

② 比"个体行为"更低层级的分析单元，是神经元经济学所提出的"人体基因"。神经元经济学深化了主流经济学的理性观，认为人类理性行为是个体基本情感上升为社会情感的生理调节或自然选择的产物（Damsio, 1999），并且认为科学对神经元进行编码和映射实验，可以揭示人的神经系统具有计算各种行为之可能满足度的功能。神经元经济学这一更低层级分析单元的理论基础是：人类大脑的模块结构经由脑循环会使个体产生不同选择动机和不同选择偏好。神经元经济学也推崇自然选择，它使理性在生理学意义上获得了"本体论"的地位。

问题。正统新古典经济学把行为理性主体界定为"经济人";演化经济学把行为理性主体界定为"自然人",认为自然人是社会系统演化中的认知主体(Witt,1997;Foster,1997),他(她)既存在自利偏好也存在利他偏好(Henrich,2003;Bowles et al.,2003)。这种观点的理论基础是生物学理论和历史文化理论的混合。但无论是正统新古典经济学还是演化经济学,甚至是现代经济学中的非主流经济学,都很少运用个体主义方法论对偏好如何影响认知,认知如何影响效用期望等问题进行深入的探讨。事实上,认知过程是介于偏好与效用之间的理性行为状态,经济学家对认知过程的研究,通常会延伸或折射出对偏好和效用等理性选择范畴的理解,最能反映个体主义方法论的分析边界。

本章在评说经济学个体主义方法论的基础上展开以下几点探讨:1. 通过对个体选择动机、偏好、认知和效用的分析,解说经济学家运用个体主义方法论来建立行为理性选择理论的合理性;2. 基于现有理论对认知研究的不到位,着重分析个体行为理性选择中的认知过程,试图进一步完善经济学的个体主义方法论;3. 讨论经济学在某些场合运用群体主义方法论的可行性,提出几点重塑经济学个体主义方法论的设想。

第二节　行为理性分析的个体主义方法论边界

新古典经济学与演化经济学的不同理性观表明,这两大理论对个体行为的假设条件和分析重点的区别,导致了它们个体主义方法论之分析边界的差异。关于这个问题,我们可以依据个体主义方法论的基本理论分析单元来理解。新古典经济学所描述的个体是抽象的个体,这一描述存在着两个明显的假设条件:一是个体选择偏好被圈定在唯一追求自利且具有内在一致性的假设框架内;二是认知阶段被忽视,从而对个体作出能够预知未来选择结果的假设。由于偏好被锁定及认知阶段被忽视,新古典经济学对个体选择行为的分析重点，便可以直接放在"效用最大化"的论证上。新古典经济学彻底贯彻了自己应当坚持的个体主义方法论，但这种方法论是被限定在极其抽象而狭窄的边界内。长期以来，经济学家对新古典经济学个体主义方法论的内涵和外延展开过持续的争论。关于这种争论，我们可以从演化经济学对新古典经济学的批判中看到问题的症结。

演化经济学运用个体主义方法论对个体行为研究的特征之一，是没有在理论上设定明显的假设条件，它旗帜鲜明地反对新古典经济学利用建构理性在动机、偏好、认知和效用等方面的假设框架。从演化经济学"文化制度演化的理性内涵"，以及"一切社会制度均是在个体间互动过程中产生"的思想来考察，它几乎完全不考虑人类理性中的偏好和认知。较之于新古典经济学，它强调理性的自然演化，把分析重点放在个体间的互动上，认为理性不能被建构，运用个体主义方法论来分析人类的经济理性选择行为不应在理论上明确划定边界。如果说演化经济学在基本分析观点上也有假设条件，这一假设条件则是演化经济学把"自然"解说成人类行为及其制度的主宰。显然，这种分析逻辑上的"不是假设的假设"，其内涵有着浓厚的哲学意境，这是其他经济学流派所不具备的。

经济学界通常把演化经济学也列为非主流经济学，但仔细品味，它与那些主要是通过对动机、偏好、认知和效用的重新认识而批评主流经济学的非主流经济学存在着明显的区别。现代非主流经济学越来越认识到在"偏好一致性和追求自利最大化"假设下运用个体主义方法论的狭窄。例如，针对新古典经济学的预期效用理论（Expected Utility Theory）（Neumann & Morgenstern, 1947）的"相同选择通常在相同概率下发生"的经典解释，行为经济学的展望理论（Prospect Theory）（Kahneman & Tversky, 1979）认为，特定情境中的高低概率事件会导致人的认知偏差，选择结果的概率并不等于效用的加权之和。同时，针对新古典经济学关于个体选择能够实现最大化，并将其作为判定个体行为之理性标准的见解，行为经济学认为人们既不存在精确的计算能力，也没有时间和不可能算计出各种选择的结果，人们一般是通过风险厌恶和风险偏好的主观感受值来度量预期财富变化,因而在理论上,应该以反映风险厌恶和风险偏好的价值函数来取代传统的效用函数。

实验经济学(Simth,1994)主张利用实验来纠正新古典经济学的纯粹逻辑演绎和数学推论,认为实验对个体行为所具有的复制能力可以克服一次性观察所存在的缺陷,实验对个体行为所具有的控制能力可以得到更接近于现实的经验数据,实验经济学主张利用实验手段来纠正期望效用理论对个体行为偏好与效用关系的简化描述。与行为经济学一样,实验经济学在理性分析框架内观察到了现实选择的发生过程与期望效用理论的偏离,敏感意识到个体多重选择动机会致使偏好的不确定。行为经济学和实验经济学的这些分析,明显拓宽了个体主义方法论的分析边界。在这两大理论看来,新古典经济学的选择函数和最大化理论,之所以在很大范围内限制了个体主义方法论的分析边界,主要是因为它没有考虑信息不对称和有限理性约束,直接以抽象的选择函数和效用函数来分析个体行为;行为经济学和实验经济学跳出了"经济人"假设框架,他们实际上是将个体看成是在多重选择动机、多重偏好和效用期望调整下的选择者。因此,从宽泛的意义上来理解,这些观点都可以纳入演化经济学的"自然人"范畴,可见,演化经济学的个体主义方法论要比其他非主流经济学具有更广的边界。

经济理论方法论的边界不同会致使分析方法不同。总的来说,新古典经济学和其他非主流经济学的分析方法是均衡分析,而演化经济学的分析方法是演化分析。这两种分析方法分别对应于建构理性和演化理性。均衡分析在具体运用个体主义方法论时,是坚持效用目的论、机械类比和强调理性最大化;演化分析在很大程度上倾向于生物类比和强调无意识的自然规律。这里有两个问题值得讨论:一是(主流)新古典经济学与非主流经济学的均衡分析,在哪些地方存在着区别,这些区别对它们运用个体主义方法论有什么影响;二是演化经济学究竟有没有隐性存在着群体主义方法论,如果存在,我们怎样理解这种隐性存在于个体主义方法论框架中的群体主义方法论。

关于第一个问题。首先，现代非主流经济学的均衡分析是在信息不对称和有限理性框架下展开的，这与新古典经济学坚持完全理性（信息完全）有着性质区别。其次，现代非主流经济学在运用个体主义方法论进行均衡分析时，信守理性原则，但并不推崇理性最大化，它不像新古典经济学那样在运用个体主义方法论时有十分明确的目的论解释。再次，现代非主流经济学的均衡分析是对特定情境中选择行为的理论描述，它注重于实际的个体行为，不像新古典经济学那样在一系列假设约束下关注个体行为的抽象分析。最后，现代非主流经济学把心理因素和认知过程放置于均衡分析，突破了新古典经济学将心理和认知放置于均衡分析之外的传统模式，从而把心理学与经济学的并轨研究落实到个体主义方法论中。这些区别凸显了非主流经济学与新古典经济学的不同。所以，就个体主义方法论边界而论，我们可以认为，一些关乎实际个体行为而被新古典经济学忽视和淡化的内容，在很大程度上都被纳入了非主流经济学的分析视野，这无疑扩大了个体主义方法论的边界。

关于第二个问题。演化经济学关注个体行为之间互动对一切制度形成和发展的影响，不赞成以单纯个体行为来把握、涵盖和推理具有生物演化和文化演化特征的社会整体现象，认为个体理性内嵌于规章、法律、制度、惯例乃至于语言和习俗之中。较之于新古典经济学或现代非主流经济学，演化经济学以上这些观点所蕴含的个体主义方法论的显著特点，是在一定程度和范围内通过个体行为互动的分析，显现了群体主义方法论的痕迹。因为，社会的法律、规章和制度等，不是个体行为而是群体行为的结果，个体行为互动会形成群体行为，这一点是肯定的。演化经济学反对以个体行为来推理社会整体现象，主张从个体行为互动来追溯规章、法律、制度、惯例等的形成和发展。如果经济学家接受这些思想，着重从个体行为互动来研究社会经济现象，他们就会在坚持个体主义方法论的同时，悄然把群体主义方法论引入进来，从而会自觉或不自觉地扩大个体主义方法论的分析边界。

分析和比较不同经济理论的个体主义方法论边界，可以帮助我们明晰经济学运用个体主义方法论的总体格局，并在此基础上了解不同经济理论因个体主义方法论分析边界区别而出现的某些基础理论观点的分歧。我们对非主流经济学个体主义方法论分析边界扩大的理解，一方面可以围绕该学说有关偏好和认知过程的论述来把握，另一方面则需要从个体行为之于真实世界的选择现实来把握。在笔者看来，真实世界的个体行为及其选择是运用个体主义方法论的基础，而个体行为选择的认知过程会在很大程度上规定着个体主义方法论的边界。

第三节 行为主体认知过程与个体主义方法论

现代经济学运用个体主义方法论对不确定性条件下行为理性选择的分析和研究，主要是围绕信息和环境等不确定如何影响个体选择行为进行的。针对新古典经济学期望效用理论将个体行为看成特定选择对应于特定结果的确定性选择，以及把个体确定性选择解释为实现预期效用最大化的观点，现代经济学依据选择行为对应的结果集以及结果集的概率分布，对随机选择进行了研究，并将其划分为确定性随机选择和模糊性随机选择两大类（Dequec，2000）。[①] 阿莱斯悖论（Allais，1953）和艾尔斯伯格悖论（Ellsberg，1961）对期望效用理论的质疑，可谓是最典型最具有代表性的理论。阿莱斯通过实验说明期望效用理论与个体实际选择存在着偏差，期望效用理论不能对个体选择做出不违背先验概率和后验事件更新后验概率的贝叶斯法则的准确刻画（Tversky & Kahneman，1971，1982；Kahneman

---

① 一些经济学家认为针对选择结果，随机世界有两个可以界定选择行为的维度：一是与选择行为对应的结果集，二是结果集的概率分布或不同结果发生的可能性。根据结果集的概率分布是否确知，可以把个体选择行为确定为究竟是属于确定性随机世界还是模糊性随机世界（Knight，1921；Keynes，1921）。关于这个问题，可参见国内学者（冯燮刚、李子奈，2005）的分析性评说。

& Frederick, 2002)①。艾尔斯伯格的研究表明,人们倾向于押注已知概率的风险性事件,而不是押注未知概率的模糊性事件,大部分个体都会采取有悖于期望效用理论的模糊性回避(Ambiguity Aversion)策略。② 这两个著名悖论给经济学家再认识个体主义方法论提供了理论启迪。

诚然,以上所有的实验研究都设置了不同的情境,但它们的共同点是强调信息和环境不确定对个体行为选择的影响。现代经济学对新古典经济学行为选择理论进行修正的关键突破点,主要体现在损失回避(loss aversion)和参照依赖(reference-dependent preference)的研究上。这方面的近期文献(Giraud, 2004; Koszegi & Rabin, 2006)仍继续沿着 Tversky & Kahneman 的分析路径。具体地说,一些经济学家对个体选择行为的分析,不是关注财富绝对水平,而是关注财富相对水平,并以这两个水平的变动作为参考点对个体行为选择作出得失判断。这样的思路在对偏好、认知和效用等的研究上,明显反映出与新古典经济学的不同。也正是因为存在着这样的区别,个体主义方法论才有可能被拓展到经济学以外的其他社会科学领域。

一些经济学家开始关注社会规范、价值观念、个体身份的自我认同等因素对偏好、认知和效用的影响(Akerlof & Kranton, 2000, 2002, 2005, 2010; Davis, 2003, 2011; Benjamin, Choi & Strickland, 2008),并尝试把个体的行为准则或个体身份的自我认同等作为变量引入效用函数(Akerlof &

---

① 阿莱斯本人未能解释悖论的成因,这项任务是由丹尼尔·卡尼曼和阿莫斯·特维斯基(Kahneman & Tversky, 1979)的展望理论(Prospect Theory)完成的。展望理论将认知看成是决定选择权重之重要变量的主观概率,认为人们有时会偏高估计较低的概率事件,有时会偏低估计较高的概率事件,至于反映预期的主观感受值,则可依据风险厌恶和风险偏好的并列存在,用度量预期财富变化的不同于传统效用函数的价值函数来表示。卡尼曼和特维斯基的这些理论见解,对经济学认知理论转型的影响是革命性的,它是认知心理学在行为理性选择理论中的典型运用。本书在很多地方会反复提及这些观点。

② 后期经济学家(Feellner, 1961; Becker & Brownson, 1964; Slovic & Tversky, 1974)或证实模糊性回避行为的存在,或探讨模糊性回避行为的原因,如相对无知性假说(conparative ignorance hypothesis)(Heath & Tversky, 1991; Fox & Tversky, 1995),或对相关假设进行了扩展(Chow & Sarin, 2001; Fox & Weber, 2002),或提出可评价性假说(evluability hypothesis)(Hsee, Blount, Lowenstein & Bazerman, 1999),或提出消极评价回避假说(Trautmann, Vieider, Wakker, 2008),但万变不离其宗,这些假设的主旨都试图要证明期望效用理论与实际存在着系统性偏差。

Kranton, 2000)。经济学家的这些新描述或新理解,在拓宽和加深对偏好和认知的分析的同时,更重要的,是要求对博大精深的效用函数进行重塑。效用函数一旦要求被重塑,整个行为理性选择理论从假设前提到效用函数的整个分析链都会发生变化,这便要求个体主义方法论的运用也发生变化。

事实上,现代经济学对不确定性条件下的个体行为已作出一些符合实际的假设(Maccheronia, Marinaccib & Rustichinic, 2006; Klibanoff, Marinacci & Mukerji, 2005; Dana & Riedel, 2010; Traeger, 2010)。这些假设所涉及的核心内容,可以理解为是在个体主义方法论框架内,对选择偏好、认知过程和效用期望等作出了尽可能接近现实的设定:动机和偏好多重、认知不确定和效用期望调整等。从选择偏好、认知过程和效用期望调整等的相互联系来看,这些设定实际上是依据于以下现实:动机影响偏好,偏好影响认知,效用是个体认知形成后的选择结果,而有限理性约束下的个体对效用会产生期望调整(效用函数不再由最大化唯一决定)。就这条基于现实而设定的分析链来看,对行为主体认知过程的研究,应最能反映个体主义方法论的运用。这是因为,认知过程是对影响选择的信息和环境等复杂因素的思考,运用个体主义方法论在对认知过程进行研究时,既涉及偏好也涉及效用。

经济学家在遵循个体主义方法论前提下对认知过程进行分析,需要对认知成本进行研究,认知成本的高低或大小是决定个体认知程度的重要因素。近几十年来,行为理性选择理论开始利用心理学和脑神经科学的研究成果,试图借助心理学和生理学,以便在自然科学基础上对模糊性随机世界中的个体选择行为进行解析。神经元经济学以及可被看成是其分支的心智经济学,在对新古典经济学期望效用法则展开质疑和批评时同样认为,个体偏好不是一成不变的,认知过程在特定场景或情境影响下会产生成本。[①] 认知成

[①] 这种成本不同于个体投资发生的实际成本,也不同于交易成本。不过,神经元经济学与行为经济学一样,认为影响认知的个体行为偏好同样受制于以下因素:确定性效应、框架基点、情景依赖、锚定效应和从众心理等,这可以看成是"社会性情结"被纳入了个体主义方法论范围。明确这一点很重要,它可以帮助我们贴近现实地理解偏好和认知过程的形成。需要说明的是,这些研究实际上都是在强调心智成本的存在。

本的表现形式是复杂的，详尽揭示这种成本，会给经济理论研究带来一系列的麻烦。或许因为如此，以新古典经济学为底蕴的传统主流经济学，始终回避对认知成本的讨论。

当经济学家开始关注认知过程，行为理性选择中的认知成本问题便会显现出来。针对新古典经济学把信息搜集、加工和处理所引致的成本看成零的观点，心智经济学认为，只关注理性计算而不关注理性计算中的认知成本是不符合实际的，心智成本是认知过程不可忽视的成本；认知成本是由信息处理、认知协调和时间使用三大块构成的，它是个体行为选择中的思考成本（John Conlisk，1996）。[①] 以方法论涉及认知成本的讨论来说，神经元经济学在运用个体主义方法论对神经元编码和映射进行实验时，其专注于人类大脑的模块结构经由脑循环使个体产生不同动机和偏好的研究，不仅摆脱了行为经济学等非主流学派以经济与心理为动机而在运用个体主义方法论时所显现的二元分析方法，而且通过生理学和脑神经科学揭示了认知成本的客观存在。

神经元经济学开辟了运用个体主义方法论的新区域，它实际上在脑神经科学基础上倾向于个体行为的自然选择，认为认知过程与个体生理情感有关，认知过程是生理调节或自然选择的产物。[②] 但总体上考察神经元经济学和行为经济学等非主流学派，这些文献主要是在心理上或脑神经等生理基因上描述了认知过程中的偏好形成机理，并没有十分详尽地结合动机把偏好和效用对认知过程的影响详尽揭示出来。认知过程怎样影响个体行为选择，尚需要从认知过程的具体程序来把握。我们对认知过程影响选择的具体程序的理解，需要厘清动机、偏好、认知、选择、效用之间现实关联的一般逻辑。易言之，我们既不能像新古典经济学那样通过跳越认知过

[①] 德姆塞茨（Demosetz，1999）曾从供给和需求角度分析了个体行为的脑力付出，指出个体的知识和智力水平在处理信息与理解信息之间存在数量均衡关系；另一些经济学家研究了认知过程中心智成本的最小化问题（S. E. Taylor，1991；Cerd Gigerenzer，1999，2000，2001）。

[②] 神经元经济学认为人的神经系统的功能之一，是能够通过信息编码来计算各种行为的可能满足度，并将这个功能称为"生理期望效用"，这个概念是一个接近"主观期望效用"的概念，它拓宽了理性观和深化了个体主义方法论，使行为理性选择的理论研究在生理学上找到了理性机制的分析路径，从而说明了认知过程是生理调节或自然选择共同机制的过程。

程和通过对效用最大化的数理逻辑论证，把动机、偏好和效用合而为一，也不能像非主流经济学那样只注重于行为实验而不是从基础理论角度来解析认知过程。在笔者看来，如果我们对现有文献有关认知过程的论述有所创新，必须从理论和实际相吻合的层次上来研究行为理性主体认知过程与个体主义方法论的关联。

随着经济学家对认知过程的理解和分析的深入，个体主义方法论的运用边界会随之扩大。总的来说，新古典经济学在完全理性和一系列假定约束下，以个体行为作为基本分析单元，但它在偏好稳定假设基础上对认知过程的分析所展现的个体主义方法论，是十分狭窄的；演化经济学在强调人类存在理性不及或理性无知状态时，虽然不否定以个体行为作为基本分析单元，但它对偏好和认知的分析，却扩大了个体主义方法论的分析边界，即在一定程度上隐性主张以群体行为作为基本分析单元；现代非主流经济学继承并贯彻着以个体行为作为基本分析单元的传统，他们通过实验指出了个体偏好的不确定，主张通过对认知过程的深入分析来解释行为理性选择过程，这实际上是在不背离将个体行为作为基本分析单元的框架内，尽可能符合实际地扩大个体主义方法论的分析和运用边界。三大经济学理论体系在个体主义方法论运用上的这些区别，给我们把握认知过程的具体程序提供了思想材料。

个体行为理性选择的现实表明，以完全理性为假设前提来运用个体主义方法论的最大缺陷，是忽略了认知过程；理论研究要使个体行为的理性选择符合实际，只有在坚持有限理性假设下才会关注认知过程。个体在有限理性约束下，其选择偏好在多重行为动机影响下具有明显的多重不确定；偏好的多重不确定会影响认知过程，而认知过程变化会影响个体行为理性选择。当个体行为选择结果（效用）尚未显现出来以前，认知过程变化通常会促使个体的效用期望调整。我们可以把以上个体选择动机、偏好、认知和效用期望调整的这条现实选择链，理解为运用个体主义方法论，从而对认知过程进行分析的具体程序。至于演化经济学隐性地把群体行为纳入个体主义方法论，神经元经济学把基因作为个体主义方法论的基本分析单元等研究倾向，则可以看成是对这一具体分析程序的扩展。针对个体主义方法论的这一扩展，我们应该在多大范围内兼容并蓄三大经济理论的观点，以便让行为理性选择理论对认知过程的研究建立在社会科学和自然科学的双重基础之上，这无疑是今后研究的重大课题。

我们探寻和确立认知过程的社会科学和自然科学的双重基础，离不开对个体选择动机、选择偏好和效用期望调整的整体思考。从形式上来看，新古典经济学从偏好稳定假设（偏好的内在一致性）出发对最大化为核心的效用的分析，也是一种整体思考，但它通过对效用最大化的一致性解释，排斥了认知过程和效用期望调整，它只是在狭窄的社会科学层次上抽象地运用了个体主义方法论。以社会科学层次的抽象分析而言，演化经济学可谓是大大拓宽了社会科学的分析基础及其边界，它对新古典经济学的质疑和批评，主要是以社会科学为基础的质疑和批评；而以心理和行为实验为基础的非主流的行为经济学、实验经济学等对新古典经济学的质疑和批评，以及神经元经济学从神经元生理机制对新古典经济学的质疑和批评，实质上是以自然科学为基础的质疑和批评。在这里，我们找到了探寻和确立认知过程的社会科学和自然科学之双重基础的学术渊源，但问题是如何有取舍地把这些理论综合起来，以重塑经济学的个体主义方法论。

第四节 重塑经济学个体主义方法论的探讨

依据现代主流经济学和非主流经济学有关个体主义方法论的运用，我们重新塑造经济学个体主义方法论必须关注以下问题：1. 对作为个体主义方法论基本分析单元的个体行为的理性属性做出界定，以摆脱"经济人假设"的束缚；2. 对个体主义方法论的社会科学和自然科学的分析基础做出新的理解，以扩大分析视阈和边界；3. 探讨在运用个体主义方法论时，如何对群体性经济行为做出统一于个体主义方法论的解释；4. 重点研究个体行为动机、偏好、认知和效用等的逻辑和现实的一致性，并据此对行为理性、认知过程与个体主义方法论的关联作出解释；5. 重新考虑效用函数构成，对个体行为理性选择展开与经济学个体主义方法论的运用基础相一致的论证，等等。

一 以有限理性约束作为分析假设，重新解说个体行为理性属性，在跳越"经济人假设"的基础上扩大个体主义方法论的分析边界

新古典经济学的个体主义方法论以及在此基础上形成的行为理性选择理论，是以完全理性作为假设前提的。该理论首先从人类行为中抽象出经济行为，再从经济行为中运用偏好一致性和自利最大化假设抽象出"经济人"，而"经济人假设"则是后一理论抽象的产物。当"经济人"作为行为理性主体而被解释成具有算计效用最大化的能力时，行为个体便被理解或解说为"理性经济人"。在新古典经济学行为理性选择理论中，个体行为的理性属性被圈定在单纯追求自利最大化并能知晓结果的行为选择，于是，新古典经济学个体主义方法论的运用边界便被"经济人假设"或"理性经济人"所规定。但在现实的经济选择中，行为动机、偏好和目的是多元的，个体的行为选择不能跳越认知过程，并且个体不可能完全知晓选择结果。① 因此，我们有理由认为新古典经济学的个体主义方法论受到其有关行为理性属性界定的约束。我们重新界定行为理性属性边界，需要从"本体论"角度扩大经济学个体主义方法论的分析边界。这是我们重新塑造经济学个体主义方法论的首要任务。

对个体行为理性属性界定，可以考虑以多元选择动机、多元偏好、认知不确定和效用期望的不断调整为依据。按照这样的界定，个体选择动机在理论上便不应该仅仅用追求自身利益来描述，而是应该考虑到个体的公平和互惠等选择动机。与此相对应，个体选择偏好在理论上便不应该仅仅考虑自利偏好，而是应该考虑到利他偏好。同时，信息不对称或不完全会

---

① 何大安（2005，2013）曾对行为理性属性进行过较为详细的分析。现在联系个体主义方法论来再次考察行为理性属性，认为对这个问题的再考察很重要，因为对行为理性属性的不同理解，不仅会关系到对行为理性主体的界定，而且会直接影响到经济学个体主义方法论的运用边界。

驱动个体在选择前对影响选择的信息和环境等复杂因素进行思考，个体通常会对要不要选择或怎样选择有一个不可跨越的认知过程，个体会对选择结果出现效用展望（期望），并且伴随着认知过程，个体会对效用展望（期望）进行不断地调整。从现实来看个体的行为理性选择，我们应该在理论上把个体是否具有和是否经历以上行为过程，理解为个体行为是否具有行为理性属性。如果我们依据这个重塑的行为理性属性来运用个体主义方法论，我们对行为理性选择的分析边界就会大大拓宽，经济学个体主义方法论的分析边界也会被大大拓宽。事实上，主流经济学与非主流经济学有关行为理性选择的一系列分歧，在很大程度和范围内就是源于对行为理性属性的不同理解。

二 行为理性选择理论的社会科学和自然科学的分析基础问题，是一个关系到经济学个体主义方法论运用边界的值得我们深入探讨的问题

在经济学说的发展中，就不同学派的行为理性选择理论的分析基础而论，我们可有以下概括性的理解：新古典经济学（甚至可包括现代主流经济学）几乎完全是以社会科学作为分析基础的；演化经济学在强调文化和制度等演化对人类行为选择影响时，是以社会科学为分析基础，而在强调人类生理机制的自然演化对人类行为选择影响时，则是以自然科学为分析基础的（只不过它没有充分论证）；神经元经济学将人类行为选择形成机制归结为大脑神经系统及其模块功能，则完全是以自然科学为分析基础的。在以上的分析中，我们看到这三大理论所依据的分析基础不同，它们对偏好、认知和效用就有着不同的理解，以至于在运用个体主义方法论时出现边界的区别。行为理性选择理论究竟应以社会科学还是应以自然科学为分析基础，抑或是兼顾社会科学和自然科学，这是我们必须探讨的。

个体行为选择的动机和偏好是利益、时尚和文化等因素的产物。基于它们与社会的政治和经济等存在着极强的关联，并且在相当大的程度和范围内涉及人与人之间的相互关系，因而经济学家研究个体行为选择的动机和偏好时，以社会科学作为分析基础比较恰当。个体行为选择的认知过程是行为主体对影响选择的信息进行搜集、整合、加工和处理，虽然这一过程会受到选择动机和偏好的制约，尤其会影响到行为主体对选择效用的期望调整，但它或多或少会受制于心理因素和大脑神经元及其结构功能，因而经济学家研究个体认知过程时，可考虑在适当范围内以自然科学为分析基础。行为理性选择理论需要兼顾自然科学分析基础的这种必要性，除了神经元经济学深邃的理论论述外，我们还可以从现实中找到鲜活的例证。例如，同样的条件配置和信息构成发生在不同行为个体身上时，往往会出现不同的选择结果（效用），这分明是揭示了不同行为个体在运用相同配置条件和信息时有不同的认知。追溯其源，我们有理由认为不同行为个体具有不同的生理基因和禀赋，这需要用心理学和脑神经学等自然科学来解说。

在以上三大经济学行为选择理论的体系中，一些经济学家在许多场合有时是以社会科学、有时是以自然科学为分析基础的，同样，一些经济学家在坚持个体主义方法论时，也出现了时而坚持个体主义方法论，时而悄然运用群体主义方法论（尽管局限于很小范围）的情况。其实，经济学家只是在解释社会整体现象时，才显露出主张运用群体主义方法论的倾向，并且这种主张仍然是建立在坚持个体主义方法论基础之上的，演化经济学便是如此。

三 我们重塑经济学个体主义方法论的任务之一，是需要对群体经济行为做出统一于个体主义方法论的解释

在演化经济学的理论体系中，个体主义方法论与群体主义方法论有时是隐性交叉运用的，这说明其研究基础有时是游离在社会科学与自然科学之间的。众所周知，演化经济学在演化理性背景下对社会经济、政治和文化的制度分析是很宽泛的，它对这些制度形成原因或机制的分析，包括个体和群体两个层面的内容。具体地说，对于形成制度的行为主体的理解，演化经济学赞成以"个体行为"作为问题研究之基本单元的个体主义方法论，但它反对以个体行为的抽象理论分析来涵盖社会整体现象，认为不能用个体行为的一般理论来解释经济、政治和文化制度的形成，强调社会的发展和变迁是长期的文化演化和制度演化的结果。因此，演化经济学在运用个体主义方法论对社会经济、政治和文化制度形成进行分析时，有着主张运用群体主义方法论的思想。另一方面，演化经济学对社会制度发展和变迁的解释，强调文化演化和自然演化，这便反映出它在运用个体主义方法论时有着社会科学和自然科学的双重基础。

不过，现代演化主义经济学并不赞成把社会经济系统演化完全等同于生物演化，它认为要重视研究生物学有关人类选择行为在群体间和群体内差异，认为社会系统演化中的认知主体要受到文化演化的影响强烈，这种影响不仅会导致个体选择的自利偏好和利他偏好，也会导致群体选择的自利偏好和利他偏好（Henrich，2003；Bowles et al.，2003）。这些观点表明，现代演化经济学试图通过区分群体间和群体内的选择偏好和认知过程，以说明社会经济系统在生物演化和文化演化中的群体选择行为，从而在侧面指出了运用群体主义方法论的必要性。现代演化主义经济学也十分关注生物进化对人类理性选择的影响，这可以解释为是它对个体主义方法论的具体运用。如果我们把它对文化演化之于人类偏好和认知重要性的关注，看成是它主张运用群体主义方法论的理论基础，那么，我们便可以把它对基因与文化的协同演化之于人类偏好和认知形成的强调，理解为是它兼顾个体主义方法论和群体主义方法论的理论反映。

现实经济系统中群体选择行为的存在，要求我们思考是否需要在经济分析中运用群体主义方法论；同时，如果我们坚持个体主义方法论，则要求我们在个体主义方法论的框架内对群体选择行为作出统一于这个框架的解说。为此，我们可以考虑在对个体行为理性属性作出不同于新古典经济学的定性分析的基础上，根据对群体行为中有意识的规则遵循者与无意识的规则遵循者之数量比率，或根据理性选择者与非理性选择者之数量比率来理解和解释群体选择行为。如此，我们便找到了对某一群体行为究竟是自然选择、理性选择还是非理性选择的解释方法。假定某一群体行为的总人数为 W（W = A + B），其中有意识的规则遵循者数量为 A，无意识的规则遵循者数量为 B，或理性选择者数量为 A，非理性选择者数量为 B，当

B 大于 A 时，这个群体行为便可以解释为演化经济学所推崇的自然选择，或解释为非主流经济学所揭示的非理性选择，反之亦然。很明显，这种在个体主义方法论基础上解释群体行为的分析方法，也许可以绕开和回避长期困扰经济学家的个体主义方法论与群体主义方法论的争论。当然，如何划分 W 中的 A 和 B 会碰到困难，这需要我们研究。

四 基于现有理论在运用个体主义方法论时对个体行为动机、偏好、认知和效用有着分歧，我们有必要进一步研究动机、偏好、认知和效用之间的现实和逻辑关联

经济学家运用个体主义方法论来建构行为理性选择理论，在个体选择动机、偏好、认知和效用等方面出现分歧，部分源于对行为理性属性的不同界定，部分源于对个体主义方法论的基本单元的不同选择，部分源于社会科学和自然科学不同的分析基础，部分源于对认知过程和效用期望的不同理解，但无论分歧产生于何种原因，这些分歧都会在认知问题上反映出来。认知实际上是一种贯穿于选择行为始终的理性。现代认知心理学的发展为行为经济学等非主流学派成功并轨心理学和经济学进行研究提供了理论依据。事实上，现代经济学有关认知的分析和研究，主要是针对个体主义方法论而言的，它很少涉及甚至几乎不涉及群体主义方法论。我们对认知过程的理解，不能仅仅局限于认知过程的两阶段划分理论（展望理论的贡献），而是应该在信息约束和有限理性约束下对认知与动机、偏好和效用的关联做出研究。

正统新古典行为理性选择理论受到质疑和批评的最大软肋，是把最大化自利追求解说为个体选择行为的唯一动机和目的，这一软肋通过与偏好稳定假设（内在一致性）的关联，使"经济人假设"下的个体成为"理性经济人"。就新古典理论的动机、偏好、认知和效用的关联而论，由于"经济人假设"或"理性经济人"的理论分析底蕴是完全信息和完全理性，因而"认知"在这种关联中只是作为一种形式上的存在，"效用"只是实现最大化而不存在期望调整问题。行为经济学等非主流学派对新古典行为理性选择理论的质疑和批评，主要是通过个体的行为和心理实验而围绕认知过程来展开的，这些学派的理论分析底蕴是有限理性和信息不对称，他们通过分析认知过程揭示了个体行为动机的多重性、偏好的多重性和效用期望的调整，但较之于新古典行为理性选择理论，非主流学派对个体行为动机、偏好和认知之关联研究的程序，是倒过来从认知过程来描述和揭示动机和偏好的。演化经济学运用个体主义方法论可谓是从哲学层面上来开展的，它对个体行为的动机、偏好、认知和效用之关联的认识，则完全是在有限理性和信息不对称下遵循社会政治、经济、文化等制度变迁的自然法则。

我们重塑经济学个体主义方法论，首先需要确立信息不对称、有限理性约束以及确立个体行为的基本单元的分析前提。至于个体主义方法论之运用的对象性和分析程序，则需要沿着个体行为动机→选择偏好→认知过程→效用期望调整之分析路径来展开。在这一分析链中，我们要通过理论分析模型和数理逻辑模型重点研究以下问题：1. 个体选择行为的多重动机对偏好形成发生怎样的影响，如何对追求自利最大化这一个体选择行为的最主要动机作出合适的学术处理；2. 在理论上解说选择偏好的多重性，对利己偏好和利他偏好做出符合实际和理论逻辑的经济学解释；3. 重点研究偏好对认知形成的影响，研究认知对效用期望调整的作用过程；4. 通过对效用期望调整的研究，重新构建效用函数。显然，认知过程的分析和研究在经济学个体主义方法论的重塑中具有核心地位，对它的解释能否达到成功，不仅关系到对行为理性属性的界定，而且关系到行为理性选择理论能否从黑板走向现实。

五 重新考虑效用函数构成，把影响偏好和认知的主要因素统统纳入效用函数，以彻底贯彻经济学个体主义方法论

现代经济学在函数模型建构、数理逻辑论证及实证分析等方面的发展趋势之一，是尽可能减少外生变量和非解释性变量，扩大内生变量和解释性变量。以效用函数的变量构成而言，新古典理论效用函数的核心变量实际是最大化，至于决定偏好和认知的其他变量，则被它作出了外生变量或非解释性变量的处理，在效用函数中是没有席位的。其实，个体的利己或利他偏好会影响认知，认知后的选择会直接作用于效用，因而贯彻个体主义方法论的效用函数的变量构成,应该考虑到偏好和认知。新古典理论所描述的最大化,实际上是目标锁定后的剔除信息、环境和认知等因素的一种主观期望,但将这些因素作为外生变量或非解释性变量处理后,最大化便成为效用函数的主要变量乃至于成为唯一变量。正因如此,最大化问题一直是经济学领域争论的焦点。

标准的效用函数是以利润最大化和消费最大化来解说效用的,但这样解释和运用效用函数显得有些狭窄。[①] 阿克洛夫（Akerlof, 2007）认为效用函数不能单纯以最大化来表征,他主张将"行为准则"和"效用损失"纳入偏好和效用之中,以纠正主流经济学对个体行为选择偏好和效用的偏颇认识。我们修正效用函数,可以考虑把行为准则纳入选择偏好,把效用损失纳入效用函数,以建立反映多重选择动机、反映利己和利他偏好的效用函数。行为准则是在政治、经济和文化影响下形成的,一般被认为是社会行为方式的概念化。如果把行为准则纳入选择偏好,则需将其作为内生变量或解释性变量来处理,但这需要考虑行为准则之于选择偏好的动态关联,否则便不能反映认知过程。效用损失可理解为个体行为选择失误,将其纳入效用函数会改变效用的取值区间。显然,这些修正性研究工作是符合实际的,但在标准的效用函数中,通过选择偏好在效用函数中增添行为准则和效用损失等变量,是一项难度极大的研究工作,它不仅关系到能否贯彻个体主义方法论,而且会涉及行为理性选择理论的框架建构。正像本书在"导言"中反复强调的那样,如何把"行为准则"放置于偏好和效用的分析中,无疑是今后行为理性选择理论的重要研究内容。

[①] 无论是以内在一致性偏好来推演效用,从而推论行为理性选择的新古典经济学,还是通过建立模型来分析效用与行为理性选择的凯恩斯主义经济学,他们所运用的效用函数都不能描述个体的现实选择。一些经济学家观察到了消费依赖财富而不是依赖现期收入,认为消费和闲暇共同决定效用（Friedman, 1957; Franco Modigliani & Richard Brumberg, 1954）,还有一些经济学家认为企业投资效用不是依赖于现期财务,而是依赖于股东贴现的真实收益（Modigliani & Miller, 1958）。不言而喻,这些研究是试图修正标准效用函数的学术努力。

第五节　几点理论感悟

　　本章在行为理性框架内通过重点分析认知过程，探讨了经济学个体主义方法论，这是基于现有的行为理性选择理论对个体行为动机、偏好、认知和效用等存在不同学术观点的思考。在现实中，人们对行为理性选择的最朴素或最直观的认识路径，是观察个体行为动机以及动机与结果之间的因果关系。经济理论对行为理性选择的解说，不仅要在理论上描述个体行为动机及其与结果之间的因果关系，而且要在符合经济学规范的前提下解释这种因果关系所蕴含的机理。就各大经济学流派针对解释这种机理的选择偏好、认知过程和效用期望等范畴的分析而论，虽然各大经济学流派都坚持认为他们采用了个体主义方法论，但由于对这些范畴的理解和论证不同，因而出现了不同的学术观点。讨论行为理性选择理论的不同学术观点，可以从不同角度来展开，我们围绕经济学个体主义方法论来讨论，也不失为一种有理论分析价值的路径选择。

　　经济学个体主义方法论边界，在很大程度上是由经济学家对个体行为理性属性的理解决定的。新古典理论在完全信息和完全理性下对个体行为理性属性的狭窄理解，使个体主义方法论的运用边界受到了极大的限制。演化经济理论在信息不对称和有限理性下分析了社会制度和文化的自然演化过程，强调理性不及或无知，该理论对个体行为理性属性的理解是宽泛的，个体主义方法论的运用边界是发散的。行为经济理论等非主流学派则注重于个体行为选择的实验分析，虽然这些理论坚持在信息不对称和有限理性下运用个体主义方法论，但它们并没有在一般经济理论层面对行为理性属性作出界定，其个体主义方法论的运用边界或多或少也受到了某些限制。

　　经济学个体主义方法论的运用边界主要反映在对个体行为理性选择的

动机、偏好、认知和效用的分析上，它尤以认知过程最为突出。经济学家对认知过程的解说，涉及个体主义方法论运用的社会科学和自然科学基础。相对于其他经济学流派，神经元经济学局限于从大脑神经系统及其板块结构来解说认知过程，则明显显露出它对行为理性属性的理解完全限制在自然科学领域，其个体主义方法论的运用边界显得过于狭窄。

对于研究行为理性选择的经济学家来说，认识到各大经济学流派运用个体主义方法论存在差异是一回事，综合不同学术观点从而提出怎样运用个体主义方法论的闪烁思想火花的分析理路，则是另一回事。本章试图分析选择偏好、认知过程和效用期望之间的关联，认为重点研究认知过程，可以在一定程度上扩大个体主义方法论的分析边界，而扩大个体主义方法论边界的途径，则体现在认知过程与选择偏好以及认知过程与效用期望的关联上。值得说明的是，对这两种关联的分析，不仅可以使我们在坚持个体主义方法论的基础上符合实际地界定行为理性属性，从而明晰个体主义方法论的社会科学和自然科学基础；更重要的是，对这两种关联的分析，可以对行为理性主体的描述有所创新。针对"理性经济人"的缺陷，如果我们从多重选择动机影响利己偏好和利他偏好，从选择偏好影响认知过程，从认知变化影响选择、进而引起效用期望调整来思考，那么，如上所述，我们便可以用"理性行为人"或"行为经济人"这样的概念来描述行为理性主体。行为理性主体概念的界定至关重要，它是行为理性选择理论的分析基础。

个体作为行为理性选择的行为主体，是与"个体行为"作为个体主义方法论的基本分析单元相对应的。经济学家在运用个体主义方法论时稍不小心，就与群体主义方法论发生交织。这种情形与经济学家对认知过程的解说有关。迄今为止，经济理论界对个体主义方法论的内涵和外延争论不休，就是如此。认知过程可以从不同层级结构来展开分析，如演化经济学的宏观社会文化结构，神经元经济学的微观脑神经结构。主流经济学和以行为经济学为代表的非主流学派，都是以个体行为作为基本分析单元的，他们主要是从个体对影响选择的信息进行搜集、整合、加工和处理来解释认知过程的。演化经济学在有些场合是从群体方法论来解释认知过程的，无怪乎它被一些经济学家称为文化决定论；而被称为基因决定论的神经元经济学，则是把个体主义方法论的基本分析单元定在神经元上。因此，我们对行为主体认知过程与个体主义方法论的关联研究，要对认知过程受各种层级的结构约束有所了解，应在对这些经济理论做出综合理解的基础上，将个体行为看成是个体主义方法论的基本分析单元。

经济学个体主义方法论的重塑问题主要由两大块内容构成：行为理性选择理论的分析基础，以及对个体行为动机、选择偏好、认知过程和效用期望的分析论证。如果个体主义方法论能够在综合各大经济学流派的基础上得到重塑，行为理性选择理论便有可能得到重塑；经济学家重塑个体主义方法论的过程，也就是经济学家重塑行为理性选择理论的过程。不过，从外延上来看，重塑行为理性选择理论要比重塑个体主义方法论涉及更多的理论问题。概括而言，它要求经济学家有创新地描述和论证与现有理论不同的偏好函数、认知函数和效用函数等，这无疑是一场对经济学基础理论的"颠覆性革命"。

显然，要完成这场经济学基础理论的颠覆性革命，经济学家的任务是必须对选择偏好、认知过程和效用期望进行更深层次的研究。

参考文献

Akerlof and Kranton, 2000, Economics and Identity, *The Quarterly Journal of Economics*, Vol. 115, No. 3 (Aug., 2000), pp. 715 – 753.

Akerlof and Kranton, 2002, Identity and Schooling: Some Lessons for the Economics of Education, *Journal of Economic Literature*, Vol. 40, No. 4 (Dec., 2002), pp. 1167 – 1201.

Akerlof and Kranton, 2005, Identity and the Economics of Organizations, *The Journal of Economic Perspectives*, Volume 19, Number 1, Winter 2005, pp. 9 – 32.

Akerlof and Kranton, 2010, *Identity Economics: How Our Identities Shape Our*

Work, Wages, and Well-being, Princeton: Princeton University Press.

Allais, M., Le Comportement de l'Homme Rationnel devant le Risque: Critique des Postulats et Axiomes de l'Ecole Americaine, *Econometrica*, 1953, 21 (4), 503 – 546.

Becker, S. and F. Brownson, 1964, What Price Ambiguity? Or the Role of Ambiguity in Decision Making, *Journal of Political Economy*, v72: 62 – 73.

Benjamin, Choi and Strickland, 2008, *Social Identity and Preferences*, NBER Working Paper No. 13309.

Chow, Clare, and Rakesh Sarin, 2001, "Comparative Ignorance and the Ellsberg Paradox," *Journal of risk and Uncertainty*, v22: 129 – 139.

Dana, F. R., R. A., and F. Riedel, "Intertemporal Equilibria with Knightian Uncertainty", 2010, Institute of Mathematical Economics Working Paper 440.

Davis, J. B., 2003, *The Theory of the Individual in Economics*, Identity and Value. London: Routledge.

Davis, J. B., 2011, *Individuals and Identity in Economics*, New York: Cambridge University Press.

Dequech, D., Fundamental Uncertainty and Ambiguity, *Eastern Economic Journal*, Vol. 26, No. 1, Winter 2000, pp. 41 – 60.

Ellsberg, D., Risk, Ambiguity, and the Savage Axioms, *The Quarterly Journal of Economics*, 1961, pp. 643 – 669.

Fellner, W., Distortion of Subjective Probablltles as a Reaction to Uncertainty, *Quarterl Journal of Economics*, LXXV (1961), 670 – 689.

Fox, Craig R. and Amos Tversky (1995), "Ambiguity Aversion and Comparative Ignorance", *Quarterly Journal of Economics*, 110 (3), 585 – 603.

Fox, Craig, and Martin Weber. 2002. "Ambiguity Aversion, Comparative Ignorance, and Decision Context", *Organizational Behavior and Human Decision Processes*, v88: 476 – 498.

Gigerenzer, G., Todd, P. M., The ABC Group, 1999, *Simple Heuristics That Make Us Smart*, New York: Oxford University Press.

Gigerenzer, G., Selten, R. (Eds.), 2001, Bounded Rationality: The Adaptive Foolbox, Cambridge, MA: MIT Press.

Gigerenzer, G., 2000, *Adaptive Thinking: Rationality in the Thereal World*, New York: Oxford University Press.

Witt, U, 1997, "Self - organization and Economics - what Is New", *Structural Change and Economic Dynamics*, 8, pp. 489 - 507.

Giraud, Rapha? l, 2004, "Reference - dependent Preferences: Rationality, Mechanism and Welfare Implications", *Cahiers de la Maison des Sciences Economiques*, v04087, Université Panthéon - Sorbonne (Paris 1).

Harsanyi, J. C., *Rational Behaviour and Bargaining Equilibrium in Games and Social Situations*, Cambridge: Cambridge University Press, 1977.

Hsee, Christopher, George Lowenstein, Sally Blount, and Max Bazerman. 1999, "Preference Reversals Between Joint and Separate Evaluation of Options: A Review and Theoretical Analysis", *Psychological Bulletin*, v125: 576 - 590.

Edgeworth, F., *Mathematical Psychics*, London: Kegan Paul, 1981.

Heath, Chip, and Amos Tversky, Preference and Belief: Ambiguity and Competence in Choice under Uncertainty, *Journal of Risk and Uncertain*, IV (1991), 5 - 28.

John Conlisk, Why Bounded Rationality? *Journal of Economic Literature*, Vol. XXXIV (June 1996), pp. 669 - 700.

Kahneman, D. and Tversky, A., (1974), Judgement under uncertainty - Heuristics and biases, *Science*, 185 (3).

Kahneman, D. and A. Tversky, "Prospect Theory: An analysis decision under risk", *Econometrica*, 47 (2), 1979.

Kahneman, D., Tversky, A., (1973), On the Psychology of Prediction,

Psychological Review, 80, pp. 237 – 251.

Kahneman, D., and Tversky, A., Prospect Theory: An Analysis of Decision under Risk, *Econometrica*, XLVIII (1979), 263 – 291.

Kahneman and Frederick, 2002, Representativeness Revisited: Attribute Substitution in Intuitive Judgement, in Thomas Gilovich, Dale Griffin, and Daniel Kahneman, eds., *Heuristics and biases: The psychology of intuitive thought*, New York: Cambridge University Press, 2002, pp. 49 – 81.

Keynes, J. M., *A Treatise on Probability*, London: Macmillan, 1921.

Klibanoff, P., M. Marinacci, and S. Mukerji, "A smooth model of decision making under ambiguity", *Econometrica*, 2005, 73 (6), 1849 – 1892.

Knight, F., Risk, Uncertainty and Profit, *Boston: Houghton Mifflin*, 1921.

Koszegi and Rabin, 2006, "A Model of Reference – Dependent Preferences", *The Quarterly Journal of Economics*, Vol. CXXI, November, Issue 4, 1133 – 1165.

Maccheroni, F., M. Marinacci, and A. Rustichini, "Ambiguity Aversion, Robustness, and the Variational Representation of preferences", *Econometrica*, 2006, 74 (6), 1447 – 1498.

Tversky, Amos and Kahneman, Daniel, 1986, "Rational Choice and the Framing of Decisions", *Journal of Business*, Vol. 59, No. 4, pp. 251 – 278.

Simth, V. L., Economics in the Laboratory, *Journal of Economic Perspectives*, Winter 1994, 8 (1).

Smith, Vernon L., 2003, "Constructivist and Ecological Rationality in Economics", *American Economic Review*, Vol. 93, No. 3, pp. 465 – 508.

Slovic, P. and A. Tversky, 1974, Who Accepts Savage's Axiom?, Behavioral Science, v19: 368 – 373.

Traeger, Christian, 2010, Subjective Risk, Confidence, and Ambiguity, *CUDARE Working Paper*, No. 1103, Department of Agricultural and Resource Economics, UC Berkeley.

Taylor, S. E. (1991), The Asymmetrical Impact of Positive and Negative events: The Mobilization – minimization Hypothesis (*Psychological Bulletin*, 110, 67 –85).

Trautmann, T., Ferdinand M. Vieider & Peter P. Wakker, 2008, Causes of ambiguity aversion: Known versus unknown preferences, *Journal of Risk and Uncertainty*, Volume 36, Number 3, 225 –243.

Tversky, A., & Kahneman, D. (1971), Belief in the law of small numbers, *Psychological Bulletin*, 76, 105 –110.

Tversky, A. and Kahneman, D. (1982), "Judgments of and by Representativeness", In D. Kahneman, P. Slovic & A. Tversky (Eds.), *Judgment under uncertainty: Heuristics and biases*, Cambridge, UK: Cambridge University Press.

Von Neumann, J. and O. Morgenstern, *Theory of Games And Economic Behavior*, 2nd ed. Princeton, NJ: Princeton University Press, 1947.

Goranson, Richard E. and Berkowitz, Leonard, "Reciprocity and Pesponsibility Reactions to Prior Help", *Journal of Personnality & Social Psychology*, 1966, 3 (2), pp. 227 –232.

Berg, J., Dickaut, J. and McCabe, K. Trust, Reciprocity and Social History, *Games and Economic Behavior*, 1995, (10).

Forsythe, R., Horowitz, J. L. Savin, N. E. and Sefton, M. Fairness in Simple Bargaining Experiments, *Games and Economic Behavior*, 1994, 6 (3).

Marwell, G. and Ames, R. E., Experiments on the Provision Of Public Goods I. Resources, Interest, Group Size, And The Free – rider Problem, *American Journal of Sociology*, 1979, 84 (6).

Fehr, E. and Gächter, S. and Kirchsteiger, G. Reciprocal Fairness and Noncompensating Wage Differentials, *Journal of Institutional and Theoretical Economics*, 1996, (152).

Dam sio, A. R, 1999, The Feeling of What Happens: Body and Emotion in the Making of Consciousness, Harcourt Brace and Company.

Witt, U, 1997, "Self-organization and Economics-what Is New", *Structural Change and Economic Dynamics*, 8, pp. 489-507.

Foster, J, 1997, "The Analytical Foundations of Evolutionary Economics: From Biological Analogy to Economic Sel-f organization", *Structural Change and Economic Dynamics*, 8, pp. 427-451.

Henrich, Joseph, 2003, "Cultural Group Selection, Coevolutionary Processes and Large-scale Cooperation", *Journal of Economic Behavior and Organization*, 1, pp. 1-31.

Bowles, Samuel, Choi, Jung-Kyoo and Hopfensitz, Astrid, 2003, "The Co-evolution of Individual Behaviors and Social Institut ions", *Journal of Theoretical Biology*, 223, pp. 135-147.

Friedman, Milton, 1957, *A Theory of the Consumption Function*, Princeton, NJ: Princeton University Press.

Modigliani, Franco and Brumberg, Richard, 1954, Utility Analysis and The Consumption Function: An Interpretation of Cross-Section Data, in Kenneth K. Kurihara, ed., Post-Keynesian Economics, New Brunswick, NJ: Rutgers University Press, pp. 388-436.

Modigliani, Franco and Miller, Merton H., 1958, The Cost of Capital, Corporation Finance and The Theory of Investment, *American Economic Review*, 48 (3), pp. 261-97.

哈罗德·德姆赛茨:《所有权、控制与企业》(中译本),经济科学出版社1999年版。

哈耶克:《关于行为规则系统之进化问题的若干评注》,《哈耶克文集》,中译本(2001),首都经济贸易大学出版社1967年版。

哈耶克:《建构理性主义的谬误》,《哈耶克文集》中译本(2001),首都经济贸易出版社1969年版。

哈耶克:《致命的自负》中译本(2000),中国社会科学出版社1987

年版。

约翰·伊特韦尔等:《新帕尔格雷夫经济学大辞典》,经济科学出版社 1996 年版。

冯燮刚、李子奈:《行为经济学的心理现实化与正统经济学的微观心理基础》,《经济学动态》2005 年第 10 期。

何大安:《理性选择向非理性选择转化的行为分析》,《经济研究》2005 年第 8 期。

何大安:《行为理性主体及其选择的理论分析》,《中国工业经济》2013 年第 7 期。

何大安:《行为经济人有限理性的实现程度》,《中国社会科学》2024 年第 4 期。

第三章

非主流经济学的个体行为实验及其理论贡献

近几十年来，经济学个体主义方法论开始被具体运用到个体行为实验上。以行为经济学和实验经济学为代表的非主流经济学，运用心理分析和实验手段来研究个体选择行为的影响日益加深，这使得经济学个体主义方法论在具体运用上有了新的观察点。2001年度、2002年度诺贝尔经济学奖以及2001年美国Clark奖均授予行为经济学家的这一事实，反映了主流经济学对行为分析方法的认可。同时，创新的经济理论通常与先前经济理论存在承接性的事实，也要求我们在理论承接性上分析这些创新。

本章首先分析主流学派与非主流学派有关个体行为选择的理论渊源关系，对个体选择的行为实验理论进行了梳理；继之，转换分析视角，在理性分析框架内通过对非主流经济学个体行为实验的考察，研究行为经济学和实验经济学的非理性选择思想；再继之，通过分析行为经济学展望理论的主要观点，评述了行为经济学的理论贡献。本章的分析内容，可视为是在非主流经济学的代表性文献中，通过对个体行为实验理论的评说，进一步寻找研究选择偏好、认知过程和效用期望等的分析路径。

第一节　引　言

在经济学世界中，理性选择学说一直是影响个体选择理论的主流。尽管早在1738年丹尼尔·伯努利（Daniel Bernoulli）的"圣·彼得堡悖论"以及1952年阿莱斯（Allais）的"阿莱斯悖论"曾引发过人们对期望效用理论的质疑，① 但经济学关于个体选择行为的分析和研究，始终是在理性选择的框架或背景下展开的，只是这些研究的关注点在不同时期不同罢了。大约在20世纪50年代前后，经济学家对效用理论的怀疑，主要涉及个体的市场行为与竞争均衡、个体选择偏好等问题，至于对个体的非理性选择并没有进行系统的论证；② 同样，大约从20世纪50年代开始，以行为经济学和实验经济学为代表的非主流选择理论，通过将心理学与经济学的并轨，对个体选择中经常出现的非理性行为展开了以实验为分析手段的论证。从此，理性选择理论独霸经济学论坛的格局被打破，经济学家开始关注个体选择的非理性问题。

如果我们追溯个体理性选择学说的理论渊源，应该说"经济人假设"和"理性经济人"范式对个体选择行为有着最直接最重要的影响。无论

---

① 圣·彼得堡悖论是丹尼尔·伯努利在其著名论文《论度量抽签之基本理论》（1738）中讨论效用心理预期问题时，通过实验分析对货币收益的数学期望与可观察的乐于支付之间偏离的一种理论质疑，这一质疑在很大程度上动摇了以心理预期为基础的期望效用理论的学理基础。阿莱斯悖论是对期望效用理论有关个体选择依据于高概率或大数法则的质疑，这一质疑为非主流经济学依据低概率或小数法则来描述个体选择，从而在理性选择框架内论证非理性选择的存在提供了思想材料。

② 1948年张伯仑（Edward Chamberlin）在哈佛大学创建了一个实验性市场，针对个体选择的市场行为进行了研究，实验结果表明个体的市场行为与竞争均衡不一致，这项实验导引了一些经济学家沿袭张伯仑率先采用的供给曲线方法来展开"实验性市场之于个体选择行为"的研究，使得个体选择行为的研究被置于可以通过实验者把握的交易环境之中。冯·纽曼和摩根斯坦（Von Neimann & Morgenstern）通过对不确定下的个体选择偏好的分析，系统化了期望效用函数理论，但由于期望效用函数理论难以解释现实中个体的选择行为，尤其是不能令人信服地解释金融市场中的选择行为，因而它遭到了非主流经济学的严厉批评。

是主流还是非主流经济学,他们对个体选择行为的分析总是依据"利己和效用"两原则展开的。我们讨论主流和非主流经济学有关个体选择行为的理论区别,可以围绕以下几个方面来展开:(1)主流经济学强调个体理性选择行为的偏好稳定性,非主流经济学认为偏好一致性,是对个体理性选择行为的一种极端假设;(2)主流经济学将效用最大化看成是个体理性实现的基本要素,非主流经济学认为个体的理性选择既有可能实现也有可能难以实现效用最大化;(3)非主流经济学注重从现实的信息和环境中概括出一些反映人类心理特征的范畴,以解说个体的选择行为,这种分析方法实际上是排除了主流经济学的抽象假设;(4)主流经济学关注个体选择行为的实际发生过程服从于数理推导的逻辑论证,非主流经济学则以心理分析和实验方法代替了数理推导的逻辑论证。不过,这些区别并不否定主流和非主流经济学在"利己和效用"原则下讨论个体选择行为时在某些方面的共同。

也许"利己和效用"原则已成为主流经济学解释个体理性选择的一种公理,非主流经济学在研究个体的选择行为时,并不像主流经济学那样强调"利己和效用"对个体选择行为各种规定的学理,而是将这些原则作为不待而言的分析前提。理解这一点很重要,它是承接主流和非主流经济学对个体选择行为研究路径的要义所在。也就是说,尽管行为经济学和实验经济学的分析方法有别于主流经济学,但它们仍然是将"利己和效用"原则作为分析基点。主流和非主流经济学的主要理论分歧不在"利己和效用"原则上的这种情况,并非意味着它们对这些原则支配或决定个体选择行为之观点的绝对雷同。相对而言,非主流经济学淡化"利己和效用"原则的分析,更注重于人的心理活动及其行为动机对选择的影响,或者说其理论视野中的个体是走下理论讲坛的现实个体,而不是囿于某种理论分析框架的个体。

然而,淡化个体选择行为研究的理论分析框架,会在一定程度上削弱理论体系的完美。非主流经济学的个体选择理论之所以在理论的完美性方面逊色于主流经济学,乃是因为主流经济学行为选择理论是建立在"偏好一致性和效用最大化"的数理逻辑论证之上的;由于期望效用理论不能有效解释现实的个体选择行为,这便引发了非主流经济学在分析方法上对研究个体选择行为的重新思考。但有一个至关重要的问题需要指出,那就是无论是行为经济学还是实验经济学,他们在运用心理分析和实验手段对个体选择进行研究所得出有关非理性选择的结论时,主要是针对期望效用理论偏离实际选择的某些逻辑推论而言的,也就是说,非主流经济学通常是把个体的现实选择偏离期望效用理论的某些逻辑推论的行为界定为非理性。行为经济学和实验经济学这种沿袭主流经济学有关理性选择的分析路径,在相当大的程度上影响了其理论体系的完美,以至于我们在考察非主流经济学的个体选择理论时不能将主流经济学的个体选择理论放置一边。

经济学家利用心理分析和实验手段来研究个体的选择行为,实际上属于一种经验考察。经验考察所概括的学理层次的高低,取决于这种考察所提炼出的概念或范畴是否具有一般性。诚然,主流经济学在人类活动中抽象出经济活动从而对个体选择行为的一般性分析,在学理上被期望效用理论的偏好一致性和效用最大化等逻辑论证而得到强化,但这种一般性的学理太局限于经济活动领域。现代混合经济的特征,是越来越不支持以纯粹的经济活动领域为背景来研究个体的选择行为。或许因为如此,促使了行为经济学和实验经济学对个体选择行为的分析,跳出了经济领域的活动限制,但这种着眼于人类一切活动领域的有关个体在特定心理支配下的选择行为的研究,在理论的一般性方面,难免有减弱学理层次和强化经验分析的趋向。这是我们考察行为经济学、实验经济学的个体选择理论时所必须了解的。

本章拟对主流经济学与行为经济学、实验经济学有关个体选择的理论承接性进行一些梳理,在此基础上讨论这些理论关于个体选择行为的主要观点区别,重点评说行为经济学和实验经济学对个体选择行为理论的创新,并依据自己的理解来探讨这两大理论的个体选择行为研究所存在的某些不足。针对个体选择行为来解说行为经济学和实验经济学的理论贡献,需要在理论层次上对这两大理论的心理分析和实验手段的精髓展开解析。倘若本章的分析能够扣住行为经济学和实验经济学的理论和经验观察的主线，则会对非主流经济学有关个体选择行为的理论发展脉络，提供一幅具有素描价值的图景。

第二节　个体行为实验之主要理论概析

新古典经济学的完全信息、完全理性和自利性假设的逻辑推论，是个体能够在偏好稳定下掌握信息，并能够预估选择结果的各种可能性，然后最大化自己的期望效用（期望效用理论）。但在现实中，个体的选择行为与这些假设是不符的，当个体在信息和环境等不确定因素影响下进行选择时，不太会对自己的决策进行理性计算，也没有时间和精力去考虑各种行为结果的概率问题；另一方面，个体的选择行为会受到不断变化的心理因素的影响，心理活动对个体行为的作用力，会导致个体的行为选择偏离期望效用理论的经验规则。期望效用理论的根基受到了来自理论逻辑和选择实践两方面的挑战，这一挑战壮大了非主流经济学的声威，使占统治地位的传统主流经济学的行为理性选择理论走下了"神坛"。

2002年诺贝尔经济学奖得主丹尼尔·卡尼曼与已故的阿莫斯·特维斯基合作发表的著名论文"展望理论：风险下的决策分析"，是动摇期望效用理论根基的标志性文献。[①] 在这篇论文中，卡尼曼和特维斯基把心理学引入了经济学分析，使体现"自然人快乐"之行为主义意义上的功利

---

① 这篇论文影响甚大，可视为行为经济学的"圣经"。本书在很多地方引用了这篇论文，但分析评判的视角是不同的。本章将在更大范围对这篇论文进行评说，一方面说明个体主义方法论在行为经济学中的发展运用，另一方面说明行为经济学对认知过程和效用期望之论证的思想贡献。

原则在经济理论分析中得到重新运用。① 行为经济学用功利最大化取代效用最大化的这种分析方法，使其对个体选择行为的研究摆脱了传统主流经济学的束缚，从而使行为心理分析在经济理论研究中占据了席位。

行为心理分析是通过认知心理学实验展开的。认知心理学的发展给行为经济学解释人类行为的心理活动在处理和加工信息从而如何做出决策等方面提供了理论依据。以个体的选择行为而言，认知心理学认为，认知是通过对信息的编码、储存、提取、变换和传递等过程完成的，个体的选择行为或是对信息进行串行加工（认知主义），或是对信息并行加工（联结主义）。基于个体的心理特征不同，面对同一决策事件，不同个体有可能会产生完全不同的心理反应。行为经济学依据认知心理学的这些研究成果，认为个体的行为选择过程是由编辑和评价两阶段构成。在这两个阶段，个体有可能采取理性选择也有可能采取非理性选择。总之，行为经济学对传统主流经济学有关个体选择存在着内在有序偏好和一致性的经验规则的否定，是通过认知心理学的成果来论证的，认为个体在特定心理支配下所做出的决策，是个体根据现有的知识和计算能力做出的。

针对个体在特定行为心理下如何根据现有的知识和计算能力进行选择，行为经济学通过认知心理学实验所做出的理论描述，有以下分析结论：个体会根据事件 A 的相关数据和信息来预估事件 B，从而产生相似性（representativeness）效应；个体受记忆能力或知识水平的制约，并不能对所有必须考虑的信息都能做出正确的评估，通常只能利用自己熟悉或能够想象到的信息来进行直觉推断，这将产生信息的可利用性（availability）效应；个体对特定对象预估进而决策时，倾向于选择一个起始点，

---

① 经济学和心理学在马歇尔 1890 年的《经济学原理》一书出版以前，曾是部分融合的。这两大学说都曾以边沁的功利主义为基础（Bentham，1789），经济学的基本假设是"经济人假设"，心理学的基本假设是"自然人快乐"。随着快乐被马歇尔转义为可测量的效用后，行为主义意义上的快乐便被逐出经济学师门；经济学所说的功利最大化是指效用最大化，心理学所说的功利最大化则通常是指行为主义意义上的快乐最大化。较之于经济人理性，自然人快乐这一假设拓宽了对个体选择行为的分析范围，它不是简单指人对快乐和痛苦的经验感受，而是蕴含着人从功利原则出发对随机性事件决策取舍的宽泛含义。行为经济学将功利原则运用于行为心理分析，在理性框架内揭示了个体的非理性选择。

但由于复杂事件在不同点上会得出不同的结论，因此，如果个体对参考点的选择或调整不充分，便会在决策中对风险评估产生一种锚定（anchoring）效应。同时，个体选择还会受到"从众心理"的影响，当自己的观点与群体的观点相左时，个体往往会认为主流观点的信息充分或预测正确，这种轻易放弃自己观点而追随主流的行为极易产生认知偏差。

行为经济学着重讨论了以依附性偏差（dependence biases）反映出来的确定性效应和分离性效应。在这些讨论中，我们看到了行为经济学的行为心理分析与边沁的功利主义之间的关联。卡尼曼和特维斯基把边沁学说意义上的功利称为体验性功利，将体现行为心理意义上的功利解说为决策功利；为显示与传统主流经济学用基数效用和序数效用量化功利方法的不同，他们利用时间序列将功利区分为当下的功利（moment utility）和记忆中的功利（remember utility）两种形式；认为个体的选择行为常常依赖于对过去行为结果的确定性回忆。例如，个体在面对有可能出现赢利的前景时，同这种赢利相类似的过去记忆就会引发确定性效应，个体会产生风险规避的行为偏好；当面临有可能出现亏损的前景而针对类似事件不存在确定性效应的影响时，就有可能产生偏好风险的行为选择。联系个体的心理行为来理解这些理论建树，显然，行为经济学是将功利原则糅合于行为心理，从而对个体选择做出了不同于传统主流经济学的解释。

行为心理分析在实验经济学中的位置也是显著的。发端于20世纪50年代的议价行为和囚徒困境等理论，就明显涉及个体选择的行为心理分析。例如，"纳什均衡"有关合作和非合作模型对个体选择行为的博弈分析，Melvin Dresher和Merrill Flood的囚犯困境实验，都曾在一定程度和范围内研究了行为刺激会导致个体行为心理的变化，从而增加了合作博弈的分析困难。个体行为心理的不确定性所决定的选择的不确定性，使博弈理论的合作和非合作实验对个体行为心理因素予以重视。但由于实验研究难以有效控制个体的行为心理过程及其变化，因而不同的经济学家对实验分析及其结论有不同的看法。① 在西方学者运用实验研究的理论中，这些不同看法曾在合作问题、拍卖、产业组织和市场均衡等方面的争论中得到过反映。总的来说，争论通常是围绕着对个体行为心理的不同认识或不同理解来展开的，许多经济学家都有着主张将行为心理因素纳入实验模型的研究倾向。

新古典经济学对实验经济学在分析方法和思想内容方面的重要影响之一，是促使经济学的实验研究将关注点放在对个体行为偏好的分析上。20世纪50年代以前，实验经济学关于个体行为偏好的分析和研究，主要集中在对无差异曲线是否存在的论证上；② 直到期望效用理论对不确定条件下人们风险承担意愿的差异进行研究，行为心理因素被引入个体行为的分析，才出现了端倪；针对风险承担意愿的差异，期望效用理论有关风险规避、风险中性和风险喜好的划分，曾使该理论对产生这三种风险意愿的行为心理做出符合现实和逻辑的回答。不过，响应期望效用理论的经济学家，通常是以理性行为者为分析对象来考察风险意愿的，他们并没有通过实验得出行为心理如何支配个体选择的非理性。例如，莫特斯勒（Mosteller）和诺杰（Nogee）关于个体选择实验是在让参与者取得或拒绝一次消费选择的实验情境下，依据被实验者的选择建立一条效用曲线，并据此预测个体的实际选择。诚然，按这种实验方法所建立的效用曲线，能够在一定程度上通过选择结果来反映个体选择的行为心理，但它不能揭示个体选择过程中的心理特征以及由这种特征所决定的行为变化。

对期望效用理论有直接杀伤力的，是前文多次提及的"阿莱斯悖论"。这个悖论说明：个体面临风险时并不总是追求期望效用最大化，选择行为也不是完全依据概率行事。举例来说，假定有两个投资机会 A 与 B：A 有稳定的赢利 2000 元，B 有 80% 的概率获得 3000 元，20% 的概率

---

① 这些不同的看法在莱伯帕特（Rapoport）、卡耶特（Cyert）、拉费（Lave）、弗里德曼（Friedman）等有关实验经济学的综述性评论中，可以经常看到（Alvin, 1988）。

② 例如，1931 年索斯登（L. L. Thurstone）利用实验方法对偏好的无差异曲线能否代表个体选择行为的真实性进行了研究；1942 年艾伦·沃里斯（WAllen Wallis）等人对索斯登实验提出了质疑；1951 年诺西斯（Rousseas）和哈特（Hart）在索斯登实验的基础上以无差异曲线解释个体选择行为所进行的研究；等等。不过，这些实验研究局限于新古典经济学的理论框架，并没有引入心理分析。

为零，此时大多数个体会选择 A；再考虑投资机会 C 与 D，C 有 20% 的概率获得 3000 元，80% 的概率为零，而 D 有 25% 的概率获得 2000 元，75% 的概率为零，这时 A 与 B 中偏好 A 的大多数个体会选择 C。实际上，机会 D 是 0.25A，而机会 C 只是 0.2B。显然，人们在 A、B 之间的选择与在 C、D 之间的选择所发生的这种不一致情形，既不能以期望效用理论中的一致性偏好来解释，也不能以概率来解释。金融市场反映了"阿莱斯悖论"现象的普遍存在，它在揭示个体选择行为与效用最大化相背离的非理性选择的同时，也向人们揭示行为心理因素对个体选择的实际影响。

行为经济学将心理因素影响个体选择的实验结果与期望效用理论经验规则之间的背离，解说为个体现实选择与传统理论的系统性偏差，从而解释了阿莱斯本人尚为说明的"阿莱斯悖论"。在行为经济学理论中，个体的行为心理变化是通过认知的形成和变化来说明的，认知实际上是被看成是信息和环境等不确定性因素影响个体行为心理及其选择的函数。行为经济学认为在不确定条件下，认知偏差的存在会致使个体判断或决策出现以偏概全、以小见大的情况，也就是说，现实中的个体有时会重视以直观现象为依据的条件概率，对条件概率的数学理解，是个体选择是按小数法则而不是按大数法则来进行。以实验经济学或行为经济学的实验举例来解说，一个通过多次的样本实验显示 A 与 B 两种结果各占 50% 的概率事件（大数法则），倘若某次实验的前三次结果都是 A（小数法则），那么人们往往会认为结果 A 会高于 B（条件概率使然）。事实上，非主流经济学研究所得出的确定性效应、锚定效应、相似性偏差、依附框架、分离效应、心理账户、从众行为等一系列范畴，无非都是在论证个体选择如何在特定心理活动支配下处理和加工信息和环境等复杂因素的结果，而不是在传统经济理论的最优行为假设模式下进行选择的。

行为经济学和实验经济学关于人对未来事件的选择分析，是通过大量的心理学、社会学实验展开的。2002 年诺贝尔经济学奖得主弗农·史密斯（Simth）认为传统经济理论的个体选择理论是运用逻辑演绎和来自计量经济学的统计验证，这种高度抽象简化的"假设—推理"理论模式所利用的自然市场数据存在两大缺陷：一是作为检验根据的经验数据不具有历史的重复性；二是经验性数据不具有整体；这些缺陷会导致个体选择理论出现与实际选择的偏差，运用实验工具有重复特性和控制特性的两大优点；复制能力可以克服一次性观察普遍存在的偏差，控制能力有可能得到有关理论验证更纯粹的经验数据（Simth，1994）。行为经济学和实验经济学都主张利用心理因素的实验方法来纠正纯粹逻辑演绎和数学推理所产生的偏差。

第三节 行为经济学视角下的非理性

非主流经济学在运用个体主义方法论上的贡献之一，是打破了一个多世纪以来"经济学将心理学研究终点作为其研究起点"的分析模式，这种新颖的研究方法实现了心理学与经济学的并轨。正是由于将心理因素纳入了个体选择行为的研究，行为经济学和实验经济学才得以观察到个体现实选择与期望效用理论经验规则的背离，从而论证了个体选择行为的非理性。经济学家依据对个体选择研究的侧重点，对行为经济学和实验经济学两个流派做出了划分。这两大流派的分析方法存在着交叉，行为经济学在关注个体选择的心理分析时常采用实验手段，实验经济学以实验手段展开研究时并不淡化行为分析。因此，我们理解非主流经济学有关非理性选择的相关论述，可以不考虑两大经济学流派的学术边界。另一方面，基于卡尼曼和特维斯基的展望理论最能集中体现个体非理性选择的要义，我们将围绕展望理论对个体非理性选择的相关论述展开讨论。

早期行为经济学曾进行了特定情境下的以增强物来刺激个体行为的动物实验，[①] 并据此对个体选择行为有以下的推论：影响选择事件的发生概

[①] "增强物"通常被认为是"增加个体选择行为发生前的涉及未来事件再发生概率的一种刺激体"（Hull，1943；Meehl，1950；Timberlake & Allison，1974）。利用"增强物"来进行动物实验从而推论个体选择行为，可看成是个体主义方法论在实验经济学中的运用。

率有高有低，当影响某一选择的事件有两个以上时，如果情境要求高概率事件多发生一点，此时它就会增强低概率事件，于是行为选择的偏差就出现了。从心理学研究的角度来看，早期行为经济学关于个体行为选择的推论属于学习理论，学习理论的发展使心理学家和经济学家认识到心理学与经济学原本存在着相通的地方。心理学家讲的个人体会是追求最大满足，经济学家讲的个人体会则是追求最大效用；心理学家指出了高低概率不同的事件，经济学家则认为偏好反映个体的体会。展望理论的理论基础是偏差分析，该理论与早期行为经济学有理论承接关系。

按照卡尼曼和特维斯基的解说，个体选择过程可分为收集、整理相关信息和评估、决策的两个阶段，认为在这两个前后相继的阶段中，人们对事件的预处理、评估、简化和整合等，存在着由确定性效应、分离效应、心理账户、锚定效应、框架依赖、从众心理等引起的不符合传统个体选择理论的偏差。行为经济学对这种偏差的理论解释，是用权重函数和（主观）价值函数来论证的；权重函数描述了预期中单个事件的概率变化对总体效用的影响，价值函数则直接反映预期结果与个体主观满足大小之间的关系；个体对待风险的态度不只是由效用函数决定，而是由权重函数和价值函数联合决定。

展望理论最标新立异的地方，是认为效用评价是基于 S 形价值函数中的一个参照点 W_0，若未来事件的结果 W 大于 W_0，则效用函数曲线为凹状；若 W 小于 W_0，则效用函数曲线为凸状。展望理论强调个体对大于参照点的"赢项"和小于参照点的"输项"的评价不对称，从而刻画了个体对自身福利水平的减少比增加更加敏感的倾向，并据此认为个体并不是完全按"大数定律"这一概率法则选择，而是在有些情形下根据"小数定律"进行选择。因此，个体在有些情况下是遵从"损失厌恶"准则而不是完全遵从"风险规避"准则（Kahneman & Tversky，1979）。展望理论认为个体选择行为与期望效用理论基本假设的系统性偏差，可以通过以下选择问题所反映出来的"确定性效应"来说明。

选择问题1		选择问题2	
A：2500元 概率0.33	B：2400元 确定获得	C：2500元 概率0.33	D：2400元 概率0.34
2400元 概率0.66	0元 概率0.67	0元 概率0.66	0元 概率0.01
人数 N=72 (18%)	(82%)	(83%)	(17%)

在显著性水平为0.01的情况下，问题1中82%的人选择方案B，而问题2中83%的人却选择了方案C。联系期望效用理论的基本假设，在问题1中，当 U(0) = 0 时，有 U(2400) > 0.33U(2500) + 0.66U(2400)；在问题2中，有 0.34U(2400) > 0.33U(2500)。这些情况显示了反向选择的不对称，不符合期望效用理论的基本假设 $U(X_1, P_1; \cdots; X_n, P_n) = P_1U(X_1) + \cdots + P_nU(X_n)$。卡尼曼等人将被试个体的行为反应高度概括为：相对于一些仅仅是"可能"发生的事件，人们有时会高估确定发生的结果；一种展望从确定获利变成不确定获利，会大大降低个体对确定展望的偏好程度；当展望的概率均为较低时，人们并不一定依据概率高低来选择，而是在很大程度上取决于反映财富增量变化的决策权重和体现展望结果的主观价值函数。

比较展望理论与期望效用理论，两者在理论上的最主要区别，反映在效用是由价值函数还是由效用函数的决定上。期望效用理论没有在财富效用函数曲线中标明拐点的存在，因此，财富变化较小时，效用函数近乎线性，对于较小风险，个体行为及其决策也近乎风险中性。相反，展望理论通过价值函数对参照点下方财富水平呈上凹形而不是呈下凹形的解释，显示了个体对损失的风险偏好。风险偏好概念在传统经济学的个体理性选择理论中是不存在的。行为经济学对它的论证是以个体选择违背传统经济学的理性选择理论为依据的。在这里，我们看到以卡尼曼和特维斯基为代表的现代行为经济学，并没有建立属于自己的有关非理性选择的基本理论，行为经济学在理性框架下所揭示的有关个体非理性选择的理论，并没有在经济学世界中显现出十分突出的地位。

展望理论关于风险下的个体选择的研究主要有以下结论：1. 个体选择关注的是财富的增量而不是财富的绝对量；2. 就等量财富的减少或增

加而言，两者所产生的效用不相等；3. 在面临条件相当的损失前景时，个体有可能倾向于风险偏好，而在面临条件相当的赢利前景时，个体倾向于风险规避；4. 前期决策效用影响后期的风险态度和决策，前期赢利可以增强风险偏好和平滑后期损失，前期损失会加剧后期亏损痛苦和提高风险恶劣程度。根据这些结论，展望理论在很大程度和范围内较为切合实际地解说了个体选择中的非理性现象，尤其是金融市场中的现象。

进一步考察展望理论用以揭示个体非理性选择的那条先凹后凸的 S 形曲线，这条曲线所表征的自变量，是投资损益而不是财富或消费的绝对水平，这一学理实际上是力图说明个体投资者不是从资产组合，而是通过主观感觉来判断损益的参照点并以此来决定选择，因而，这条引入心理因素的曲线所表示的价值函数具有主观性。就心理过程之于选择行为来讲，由于个体的决策心理在凹状部分是风险恶劣，在凸状部分是风险偏好，所以，传统的期望效用理论的基本假设 $U'' < 0$，仅仅适合于凹状部分而不适合凸状部分；同时，考虑参照点 W，资产组合 $(X_1, P_1; \cdots; X_n, P_n)$ 满足 $U(W+X_1, P_1; \cdots; W+X_n, P_n) > U(W)$ 的假设，也只是适合于凹状部分而不适合凸状部分（Kahneman & Tversky，1979）。因此，卡尼曼等人认为，一旦考虑心理过程对选择行为的影响，期望效用理论的基本假设与个体的实际选择行为便明显存在着系统性偏差，而对这些偏差支配个体选择的理论性解释，就是行为经济学通过心理学实验从而在学理上所概括的个体行为的非理性。[①]

不过，当卡尼曼与特维斯基等人分析较为具体的个体选择时，则认为个体的预期效用函数不是概率的直接加权，或者说个体在最大化效用加权之和的权重并不等于概率；于是他们将概率转化为一种权重函数，该函数在客观上具有确定性效应，即高概率发生的事件被赋予较高的权重，低概率发生的事件被赋予较小的权重，并且通过许多实验证明了确定性效应会导致权重函数的非线性。这种非线性解释了权重由真实概率函数给定，在

---

① 基于这样的认识，何大安（2006）曾对非理性选择属性作出过解释，认为个体选择行为会经常反映为理性与非理性的融合。

真实概率中，极小概率下的权重是0而极大概率下的权重是1；个体在实际选择中往往将极小概率的事件看成是不可能，而将极大概率的事件看成是确定。卡尼曼与特维斯基坚持认为极小概率和极大概率取决于个体的主观印象。于是，行为经济学便以"事件权重变大或变小的真实概率"论证了个体选择偏离传统经济学的理性规则所产生的非理性。

以经济分析中的"展望"而论，实验经济学对个体选择的研究是通过"取景模拟"的实验方法来进行的。也就是说，行为经济学和实验经济学都是利用实验方法来纠正纯粹逻辑演绎和数学推理所产生的行为偏差，从而完成对个体非理性选择的理论论证。

第四节 行为经济学的理论贡献

行为经济学运用个体主义方法论对偏好和效用的研究，开创了将心理学与经济学分析相融合的研究方法，这种方法注重心理过程对决策形成的影响，导引了有关不确定状态下人们如何作出判断和决策的分析路径。

现代心理学尤其是认知心理学发展的重要成果之一，是解析了心理活动如何促使个体对信息的处理和加工，从而使行为理性选择理论对认知过程的分析有了新的理论基础。认知心理学认为，认知过程通常要受性格、知识、文化结构背景以及环境和情境的影响，这些影响认知水平的因素会直接影响个体的行为决策。在心理学研究没有对认知过程作出以上分析之前，单纯的经济学研究一般是将个体的认知当成独立于经济决策的外生变量来对待的。[①] 行为理性选择理论的这段发展史，可以解释传统主流经济

---

① 凯恩斯的重要贡献之一，是利用心理预期概念对个体行为选择展开了分析和研究（凯恩斯，1936），但在凯恩斯的理论体系中，心理预期不是建立在充分论证的认知心理学基础之上的，这在很大程度上限制了心理预期学说对个体选择行为的研究。在以后相当长的时间内，经济学家也没有针对人类心理活动如何影响个体对信息的处理和加工这个问题展开专门研究，这种情况一方面限制了经济学个体主义方法论深入而广泛的运用，另一方面则是使传统效用函数的根基没有被松动。因而在那段历史长河中，我们没有看到有关认知过程和效用期望的分析文献。

学为什么会忽略认知过程和效用期望，为什么"理性经济人"范式始终处于统治地位的原因。

传统主流经济学运用逻辑和数学工具，从严格公理化之偏好假设出发所创立的期望效用函数理论，只是从逻辑上论证了个体的理性行为，它并不能描述个体的实际选择行为。期望效用理论对个体选择行为作出了精确的描述，但没有考虑心理因素对个体行为决策的影响。相对于期望效用理论，卡尼曼与特维斯基所描述和论证的展望理论，通过将心理学与经济学相融合的分析途径，把认知过程和效用期望纳入以认知心理学为基础的分析中，并用他们创新的价值函数予以解说，这无疑在扩大经济学个体主义方法论运用范围的同时，弥补了传统主流经济学忽视认知过程和效用期望调整的缺陷，从而把不确定条件下个体选择行为的研究向前推进了一大步。

行为经济学阐释的不确定条件下由心理因素导致的个体选择行为的一系列规则，有助于说明个体非理性决策的存在。以展望理论描述不确定状态下非理性决策构成的理论支撑点而论，卡尼曼和特维斯基关于权重函数和主观价值函数联合决定人们对待风险态度的论述，其贡献在于，一方面说明了单个事件的概率变化对总体效用的影响，另一方面说明了人们的预期结果与主观满足大小之间的关系。按照传统主流经济理论的解释，人们在面临不确定状态时的偏好必须满足纽曼和摩根斯坦公理化体系的诸如完备性、传递性、连续性和独立性的要求，这样的要求实际上规定了行为理性选择理论在进行效用分析时的有关财富或消费的研究不可以出现负值，也就是说，效用函数在传统主流经济理论的视野中始终呈凹形状。凹形状的效用函数曲线所揭示的只是人们对待风险决策的"风险厌恶"态度，它并不能解释现实中存在的"风险偏好"。展望理论将价值函数、权重函数与效用函数置于同一分析框架，通过参照点变动形成拐点的分析，说明了反映效用变化的价值函数是一条在拐点处发生转向的凹凸形曲线，从而为不确定状态下的非理性决策提供了理论依据。

展望理论有关不确定条件下的个体选择规则以及非理性决策的论证，

对于解说金融市场中的"错误定价"问题是很有启发的。行为金融学家罗伯特·希勒（Robert J. Shiller）在《非理性繁荣》一书中，曾以1929年和1987年世界两次巨大的股市震荡为背景，认为股市中由于存在着诸如催化因素、反馈环、放大机制、连锁反应等作用，投资者的心理依托会受到来自对社会压力、媒体、权威等的过度信任的强烈拉动，他们会受到从众行为、信息层叠、信息口头传播、新闻报道、社会注意力等因素影响。[①] 他在全书的分析中坚持这样一个基本观点：股市中的投资者作为一个集群所产生的决策结果，当面临股市飙升或暴跌时，通常表现为一种非理性决策。

　　罗伯特·希勒关于人们在股市中非理性决策的原因和性质的研究，是吻合于展望理论有关不确定条件下个体选择行为偏离传统理性学说之论述的。具体地说，罗伯特·希勒以认知为基础的诸如催化因素、反馈环、放大机制、连锁反应、心理依托等的分析，与展望理论反映行为选择规则的那些概念（相似性效应、可利用性效应、锚定效应、从众心理等）存在着相通的地方。行为经济学是行为金融学的思想渊源，而行为金融学有关认知过程和效用期望的分析和研究是比较深入实际的。由此，我们可以看到以展望理论为代表的行为经济学对行为理性选择理论之发展的贡献。

　　行为理性选择理论的理性假设前提，并不要求所有的个体都保持理性，这个假设前提本身就暗含着个体非理性选择的存在。关于非理性选择分析，早期行为经济学就曾利用动物实验来论证个体的非理性决策。例如，Allison 和 English（1993）就曾发表过一篇涉及讨论生产函数的论文，他们探讨了柯布—道格拉斯生产函数在动物身上的可行性，结论是在非人类的受试者身上也可探讨个体的行为理性选择，也就是说，可以把动物身上的行为选择规则推断到人的身上。再例如，一些实验经济学家（Loudholm & Russell，1991）发现在单向叫价市场中，若卖者从高向低叫价，市场成交价会收敛于高于均衡价格的某一价格，若买者从低向高叫价则情

---

　　① 参阅罗伯特·希勒《非理性繁荣》（中译本），中国人民大学出版社2000年版，第15—32、36—58、69—78、115—125、126—139页。

况正好相反，这些实验为明码标价提供了一些理论解释的依据。这些独特研究（姑且不论其正确与否）对行为理性选择理论的贡献，增进了行为研究的知识和分析架构，提供了一些新的解释，并说明了增强物与实验程序之间的关系。非主流经济学正是从这些动物实验中得到了莫大的启迪，并通过效仿动物实验模式对人的选择行为进行了大量的社会学、心理学的实验，从而将个体行为的非理性研究提升到较高的理论层次。

非理性决策是一个在现实中始终存在但长期以来被传统主流经济学摈弃于理性分析框架之外的问题。客观而言，一个不包括非理性内容的行为选择理论，很难贴近现实地解释行为选择中那些严重偏离理性决策的经济事件。正是在这个意义上，新制度经济学曾经将新古典经济学戏称为不能解决实际问题的"黑板经济学"。行为经济学强调个体选择行为中存在的非理性决策，是对传统主流经济学经验规则的有效性提出的非常严肃的批评和质疑。这些批评和质疑之立论的现实背景，是以新经济中的行为理性选择时时刻刻处于高风险之中为依据的。设想一下，随着高风险无处不在的新兴经济的充分发展，倘若仍将供求关系、资产定价模型、边际成本等于边际收益、社会必要劳动时间等作为界定行为理性选择的尺度，那么，社会经济运行不仅会出现市场失灵或政府失灵，而且有可能出现市场和政府的同时失灵。因此，非主流经济学把偏离传统主流经济学理性规则的选择行为界定为非理性的论述，无疑是对行为选择理论的一大贡献。

第五节 分析性结语

经济学关于理性选择的行为和实验分析包含着极其丰富的内容，个体选择行为的实验研究只是众多内容中的一个重要组成部分。广而论之，产业组织理论有关竞争市场的均衡实验，新古典经济理论有关议价的拍卖实验，博弈理论有关合作或不合作的行为选择实验，公共产品理论有关搭便车和外部因素对选择及其效率的实验等，都在一定程度和范围内涉及个体的行为选择问题。但由于不同实验模式的假设条件和实验手段不尽相同，这些理论关于个体选择的分析结论也不尽相同。行为经济学和实验经济学注重于从行为和心理两方面对个体的行为选择展开实验考察，这些考察融合了心理学和经济学，具有不同于其他理论的分析特色，应该说，这一特色蕴含于整个非主流经济学的分析之中。

从行为和心理两方面对个体选择行为展开实验研究，无论采取什么样的情景设计和实验方法，无论以什么样的个体作为实验对象，都离不开对动机、偏好、认知和效用的分析，或者说，实验结果都必须对动机、偏好、认知和效用等作出理性或非理性的分析结论。相对于传统主流经济学的抽象个体行为理性选择理论，行为经济学和实验经济学更加关注个体的实际选择行为。这种对实际选择行为的关注，使得这两大学说在许多行为和心理实验中，发现了许多与传统主流经济学理性选择规则不同的实际选择现象，而对这些与传统主流经济学存在系统性偏差的选择现象的解释，在促使这两大学说进一步贯彻个体主义方法论的同时，也引发了这两大学说对认知过程和效用期望作出新的解读。在笔者看来，在解读被传统主流经济学忽视的认知过程和效用期望的众多文献中，这两大学说是功不可没的。但美中不足者，是这两大学说缺乏行为主体假设，缺乏简单可用的理论假设结构，否则，其理论体系会趋于完美。

从心理学被运用于经济分析的程度和范围来看，实验经济学要大大逊色于行为经济学，这主要表现在前者不像后者那样始终围绕以反映心理特征的概念来解析个体选择。例如，实验经济学在进行"双向叫价市场"和"单向叫价市场"实验以解说交易规则与市场均衡价格的相关性时，虽然论证了双向叫价、单向叫价市场与明码标价市场的联系和区别，但其对实验的理论解说并没有运用典型的夹带着心理分析的范式来展开。与此不同，行为经济学在运用实验手段研究个体选择时，充分利用现代心理学尤其是认知心理学的研究成果，通过对心理活动如何影响个体加工和处理信息的分析，显露出它特有的个体选择理论。不过，这里同样存在着一个缺憾，那就是行为经济学和实验经济学都没有从准则的高度来概括他们从实验中观察到的涉及偏好、认知和效用的现象，在非理性分析中尤为如此。总的来讲，经济学家今后加深和拓宽非主流经济学有关个体选择理论的研究，可以考虑以行为经济学有关个体行为选择的研究文献为重要参考，把行为经济学有关认知过程和效用期望的相关论述进一步理论化。

追溯一下行为理性选择理论的发展史，在心理学没有专门对认知过程作出研究之前，或认知心理学没有得到充分发展之前，行为理性选择理论通常是将认知作为外生变量对待的；传统主流经济学的期望效用理论只是关注个体选择行为的稳定性偏好，关注个体选择行为的效用最大化；相对于期望效用理论，行为经济学和实验经济学通过将心理学与经济学相融合的分析方法，的确将不确定条件下个体选择行为的研究向前推进了一大步。卡尼曼和特维斯基关于权重函数和主观价值函数联合决定个体对待风险态度的突出理论贡献，在于论证了个体选择偏好并不满足纽曼和摩根斯坦公理化体系的完备性、传递性、连续性和独立性等经验规则。这一贡献的背后需要有这样一个理论说明：以展望理论为代表的行为经济学，并不认为个体行为选择会经常出现非理性，只是认为个体的选择行为偏离传统主流经济学的理性选择模型时才会出现非理性。从这个角度来看，行为经济学对非理性的描述，仍然是依附于传统主流经济学的。这种理论研究情形应引起经济学家的深思，难道个体选择行为的非理性就如此定义吗？这个问题与认知过程和效用期望有关，有待于经济学家的深入研究。

行为经济学揭示的不确定条件下的个体选择规则，虽然有助于说明非理性选择的存在，但那些从实验中得出的选择规则（如确定性效应、锚定效应、框架依赖等）太局限于现象描述，尚够不上是一般理论层级意义的描述。不过，展望理论刻画的那条凹凸相间的S形曲线（价值函数）却具有一般理论层级意义的学术品位。这个价值函数的理论精髓表现在以下几个方面：1. 反映了个体选择时对相对财富水平和绝对财富水平的认知；2. 反映了个体选择时的效用期望调整；3. 暗含着个体行为选择时的理性向非理性的转化。① 在这些理论精髓中，如果我们深入研究卡尼曼和特维斯基针对相对财富水平和绝对财富水平所论证的风险偏好和风险厌恶，这两个概念明显涉及认知过程和效用期望。我们如何联系这条凹凸相间的 S 形曲线（价值函数）来分析和研究认知过程和效用期望？这或许会成为行为理性选择理论的一个新课题。

自从阿莱斯悖论、偏好颠倒、羊群效应、确定性效应等对传统理论的批评和质疑出现以来，经济学对个体选择的认知和效用的分析，越来越倾向于将诸如制度条件、心理因素、行为准则、外部性等那些原先被传统主流经济理论视为外生变量的要素引入经济理论分析。现实中反复出现的偏离期望效用理论之经验规则的个体选择现象，无疑对传统理性选择模型提出了挑战。就个体选择行为的研究而论，有一个问题值得关注，那就是要清晰解释实验参与者经常违反期望效用理论的那些带有公理性质的特定条件，不仅涉及对个体选择如何受实验方式影响等问题的探讨，涉及对个体选择偏离期望效用理论原因的探讨，而且还会涉及对"个体选择的性质标准究竟以什么来确定"以及"如何修正期望效用理论"等问题的探讨。但无论我们的探讨从哪儿开始，无论我们的探讨需要解决什么问题，都首先要对个体行为理性选择的认知过程有较深入的研究。

经济学个体主义方法论的实施与行为理性选择理论的发展是相伴而行的。行为理性选择理论的分析基础越来越趋向于社会科学与自然科学的融合，而社会科学与自然科学一旦成为行为理性选择理论的分析基础，无疑会有助于我们更好地研究认知过程，并扩大我们对人类经济选择行为的认知。

参考文献

Allais, M., 1952, the Foundations of a Positive Theory of the Choice Involving

---

① 何大安（2005）曾针对这个价值函数（凹凸相间的 S 形曲线）做出过一种深邃的分析，认为它蕴含着包括卡尼曼和特维斯基都尚未发现的思想，即这条曲线蕴含着理性选择向非理性选择的转化。现在经过深思，它还有许多思想可以挖掘。

risk and a criticism of the postulates and axioms of the American School, English translation of 1952a, In Allais and Hagen (1979), 27-145, pp. 68-69.

von Neumann, J. and O. Morgenstern (1947), Theory of Games and Economic Behavior, 2nded, Princeton, NJ: Princeton University Press.

Bentham, J., 1789, An Introduction to the Principles of Morals and Legislation, *Ed. J. H. Burns and H. L. A. Hart*, London: Athlone Press, 1970.

Kahneman, D., Tversky, A, (1973), On the Psychology of Prediction, Psychological Review, 80, pp. 237-251.

Alvin E. Roth, "Laboratory Experimentation In Economics A Methodological Overview", Economic Journal, 198 (393), December, 1988, 974-1031.

Loudholm, Russell J., What Affects the Efficiency of the Market? Some Answers from the Laboratory, *The Accounting Reviews*, 66: 486-515, 1991.

Kahneman, D. and A. Tversky, "Prospect Theory: An Analysis Decision Under Risk", *Econometrica*, 47 (2), 1979.

Simth, V. L. (1994), "Economics in the Laboratory", *Journal of Economic Perspectives*, Winter.

Hull, C. L. (1943), *Principles of Behavior*, New York: Appleton-Century-Crofts.

Meehl, M. A. (1950), *On the Circularity of the Law of Effect*, Psychological Bulletin 47, 52-75.

Timberlake, W., and Allison, J. (1974), Response Deprivation: An empirical Approach to Instrumental Performance, Psychological Review, 81, 146-164.

Baum, W. M. (1974), On Two Types of Deviation from the Matching Law: Bias and Undermatching, *Journal of the Experimental Analysis of Behavior*, 56.

Herrnstein, R. J., and Vaughan, W. (1980), Melioration and Behavioral Allocation, In J. E. R. Standdon (ed.), Limits to Action: The Allocation of

Individual Behavior. New York: Academic Press. Rachlin, H. (1971). On the Tautology of the Matching Law, *Journal of the Experimental Analysis of Behavior*, 15.

Allison, J., and English, J. (1993), The Behavioral Economics of Production, *Journal of Experimental Analysis of Behavior*, 56.

何大安:《理性选择向非理性选择转化的行为分析》,《经济研究》2005年第8期。

何大安:《行为经济人有限理性的实现程度》,《中国社会科学》2004年第4期。

何大安:《选择行为的理性与非理性融合》,上海三联书店、上海人民出版社《当代经济学文库》,2006年版。

凯恩斯:《就业、利息和货币通论》中译本,商务印书馆1963年版。

罗伯特·希勒:《非理性繁荣》中译本,中国人民大学出版社2000年版。

第四章

行为理性选择的认知过程

　　现代经济学对传统主流经济学偏好稳定假设的质疑和批判，主要是围绕信息约束和认知约束这两条主线展开的。从信息约束来考察投资者的选择偏好，经济学家主要是关注信息和环境因素及其变化对偏好的影响，从认知约束来考察投资者的行为偏好，经济学家主要是关注认知模式如何决定偏好形成及其特征。传统主流经济学的偏好稳定假设的逻辑推论，跳过了认知过程而直接对决策和效用进行分析；现代经济学开始重视认知过程，但它太注重以实验方式描述投资者的现实认知过程，而没有对认知作出一般性的理论概括，因而它对认知过程的研究并不是很到位。从一般理论层面来研究认知过程，至少应包含两方面的内容：一是认知怎样影响投资者的选择行为；二是认知在哪些方面与投资选择的具体操作程序相对应。在理论上把握这两个层面的内容很重要，它可以帮助我们理解现实选择中的偏好、认知和效用的联系，可以帮助我们在解读认知的同时进一步把握行为理性选择的一般分析框架。

　　本章在对经济学代表性认知理论观点展开评述的基础上，着重分析以下三个问题：1. 对认知如何影响行为理性选择作出一般理论解说；2. 分析认知形成过程与理性选择过程的关联机理；3. 解说认知过程与具体选择程序之间的对应关系。本章的分析和研究是一种试图对认知过程作出一般理论概括的学术努力。

第一节　对代表性认知理论观点的评述

经济学家对投资者行为理性选择的分析和研究，经历了从忽略认知到关注认知两个前后相继的阶段。从选择动机、偏好、效用与认知的关联来看，在新古典经济学的期望效用理论中，理性是先验决定的，偏好是被视为由个体最大化追求自身利益所构建的不变规则，这种理论观点排除了投资者选择动机和偏好形成中的认知心理，它通过偏好一致性、偏好传递性及偏好占优性等范畴的逻辑推论和演绎，把投资者看成是能对选择的未来结果精确计算的单纯追求自身福利的经济人（Neumann & Morgenstern, 1947; Arrow & Debreu, 1954）。也就是说，新古典经济学的行为选择理论主要是针对"给定约束条件"下的偏好和效用进行分析的，至于认知过程，则是一个被理论研究置于一边的黑箱。现代经济学普遍认为新古典理论之所以忽视认知过程，主要是因为他们以完全信息和完全理性为分析前提，试图把现实的随机世界确定化，以构建精美的一般均衡理论。

与新古典经济学截然相反，现代经济学对行为理性选择解读，是以信息不对称、有限理性和开放性假设为分析前提的。无论是行为经济学、实验经济学还是演化经济学，他们都注重从偏好的多重性来理解和分析认知，认为偏好多重性源于选择世界的随机性；针对随机世界，可根据结果集的概率分布将其划分为确定性随机世界和模糊性随机世界（Knight, 1921; Keynes, 1921; Dequech, 2000）。现代经济学力图把选择行为的研究放置于模糊性随机世界，不像新古典经济学那样仅仅在确定性随机世界中探讨选择动机和选择偏好，现代经济学在关注选择动机和偏好多重性的同时，关注投资者的心理活动以及由此形成的认知过程。当经济学家开始关注选择的认知过程，他们对行为理性选择的研究就开始由纯粹的性质分析转向对实际选择发生过程的分析。这种转向改变了过去单纯以社会科学作为理论分析基础的传统，它要求经济学家运用心理学、生物学和脑神经学等来解释行为理性选择。经济理论研究的上述研究倾向，已明显反映在现代经济学对"理性经济人"范式的质疑和批评上，这是很多经济学者所熟悉的。

从理论上来说，新古典经济学（甚至包括主流经济学）忽视选择行为发生过程中的认知，源于对确定性随机世界行为选择的期望效用最大化的抽象。期望效用理论通过将主观概率判断划分为基于先验概率和后验事件更新后验概率的贝叶斯法则，从而被演绎为主观期望效用理论（Savage，1954）。当选择行为限定在确定性随机世界并被简化为追求主观期望效用最大化时，投资者在模糊性随机世界的选择行为所伴随的心理变化及由此产生的认知过程，便很容易在研究者的视野中消失。在现代经济学看来，忽视心理因素和认知过程的期望效用理论，实际上是把理性投资者看成在合作博弈或非合作博弈中具有理性计算能力，并在事前能计算出博弈的解。

从认知角度对模糊性随机世界的选择过程做出开拓性批判的研究者是赫伯特·西蒙，他曾在统计选择和运筹学两个理论层次上对认知过程、风险选择、计算效率等进行了过程理性（有限理性）分析（西蒙，1973）；针对新古典预测模型系统偏离选择者的实际选择，西蒙（Simon，1986，1991）与行为经济学的看法一致，认为新古典经济学对个体选择行为某些方面的成功解读，并不是完全取决于"理性最大化"假设，而是在一定程度上取决于对选择者所处环境的认知的解读（给定约束条件下的解读）。但由于对选择者认知过程的科学解释要在很大程度和范围内依赖于心理学、生物学乃至于脑神经科学等所提供的科学依据，因而在"心理学研究终点通常只是经济学研究起点"的学术背景下，即在行为经济学等非主流学派尚未将认知心理学引入经济理论分析之前，赫伯特·西蒙只是在"过程理性"和"实质理性"的辨析上，洞察到了认知之于行为选择的重要性，他并没有对认知过程进行深入的研究。

认知科学的发展在给经济学家研究选择偏好提供科学依据的同时，也给经济学家研究认知过程提供了分析空间。从 20 世纪下半叶至今，经济学家利用心理学和脑神经科学的研究成果，先后出现了运用自然科学来解说选择行为的行为经济学、实验经济学、心智经济学和神经元经济学等理论。这些理论的共同特征是对传统主流经济学的理性假设前提提出了质疑，认为研究模糊性随机世界中的个体选择行为要重视心理因素对偏好和认知的作用，要重点研究由多重偏好所形成的认知过程。现代经济学的上述观点，在行为经济学针对新古典经济学的期望效用法则的批判中最为明显。行为经济学不仅像本书上一章所介绍的那样，坚持认为投资者是在特定场景或情境下进行选择，而且坚持认为投资者偏好受心理因素影响；心理因素对投资者认知形成的机理，可以通过赋予事件发生概率权重的概率函数，以及反映风险偏好和风险厌恶的价值函数来揭示（Kahneman & Tversky, 1986）。在行为经济学的展望理论中，概率函数、价值函数与投资者的认知心理始终存在着由选择背景影响偏好的逻辑关联。

　　基于新古典经济学只关注理性计算收益而没有重视理性计算所出现的认知成本问题，经济学家对认知过程的探索，产生了注重从心智角度研究认知成本节约这一在本质上属于行为经济学分支的心智经济学。完全信息和完全理性假设曾致使传统主流经济学把投资者搜集、加工和处理信息所引致的心智成本看成是零，心智经济学认为心智成本包括信息加工和处理、认知协调和时间使用成本三大块。① 针对心智成本如何实现最小化，一些经济学家倾向于将脑力或智力看成是一种稀缺性资源，倾向于运用启发式方法来研究认知过程中的心智成本问题（S. E. Taylor, 1991; Cerd Gigerenzer, 1999, 2000, 2001）。② 启发式分析方法在认知心理学中广泛

---

　　① 心智经济学是一个与思维成本接近但不包含在生产成本和交易成本内的概念，即投资者在选择过程中的思考成本（John Conlisk, 1996）。德姆塞茨（Demosetz, 1999）曾依据必要的脑力供给和需求，分析了投资者知识和智力水平在收集处理信息与理解信息费用之间的数量均衡关系，这一分析使心智经济学开始关注心智成本最小化问题。

　　② 或许是这种启发式分析方法对行为经济学发生了影响，Kahneman 和 Tversky（1973, 1974, 1979, 1986, 1991, 2003）对认知的解说，就曾运用代表性法则、可得性法则、框架效应、小数法则等启发式分析方法。行为经济学运用启发式分析方法对行为理性选择理论的发展有着启发作用，现代经济学中的其他流派也正在运用或尝试着运用这种方法。

运用所引致的学术结果之一,是拓宽了经济学个体主义方法论的运用和分析平台,使经济学家有可能对认知过程做出纵深的研究。

毋庸置疑,心智经济学试图从有限理性、思维捷径和认知偏差等描述认知过程的心智成本节约问题,这在一定程度上推进了经济理论对理性选择中认知过程的研究。但较之于其他的经济理论学说,由于心智经济学的分析基础是心理学,它比较注重生理或神经机制对认知过程的作用,因而这种分析和研究与那些主要以社会科学为基础的经济理论存在着差别。我们对代表性认知理论观点的评说,有必要再对涉及认知问题的主要经济理论观点作出一些评说。

如上所述,传统主流经济学(新古典经济学最为典型)把个体理性选择过程描述为有意识的规则遵循,与此相反,演化经济学把个体理性选择过程描述为是无意识的规则遵循;以理性与制度的关系而言,传统主流经济学认为制度是人们遵循规则的理性产物,演化经济学认为制度是人们顺应自然和文化演进而遵循习俗、惯例、法律和历史的社会群体或个体互动的理性产物(哈耶克,1979;Smith,2003)。这两种截然不同的理性观对选择者认知的解读是完全不同的。新古典经济学忽视对选择过程中认知的研究(主流经济学也大体如此)是源于对确定性随机世界行为选择的期望效用最大化的理论抽象,把理性选择者看成在合作博弈或非合作博弈中都能通过理性计算,并在事前能够计算出博弈解的"理性经济人"。演化经济学认为,任何社会制度不是也不可能是理性的预先设计,强调制度是超越个体选择的自然选择的结果,这种没有对自然选择作出任何限定的学说,实质上也是一种超越经验世界同样不重视认知的理性观。

在这里我们看到,无论是传统主流经济学还是演化经济学,都没有给认知过程的研究留有应有的位置。现代演化主义经济学认识到不能把社会经济系统演化完全等同于生物演化,认识到社会经济系统的演化存在着认知主体(Witt,1997;Foster,1997),该理论利用生物学有关群体间和群体内的差异大小的比较分析,认为在考虑到文化演化因素时,人类选择行为并不是仅仅存在自利偏好，而是在一定程度上有着利他偏好（Henrich，2003；Bowles et al.，2003）；由于现代演化经济学有关偏好分析的理论基础是生物学理论和历史文化理论的混合，它对人类选择行为中认知过程的理解，是常常游离于生物演化和文化演化的双重分析背景之间的。具体来说，当演化理性学说强调文化演化对人类认知过程具有决定作用时，便把文化演化所生成的各种社会规范和社会制度看成是个体理性的决定因素；当演化理性学说关注生物进化对人类理性选择的影响时，便关注基因与文化协同演化对人类认知过程的研究，而关注基因如何影响人类选择行为中的认知过程，则开辟了认知过程研究的新天地，从而引致了神经元经济学的诞生。

神经元经济学通过神经元编码和映射的实验，认为人的神经系统具有计算各种行为之可能满足度的功能。如上所述，该学说把这一经过编码的信息称为"生理期望效用"，这是一个高度关联于认知的概念，是一个接近于新古典经济学的"主观期望效用"概念，它利用自然科学基础深化了主流经济学的理性观，为进一步研究人类理性行为在神经生物学方面奠定了基础。神经元经济学对"期望效用"深化的重要学术意义不在逻辑上，而在于它说明了人类选择行为在生理上存在着理性机制，这种生理上的理性机制会对人的认知过程发生作用，从而使理性不只是局限于一种"假设"，而是在生理学意义上获得了"本体论"的地位。神经元经济学的这些理论见解，有拓宽经济学个体主义方法论的贡献。

以研究方法来说，神经元经济学在很大程度上摆脱了行为经济学和实验经济学融合经济与心理二元动机的传统分析模式，该学说以神经元编码和映射为实验途径的新分析模式，是以神经元编码和映射实验有关"人类大脑的模块结构经由脑循环使个体产生不同动机和不同选择偏好"的分析结论为理论基础的。不过，以脑神经科学为理论基础的神经元经济学也是推崇自然选择的，认为人类许多认知活动都是自然选择过程中由个体基本情感上升为社会情感的生理调节或自然选择的产物（Dam sio，1999）。随着神经元经济学的出现，行为理性选择理论在方法论运用上便丰富多彩起来，经济学关于个体行为理性选择的认知过程的研究，更加渗透于以心理学和脑神经科学为依托的分析领域，于是，有关认知过程的自然科学和社会科学的双重分析基础问题，便越来越受到重视。

但是，现有的关于投资者行为理性选择的认知过程的分析和研究，就分析基础而言，尚未出现明显将自然科学和社会科学作为双重分析基础的经济学理论。例如，行为经济学和神经元经济学主要是从心理和脑神经等方面来揭示认知过程的偏好形成机理，并没有以自然科学和社会科学作为双重分析基础来详尽地结合动机、偏好和效用对认知过程进行描述。这至少给我们留下两个值得研究的问题：1. 认知怎样影响投资者的选择行为；2. 认知在哪些方面与投资选择过程的具体程序相对应。显然，这两个问题有待于经济学家在前期研究的基础上做出有创意的研究。

第二节 关于认知影响行为理性选择的理论解说

经济学各种行为选择理论针对偏好及其形成机理的研究，都或多或少涉及或蕴含着认知影响行为理性选择的分析内容。新古典经济学通过完全理性、信息对称和排他性假设（如排除非自利偏好等），在一系列"给定条件约束"下，把"自利偏好"和"期望效用"看成是解读行为理性选择的两大基本要素。也就是说，新古典经济学是在强调自利偏好对效用期望具有确定性动因关系的基础上，来研究投资者的行为理性选择。但由于"认知"在新古典经济学分析框架中处于一种黑箱状态，我们有理由把这种状态下"认知影响行为理性选择"的研究理解为是依据自利偏好和效用期望的分析路径来实现的，因而我们对传统主流经济学"理性经济人"范式的认知规定性的理解，进而对传统主流经济学有关认知的分析，看成是绕避认知阶段使"自利偏好和期望效用"对应于特定结果的分析。这种理解之所以反复强调，是因为它在源头上反映了现代经济学的行为理性选择理论的发展轨迹。

　　从投资者现实的选择过程来看，认知是投资选择形成中不可跨越的重要阶段，投资者一般要经历对影响选择事件的信息进行整合、加工和处理的过程。这一过程伴随着投资者的思考，我们通常认为投资者思考过程未结束意味着认知没有形成，只有当思考过程结束后认知才会形成。从这个意义上来讲，可以把"认知"理解为是"思考"的函数。现代非主流经济学与传统主流经济学有关行为选择理论所产生的一系列分歧，在很大程度上就是根源于有没有把认知理解为是思考的函数。另一方面，投资者的思考过程从而认知的形成过程，一般要受到心理因素甚或要受到脑神经系统的制约，因而其认知的形成过程存在着社会性因素和自然性因素的共同调节。当理论分析不考虑这些制约因素和调节过程时，便会在逻辑上像新古典经济学那样把行为选择的动机、偏好、期望和效用合而为一。新古典经济学的预期效用理论就是这样布局的，"理性经济人"范式就是这样建构的，一般均衡理论就是这样演绎和论证的。

　　经济学从黑板走向现实，同样是经济学家思考和认知的结果。关于这一点，我们可以通过"阿莱斯悖论"（Allais, 1953）和"艾尔斯伯格悖论"（Ellsberg, 1961）予以说明。针对新古典经济学的期望效用理论的疏漏，这两大悖论实际上是对期望效用理论只关注从"自利偏好和期望效用"推断结果估计的批评，是对期望效用理论忽视投资者据以结果估计和概率判断之信息来源的批评。以认知如何影响选择的分析而言，长期以来经济学界从不同角度对这两大悖论的评说，实际上都是围绕"自利偏好和期望效用"的疏漏来展开的。这些评说揭示了阿莱斯和艾尔斯伯格实验分析的症结是，投资者会对不同场景下影响选择的信息进行加工和处理的思考，指出了这两大悖论实质上是强调投资者思考的程度和范围不同会决定投资者的不同认知，而不同认知会导致不同选择。

　　在笔者看来，这两大悖论的分析底蕴实际是把"认知"理解为"思考"的函数，只是这两大悖论没有在行为理性选择的基础理论方面做出分析性描述罢了。不同认知会导致不同的选择，是一个简单而明了的结论,但要将这个结论置于基础理论层面,则需要高度重视认知形成过程的社会性因素和自然性因素的调节,需要考虑认知形成过程的心理因素甚或脑神经结构的制约。客观而论,新古典理论以追求自利效用最大化作为分析经济行为理性选择的假设前提并没有错,其不足之处,在于把这种追求看成是唯一,并通过偏好稳定假设和最大化期望效用来排斥选择过程中的思考和认知,从而使行为理性选择理论的"领地"被偏好一致性和效用最大化独占。[①] 一种理论的学术领地被几个以强势概念为核心的某种理论独占后的结果,是无法在这个理论体系内容纳与自己学术观点相左的观点的,这无疑会阻碍该理论的发展。

在阿莱斯悖论和艾尔斯伯格悖论出现后的很长一段时间里,如何结合自然科学成果尤其是心理学来解说投资者认知形成对选择的影响问题,一直是横亘在新古典经济学家与现代经济学家之间的一块顽石。行为经济学的贡献在于通过心理学与经济学的并轨研究,在一定程度和范围内松动或移动了这块顽石。如前所述,展望理论(Kahneman & Tversky,1979)通过把选择过程划分为"编辑整理和预期评价"两个前后相继阶段的分析,认为投资者偏好受心理因素影响并不是一成不变的,投资者的认知会随偏好的变化而变化,在特定认知下投资者的选择是不确定条件下的风险选择。但是,行为经济学关于认知影响投资选择的分析,主要是依托认知心理学进而以一系列分析性概念来展开的,并没有对认知影响投资选择做出一般性的分析。例如,从框架依赖、确定性效应、可得性效应、启发式方法等来考察,这些概念和方法只是解释了投资者在特定情境下依据特定认知有可能会采取的选择行为,而不是在一般意义上说明投资者通过思考形成认知、进而通过认知来说明选择。再例如,展望理论(Kahneman & Tversky,1974,1979)有关概率函数和价值函数的分析,也只是说明认

[①] 这个问题的深入研究涉及效用函数的缺失(何大安,2013)。我们可以在理论上把现实决策行为在动机多重性、偏好多重性和效用期望调整等方面偏离传统效用函数的学理,解说为效用函数的缺失。从基础理论角度来理解,效用函数缺失是行为理性选择理论重塑和发展的催化剂,在一定意义上,我们可以把经济学家对效用函数缺失的分析和研究,看成是行为理性选择理论发展的引擎。

知心理所依托的选择背景始终影响着投资者偏好变化的逻辑关联，并没有解释认知形成过程如何影响选择的形成过程。

以此之故，我们有必要借助自然科学的发展，对认知如何影响行为理性选择问题展开进一步的理论评说。

一 近几十年来神经元经济学借助于脑神经科学所取得的进展，为经济学家研究认知如何影响行为理性选择提供了自然科学的理论依据

现代主流经济学的理论体系是以"理性"范式为分析前提的，这个体系对经验所进行的抽象逻辑论证是很成功的，但其存在的问题却是难以被可观察和可重复的经验事实所验证。从1890年马歇尔创立新古典经济学到整个20世纪，经济学世界有关偏好和效用、竞争和垄断、一般均衡和局部均衡、交易费用、信息和博弈等的一系列理论研究，应该说主要还是以"经济人"或"理性经济人"假设为分析前提的，但这些以超出事实基础和经验范围基础的众多理论，并不能使所有经济学家信服。我们有理由认为，众多经济学理论产生分歧从而引致经济学发展的历史，就是经济学家对如何理解和运用"理性"范式的争论历史。

同样，非主流经济学对主流经济学的批评，也没有导致主流经济学理论大坝的彻底坍塌。例如，行为经济学和实验经济学认识到了经验观察与传统经济理论假设的系统性偏差，但由于他们所型构的实验环境及相应的实验手段方法对现实选择行为结果的拟合性检验，主要是通过剔除诸如环境、文化、心理等因素干扰的实验设计，并在一定程度和范围内通过引入心理学和社会学原理对实验结果做出解释的，它并没有全面依据自然科学成果对行为选择理论的基础进行彻底的改造，因而主流经济学通常把他们的质疑视为一种来自经济学科外部的批判。这可以部分解释为，是非主流经济学没有把对"理性"范式的理解和运用，放置在社会科学和自然科学双重基础上进行研究的缘故。

我们不能否定大脑是决定行为和心智的器官，而是需要把大脑的生理构成作为分析人类行为和心智的基础，以观察和研究认知如何影响选择过程。但问题在于，把大脑的生理构成作为分析人类行为和心智的基础，需要在社会科学和自然科学的双重基础上对行为理性选择理论作出重新构造，这是神经元经济学没能关注到的。到目前为止，几乎所有的经济学流派都没有完成这一堪称"行为理性选择理论革命"的历史使命。对这个使命崭露头角的，是神经元经济学和演化心理学，但经济学界几乎一致认为，这两大学说是运用自然科学的生物神经系统功能及其机制来解释认知影响行为理性选择有余，而以社会科学概念及其机制解释认知影响行为理性选择不足。这是我们评说神经元经济学和演化心理学时应该知晓的一条理论脉络。

神经元经济学是运用现代神经科学来解释经济问题的产物，但它融合现代神经科学与现代经济学的程度是有限的。积极倡导神经元经济学的演化心理学，认为人类生存环境与人脑交互作用所形成的神经元结构，是探究人类选择行为之认知模式的神经基础，自然选择所塑造的生物神经系统，使包括人在内的动物有着依据各种信息进行选择的功能，正是这种功能使人类具有最大化生存适应性的理性机制，可以使我们通过神经元系统来研究人类心智模式和认知如何影响选择（Stephens & Krebs, 1986; Krebs & Davies, 1991）。演化心理学理论与神经元经济学理论，是相互催生和相互推动的。

神经元经济学以神经生物学为基础对人类"趋社会性"行为和人类理性行为进行了实证研究。以人类"趋社会性"行为的实证研究而言，该学说通过一系列实验，[①] 跳出了实验经济学和行为经济学传统的经济与心理的二元动机模式，用神经选择机制对人类行为选择的经济动机和心理动机了一元论解释。就人类理性行为的实证研究而论，神经元经济学通过对神经元编码和映射的实验，实证了人的神经系统具有能够计算各种行为

[①] 例如，金迪斯和鲍尔斯（Gintis & Bowles, 2004）运用计算机仿真技术模拟了人类狩猎、采集族群合作秩序的形成过程，认为"强互惠"行为是人类"趋社会性"的重要体现，并通过实验发现大脑中央运动前皮层中存在着一个特殊区域，这个区域的神经元具有"镜像"作用，即不仅某一行为使受试者的神经元被激活，同时也会使目睹者的神经元被激活（Rizzolatti et al., 1988）。这些实验实证了人的感情、情绪等会导致不同个体产生"神经网络共享"的"镜像神经元"，从而影响人的认知和选择行为。

之可能满足度的功能（Parker & Newsome，1998）。这是继行为经济学后以自然科学为依据对认知影响选择进行研究的新发展。如果我们结合这一发展来解释投资者的思考和认知，我们对认知影响选择的研究，或许能够形成自然科学与社会科学的双重基础。

人的神经系统之所以被神经元经济学认为具有计算各种行为的可能满足度的功能，其自然科学依据在于人的大脑是模块化结构。以现实的投资主体来讲，投资者对不同信息的反应，并不会激活大脑系统中所有模块结构的脑循环，也就是说，不同信息对大脑不同模块的脑循环的激活范围和程度是不同的。从认知的形成来考察，大脑循环的这种被激活范围和程度的不同，一方面反映了投资者对影响选择的不同信息进行整合、加工和处理的对象性或侧重点有所区别，被激活的脑循环会使投资者产生不同的选择动机和行为偏好；另一方面，大脑循环的这种被激活的范围和程度的不同，也印证了投资者有限理性制约的生理基础。

投资者的大脑神经系统对某一行为有可能产生的满足度具有的计算能力，通常是以对影响该选择行为的信息和环境因素进行了较深的思考为前提的。在其他条件不变的情况下，投资者思考的时间越长，认知就会越深刻，其有限理性的实现程度就越高（何大安，2004），也就是说，投资者思考的时间越长，其脑系统中模块结构的脑循环就会越加被激活。在这里，我们看到了研究"认知影响选择"这一专题存在着自然科学与社会科学双重分析基础的可能性。但问题在于，我们如何才能让以自然科学为基础的分析吻合于社会科学的分析，如何才能让以社会科学为基础的分析吻合于自然科学的分析。显然，实现这种双重分析基础，还需要倚重于对偏好如何影响认知的研究。

二　认知形成过程是在偏好促动下完成的，投资者追求效用的自利动机和"趋社会性"等动机共同决定偏好的形成；我们对认知影响行为理性选择的研究，在一定程度上可归结为对偏好的研究

新古典经济学理性选择理论的精美逻辑体系，是通过最大化自利追求这种单一的假设结构来构建的。这一假设结构的逻辑前提是选择偏好等同

于自利最大化。具体地说，这个假设结构是以完全信息或完全理性作为基本给定条件，以自利来定性选择偏好，以效用最大化作为选择目标，将选择解说为自利偏好，而认知在其理论中是黑箱，以至于认知影响选择的现实过程被转化成偏好直接决定行为理性选择的逻辑。行为经济学、实验经济学和神经元经济学对新古典经济学的一系列质疑和批判，焦点或目的就是要打开被新古典经济学封闭的这个"认知黑箱"。但如上所述，无论是行为经济学、实验经济学还是神经元经济学，只是指出了偏好所呈现的各种形式、偏好多重性和偏好形成的生理机质，并没有在社会科学与自然科学的双重分析基础上，把偏好如何影响认知进而影响行为理性选择的过程描述出来。这不能不说是一种美中不足。

各大经济学流派的行为理性选择理论之所以会出现以上的情形，主要是因为这些理论对传统行为理性选择理论的批评，限定于从实验得出的诸如选择动机、偏好和效用等的特定分析结论，没能像新古典经济学那样对行为理性选择的一般图景勾勒出一个分析框架。经济学家要在理论上解决认知受制于偏好这个问题，其基本途径是必须在理论上建立一个假设结构，这个假设结构对模糊性随机世界中投资者行为理性选择发生过程及其结果的解释，一方面要突破"偏好一致性"之非此即彼的二元框架的束缚；另一方面要对"效用最大化"所规定的行为理性选择的理念作出修正。显然，这两个问题的解决会涉及行为理性选择理论的方方面面，其中最核心的是符合实际地建立选择偏好函数。

从目前各大经济学流派的行为理性选择理论所取得的研究成果来看，建立符合实际的选择偏好函数，需要用一个新的假设来代替"偏好的内在一致性"。为此，我们可考虑在信息不对称和有限理性约束的前提下把偏好多重性作为假设前提，以突出投资者多重选择动机和多重偏好决定认知的作用机理。当然，这一假设包含着极其丰富的学术内容，这些内容已部分被行为经济学、实验经济学和神经元经济学完成，但还有部分内容有待于我们探索。最需要探索的，是对行为理性主体作出不同于传统主流经济学的假设;① 同时，针对认知影响行为理性选择的实际，我们有必要把行为选择动机影响偏好的形成过程理论化，把偏好影响认知的形成过程理论化，从而在理论层面上把认知影响行为理性的选择过程揭示出来。当我们完成这一系列理论化工作后，则需要结合效用函数来进一步考察认知对行为理性选择的影响。

三 投资者行为理性选择能在多大程度上实现效用最大化，属于有限理性约束下的认知资源能在多大程度上被利用和挖掘的问题，认知成本的高低对行为理性选择的影响，可视为"认知是思考的函数"在行为上的反映

投资者在行为理性选择中的认知成本主要包括两方面的内容：一是对影响选择的信息和环境等复杂因素的资料搜集、整合、加工和处理；二是对各种选择方案的比较、选优和最后确定。这两类成本的构成及其变化是不同的。相对而言，前者在时间和体力上所费的认知成本要高于后者，而后者在精力及其紧张程度上所费的认知成本要高于前者；至于投资者的这两种行为努力对投资者脑循环或大脑不同模块的激活程度以及由此产生的认知成本的高低，脑神经科学或许倾向于认为后者要高于前者。但总的来说，认知成本的高低直接反映了投资者思考程度的高低，认知与思考之间构成了一种函数关系。

如果我们联系选择动机、选择偏好和效用函数来考察认知成本，则对认知成本问题的深入研究会延伸到投资者的效用期望问题。具体地说，投资者的选择方案比较、选优和最后确定，会直接涉及即将面临的风险承担和利润（效用）期望，而投资者对影响选择的信息资料的搜集、整合、加工和处理，只是涉及可能的风险承担和利润期望。在传统主流经济学

---

① 这个问题将在下一章进行专门讨论。传统主流经济学的"理性经济人"范式对经济理论发展的影响正在呈现出减弱趋势，这一范式是在"经济人假设"基础上形成和发展的。从理论的渊源关系来讲，传统主流经济学关于偏好、认知和效用的一系列设定，都与"经济人假设""理性解决人"有关。如果我们依据多重动机、多重偏好和认知不确定性，对行为主体提出一个分析假设，这个分析假设能在多大程度上容纳现代经济学的研究成果，这主要反映在选择偏好函数、效用函数等能否对认知影响选择的理论解释上。

中，效用期望问题是被"效用最大化"概念覆盖的，在现代经济学尤其是现代非主流经济学中，效用期望问题则是与偏好与认知相关联、从而对效用函数作出修正的重要问题。现代经济学在有些场合强调以下的观点：投资者在有限理性约束下认知资源的利用和挖掘的程度高，并非意味着能够较大限度地实现效用最大化，但若认知资源利用和挖掘的程度低，通常只能较小限度地实现效用最大化。但在另外一些场合，现代经济学似乎也不否定效用最大化与认知资源利用和挖掘之间并不存在必然关联，即投资者在产生认知成本时也有可能出现效用负值的情况。现实给我们提供的一般结论是：投资者思考的时间越长和程度越深，其选择过程中的认知成本就越高。

我们可以把以上情况理解为"认知是思考的函数"在投资者行为选择过程中的反映。从思考的角度来考察认知成本，进而分析投资者行为理性选择能在多大程度上实现效用最大化，还需要对投资者的"认知约束"进行分析。认知约束是指投资者感知和记忆、计算能力、意志、注意力、自控能力等的有限性，它被现代经济学看成是一种稀缺性资源（Salvatore，1999；Rubinstein，2007）。认知约束与传统主流经济学分析的诸如信息集、选择集、价格和收入等约束有着区别，它是有限理性约束的产物。传统主流经济学的相关约束分析是以影响行为主体选择的外在约束因素作为考察对象，而现代经济学所分析的认知约束，则是以影响行为主体选择的自身因素作为考察对象的。行为经济学、实验经济学和神经元经济学等是"认知约束"研究的引领者或开拓者。

投资者在选择过程所形成的成本，可以划分为外在成本和内在成本两种形式。外在成本是指物质成本和交易成本，内在成本是指认知成本。就认知成本而论，行为理性选择过程中的认知成本约束与行为特征有关联，投资者的行为特征是多样复杂的。概括来讲，这种行为特征可分为无意识的规则遵循和有意识地算计选择两种类型。一般来讲，无意识的规则遵循不存在认知成本问题，只有在有意识的算计选择中才存在认知成本问题。传统主流经济学的行为理性选择理论是无意识之规则遵循的建构理性学说，它不研究认知如何影响选择，这在逻辑上是顺理成章的，但当经济学家关注投资者有意识地算计选择的行为特征时，他们就会关注认知成本，就会关注认知如何影响投资者的行为理性选择。

第三节　认知形成过程与理性选择过程的关联机理

投资者有意识的算计选择过程也就是认知的形成过程。认知形成过程要受到行为主体的社会文化结构、微观脑神经结构和心理结构等所形成的意识的调节，在这个意义上，一些学者曾把行为理性理解成以认知为核心的理性。从认知的角度来考察行为理性的选择过程，关键要明晰认知形成过程与行为理性选择过程的关联机理，这一机理主要是针对投资者的选择意识形成与实际行为选择之间互动而言的。在这一机理的揭示上，Kahneman 和 Tversky（1979）有关选择过程分为"编辑整理"和"预期评价"两个前后相继阶段的分析，可谓开启了投资者选择意识形成与实际行为选择之间互动的理论分析先河。但如上所述，他们对这种互动的解释主要是集中于由心理促动行为变化，以说明传统选择理论与实际发生一系列偏差的概念上，至于这种互动过程在行为和意识上的具体关联，并没有在理论上展开详细的研究，这给我们留下了进一步探讨的空间。

我们首先应当关注的以下基本事实是：由于投资者在行为理性选择的过程中受信息不对称和有限理性约束，他（们）出于追求自利最大化的行为动机和目的，始终存在着对选择行为未来结果的担忧，这是问题的一方面。另一方面，我们不应忽视投资者偏好是由行为选择动机和目的决定的，也就是说，偏好是动机和目的的函数。在现实的选择中，投资者要实现自利最大化，就必然会对影响选择结果的信息和环境等复杂因素进行思考，这便决定了选择行为的理性属性。现有的各大经济学流派的行为选择理论，通常认为以上的解说是不言而喻的事实，但在笔者看来，恰恰是在这种不言而喻的事实中蕴含着认知形成过程与理性选择过程的关联机理。当我们把投资者选择偏好理解为是其动机和目的的函数时，我们就可以通过对动机变化和目的调整的分析，来认识和把握投资者的认知形成和实际选择的关联。我们不能仅仅停留在把认知形成和实际选择看成是两个前后相继的分析阶段上，而是应该通过这种阶段分析来揭示它们之间的关联。

投资者的认知形成过程通常会受到大脑不同模块以及脑循环系统激活程度的影响，同时，投资者的经历、心理结构和社会文化结构等也会制约认知的形成过程，但这些自然性和社会性的影响或制约对认知过程的形成，只是在投资者对影响选择的信息和环境等复杂因素进行思考时才得以体现。当投资者思考的程度越深和时间越长，大脑不同模块以及脑循环系统的激活程度就会越深，投资者认知形成的自然基础也就越加坚实。若我们只是从这个角度来考察投资者的行为选择，则可以认为投资者认知形成过程与理性选择过程之间在脑神经机制上存在着关联机理。脑神经科学揭示了人类行为选择的自然机制，它为神经元经济学的诞生提供了自然科学的依据。神经元经济学应把认知形成过程与理性选择过程之间的机理关联作为研究对象，至于选择偏好、效用期望和效用函数等的分析，神经元经济学则不应发挥用武之地。也就是说，神经元经济学必须同其他经济理论学说结合起来，才能完成科学而完整的行为理性选择理论。

神经元经济学关于偏好的分析，是以脑神经科学"大脑不同模块以及脑循环的激活程度不同会致使选择者产生不同动机和选择"的观点为依据的，认为即便是面对同一的选择菜单，选择者也有可能出现不同的偏好（Camerer et al., 2005）。不仅如此，神经元经济学还通过神经元编码和映射的实验，证明了动物神经系统具有计算每种行为的可能满足度的功能（Parker & Newsome, 1998）。其实，利用神经元对输入"信号"进行"编码和映射"实验，实际上就是对认知形成过程与理性选择过程之间关联机理的研究，这是因为，对信号进行编码和映射的实验，实际上是从脑神经层面来分析选择者对信息和环境等复杂因素进行思考时的生理痕迹，痕迹的不同类型及其变化，通常会反映出神经元的各个子系统被激活的程度。但到目前为止，神经元经济学并没有通过"编码和映射实验"而令人信服地对选择偏好作出论证。

选择偏好能不能在神经元经济学的分析框架内得到论证，直接检验着该学说能不能成为一个相对科学和完善的行为理性选择理论。总而言之，如果神经元经济学能依据"编码和映射实验"科学地说明投资者不同偏好和不同选择产生的生理机制，那么，认知形成过程与理性选择过程的关联机理，便有可能在神经元经济学的分析框架内得到说明。但现实的行为理性选择过程表明，不考虑投资者选择偏好的社会决定或促动因素，单纯以生理机制的反应来解说投资者选择偏好的形成，是不符合行为理性选择实际的。对于神经元经济学的学术理论贡献，比较合理的评说，可认为它开启了行为理性选择理论注重自然科学基础的分析窗口，或者说，它在理论分析上为行为理性选择理论奠定了自然科学和社会科学的双重基础。在此有必要指出的是，以上分析结论不仅适合于神经元经济学，也适合于演化心理学。

不过，作为神经元经济学理论基础的神经生物学，以及作为行为经济学（甚至包括演化经济学）理论基础的演化心理学，它们有关生物的神经系统是由自然选择所塑型的研究，却给我们论证认知形成过程与理性选择过程具有关联机理提供了理论依据。这两大学说都认为人类的神经系统是演化而成的，人类的认知模式是各种信息被输入到神经系统生成的。神经元经济学将上述理论观点理解为是人类生存和发展过程中追求最大化的适应性机制，并认为这一机制使人类选择行为在宽泛意义上具有"理性"的属性（Stephens & Krebs, 1986; Krebs & Davies, 1991）。[①] 这里有一点值得关注，我们把行为理性属性仅仅界定在经济活动层面，也许存在着偏颇之嫌。行为理性属性的界定，究竟要不要考虑到神经元经济学的相关成

[①] 本书在许多地方都强调行为理性属性及其边界是行为理性选择理论的重要基础，并针对这个问题展开过批评传统主流经济学的分析，本书后续的研究中还会涉及这个问题的讨论。神经元经济学有关理性属性的理解，无疑会拓宽我们对行为理性属性的认识。

果，是一个需要研究的问题。

联系经济活动过程和生理机制因素这两个层面来研究认知形成过程与理性选择过程之间的关联，我们可以看到，投资者对影响选择的信息和环境等复杂因素进行整合、加工和处理，是以各种信息被输入到神经系统为前提的，信息输入的时间越长，容量越大越复杂，投资者的认知成本通常就越高，而较高的认知成本无疑会影响偏好的形成。按照神经元经济学的解释，较高的认知成本，一定会在脑神经层面留下对认知发生影响的生理痕迹，这种生理痕迹无疑会对选择偏好发生影响。现代非主流经济学至少在潜意识上洞察到认知和偏好的这种生理联系，但他们在对传统主流行为理性选择理论有关"偏好一致性"的质疑和批评时，并没有较为完善地运用神经生物学和演化心理学有关人类的神经选择系统是演化而成的学术成果，这种理论研究的不到位，或许是因为他们对神经元经济学研究成果没有引起足够的重视，但根本原因应该是他们没有重视认知形成过程与理性选择过程之间存在关联机理的缘故。

投资者的经历、心理结构和社会文化结构等对认知形成过程的影响，也反映认知形成过程与理性选择过程之间的关联机理。社会经历是投资者对曾发生在自己身上或目睹之事件的一种历史烙印。无论是成功还是失败的社会经历，对于投资者来说，都是对当时影响选择的信息和环境等复杂因素进行思考从而产生认知的结果。若投资者参考他人的社会经历做现实选择，这个参考过程实际上是投资者对他人过去认知的一种再认知，若投资者完全依据自己或他人的社会经历对某一事件进行现实选择，则这种情形下的认知便是行为经济学所描述的"锚定效应"。投资者心理结构的形成和变动，既是引发认知形成和变动的因素，也是认知形成和变动的结果。具体地说，投资者在对影响选择的信息和环境等复杂因素进行思考从而形成认知的过程中，通常会受到诸如生气、悲伤、高兴、害怕和厌恶等自然性情感，以及诸如同情、内疚、怜悯、自豪和害羞等社会性情感的影响。这两类情感在特定环境下的交织，会出现特定的心理结构，它会影响投资者的选择偏好和认知。也就是说，投资者的行为选择常常是在特定心理结构影响偏好和认知的背景下发生的。这种由心理结构促动偏好和认知、从而形成投资者行为选择的机理，已逐渐被现代经济学所重视。

社会文化结构是一国政治、经济、文化、宗教和思想意识形态等长期演化和积淀的结果，它不仅渗透于习俗、惯例和风土人情等非正式制度之中，而且对正式制度的形成也有不可低估的作用。投资者的现实选择通常是在正式制度和非正式制度的共同约束背景下进行和完成。就社会文化结构影响认知的一般情形来说，社会文化结构会通过制度对偏好的形成发生作用。例如，社会文化结构会规定行为准则，投资者针对"什么该做和什么不该做、什么能做和什么不能做"的行为准则，通常会从效用损失和收益两方面进行思考和认知；在这种情况下，偏好根本就不具有传统主流经济学预先通过理论假设所建构的"内在一致性"的特性，而是应该被理解或被看成是效用的函数。由此可见，现实中的偏好多重性会通过间接影响投资者认知和选择的事实，说明特定社会文化结构下的认知形成过程与理性选择过程之间存在着关联。

另一方面，从效用函数来考虑问题，由于特定社会文化结构下的认知会受到信息不对称和有限理性的约束，因而受多重动机影响的多重偏好就会表现得很明显，并不是单纯地追求自身利益最大化的选择偏好，效用函数也不是仅仅表现为效用最大化。在现实中，投资者追求最大化的行为理性选择，有时只是表现为一种效用期望，即最大化往往反映为投资者的一种主观期望，并且这种主观期望极有可能会因为过高的认知成本而放弃。演化经济理论关注社会文化结构对认知形成的作用，强调制度演化过程中理性的形成机理，这些关注和强调是对认知形成过程与理性选择过程关联的一种历史观的解读，它给我们的学术启示是博大而精深的。

从近几十年的涉及行为理性选择的相关理论来考察，如果说脑神经科学、神经生物学和演化心理学给我们理解认知形成过程与理性选择过程的关联提供了自然科学基础，社会演化理论从制度演变角度给我们剖析了认知及其选择过程的历史形成，神经元经济学向我们展现了自然科学与经济学并轨的研究趋向，那么，我们在认知形成过程与理性选择过程关联机理的基础上，应该怎样承继以上各学说的研究成果来解说投资者行为理性选择中的认知过程呢？基于行为理性选择属于微观经济理论范畴，也基于对认知形成和理性选择过程的分析宜采取个人主义方法论的原则，笔者以为，从理论上解说投资者行为理性选择中的认知过程，不能仅仅停留在把认知和选择看成是一种前后相继的关联，而是需要解释这种前后相继关联中的认知与选择在程序上存在着哪些对应关系。

第四节 认知与选择的程序对应之研究

从抽象的理论分析层面来分析认知与选择在程序上的对应关系，可以进一步说明认知对选择的影响。我们可以把投资者的认知过程理解为三个前后相继的阶段：信息搜集和整合阶段、信息加工和处理阶段、认知的形成阶段。[①] 为分析方便，我们将这三个前后相继的阶段称为认知阶段Ⅰ、认知阶段Ⅱ和认知阶段Ⅲ；这三个阶段依次对应于选择的准备或酝酿阶段，选择方法或路径的选择阶段，选择的实际实施阶段。这三个前后相继的实施阶段可称为选择阶段Ⅰ、选择阶段Ⅱ和选择阶段Ⅲ。我们可以把认知和选择在程序上的这种三阶段的对应关系，看成是行为理性的基本特征。如果投资者在认知上没有经历以上三个阶段就进行选择，这样的选择便可以看成是非理性的。[②] 行为理性中认知和选择的以上程序上的对应关

---

① 这一划分启迪于 Kahneman 和 Tversky（1979）有关选择过程分为"编辑整理"和"预期评价"两阶段的分析，有关说它不是一种纯学术原创。之所以作出这样的划分，完全是出于对认知过程进行实际研究的考虑；在笔者看来，这一划分给我们联系选择偏好和效用期望来切合实际地研究认知过程提供了分析空间。

② 相对于非主流经济学把偏离（或不符合）传统主流经济学理性规则的选择看成是非理性的学术观点，这里所说的非理性，是指投资者在信息不对称和有限理性约束下，没有经历对影响选择的信息进行加工和处理的思考和认知，笔者在许多场合（2004，2005，2006，2009，2013）坚持这个观点，或许有人不同意这样的界定，认为这是依据"认知理性"对非理性的一种解读。欢迎讨论。

系，在现实中通常是交织一起的，或许因为如此，现有理论对认知和选择的关联，只是展开了一般性分析。虽然这种一般性分析揭示了认知如何影响选择的机理，但就揭示的程度而论，如果我们依据以上所划分的阶段来研究认知对选择的影响，其揭示的程度无疑会更加深入。例如，如果神经元经济学依据认知过程的三阶段来进行"编码和映射"实验，该学说关于大脑模块及脑循环之于选择行为的刻画，一定会有更加丰富的内容。

投资者在信息搜集和整合阶段对选择事件的认知，即在认知阶段Ⅰ，通常处于信息不对称和有限理性约束下的模糊状态，他（们）对选择何种路径和采取什么样的方法进行选择并不明确。若信息资料不全或资料非常复杂，投资者很有可能会放弃选择。但是，若投资者认为某项选择的效用函数有可能取得极大值，他（们）也许会进一步搜寻信息并加大对复杂信息的分析力度，无疑，这会提高认知成本。投资者的选择阶段Ⅰ是与认知阶段Ⅰ相对应的。经历这一阶段后，投资者是否进入认知和选择的后续阶段，主要取决于市场环境和价格的变化，预期投资收益（效用）将对投资者是否进入认知和选择的后续阶段起着决定作用，至于认知成本的高低，只是投资者效用函数中的一个不起决定作用的变量。认知阶段Ⅰ的模糊性，难以让投资者对选择的效用函数有十分清晰的把握，但只要对预期效用有信心，追逐利润的动机就会使他（们）在自利偏好的驱动下，进入认知和选择的后续阶段。

信息的加工和处理对认知的影响，在于让投资者在认知阶段Ⅱ对影响选择的信息有较深程度的了解。投资者通过对信息的加工和处理，通常会掌握一些控制风险和获取效用的依据，并以此有了是否进行选择的认知。撇开选择的动机、偏好和效用的一般性关联，仅就认知和选择的阶段性对应而论，投资者在选择阶段Ⅱ的拟选择的方法和路径，是以认知阶段Ⅱ所掌握的信息为依据的。认知阶段Ⅱ同样存在着认知成本问题。比较认知阶段Ⅱ和认知阶段Ⅰ的认知成本的高低，可依据对影响选择的信息搜集、整合、加工和处理的难易程度来判断，至于它能否进行计量分析，则是一个值得研究的问题。投资者在认知阶段Ⅱ对信息的加工和处理，比在认知阶段Ⅰ要进行更高程度和更宽范围的思考，这种思考要受到效用函数的制约，同时，投资者在认知阶段Ⅱ要承担选择方法和路径的风险。从效用函数制约和选择方法、路径选择有可能产生的风险来看，投资者在认知阶段Ⅱ通常要比在认知阶段Ⅰ的认知成本高，而选择阶段Ⅱ要比选择阶段Ⅰ显得更加重要，这种重要性突出反映在对选择形成的影响上。

投资者较高的认知成本会不会阻碍选择，是一个关联于效用函数的问题。一般来讲，只要投资者预期某项选择会产生较高效用，认知成本一般不会阻碍选择的形成，反之则反是。投资者在认知的形成阶段即在认知阶段Ⅲ，已完成对影响选择的信息的搜集、整合、加工和处理，其认知成本已支付，有限理性也得到一定程度的实现，他（们）会依据在认知阶段Ⅱ对影响选择的信息和环境等复杂因素的理解和认识，进入选择的实际实施阶段，即进入选择阶段Ⅲ。选择阶段Ⅲ，既是选择阶段的终点也是认知影响行为的最终归宿，它在体现投资者行为理性选择之属性的同时，也验证着认知是否符合市场的外在约束。具体地说，当某项投资所生产的产品或提供的服务满足市场需求，从而能产生预期收益之效用时，这一选择不仅是理性的，而且在效用函数上也取得了正值。像认知和选择在Ⅰ、Ⅱ两阶段的对应关系一样，选择阶段Ⅲ与认知阶段Ⅲ的对应关系，同样是对认知和选择的现实过程的抽象描述，这种描述所揭示的认知和选择的阶段性对应，尚有进一步探讨的思想内容。

我们揭示认知和选择各阶段的对应关系，并以此来研究投资者行为理性选择的认知过程，还需要从基础理论角度对行为理性属性和投资者有限理性实现程度等问题展开进一步的考察。在现实中，投资者的选择偏好与动机、效用有着直接的关联。经济学家对选择动机、偏好和效用的不同理解，会对行为理性属性产生不同的理解。现代非主流经济学的分析前提是"超自利假设"，参照系是对信息的整合、加工和处理，分析工具则主要是运用充分反映选择者思考和认知的博弈论。这些不同于传统主流经济学的分析前提、参照系和分析方法，实际上是注重从思考和认知的角度来评判行为理性选择。现代非主流经济学"超自利假设"对传统主流经济学

"完全自利假设"的否定,其符合逻辑的最重要的分析推论,是把偏好由"完全自利驱动"解说为"多重选择动机驱动",从而对效用函数所涉及的最大化问题有了新的解释。依据本章对认知和选择各阶段之对应关系所作的解说,我们可以从现代非主流经济学的理论中挖掘到有关行为理性属性和有限理性实现程度的思想内容。

在认知和选择的各阶段中,如果投资者没有经历认知阶段Ⅰ、Ⅱ和Ⅲ就直接进行选择,或者说在相对应的选择阶段Ⅰ和Ⅱ阙如的情况下就直接进入选择阶段Ⅲ,则投资者的选择属于典型的非理性(情景Ⅰ);如果投资者经历了认知阶段Ⅰ但没有经历认知阶段Ⅱ和Ⅲ,或者说有相对应的选择阶段Ⅰ但没有选择阶段Ⅱ就进入选择阶段Ⅲ,则投资者的选择应属于既有理性成分也有非理性成分的选择(情景Ⅱ);只有当投资者经历了完整的认知阶段和选择阶段,才是典型的行为理性选择(情景Ⅲ)。这样判断投资者的行为理性属性,涉及投资者有限理性的实现程度问题。在情景Ⅰ下,投资者有限理性的实现程度是最低的,甚至可以认为其有限理性实现程度为零;投资者在情景Ⅱ下的有限理性得到了一定程度的实现,但较之于情景Ⅲ,其有限理性的实现程度还有提高的空间。现实中的选择常常反映为情景Ⅱ,这可以理解为投资者行为选择的理性和非理性的融合。[①] 事实上,现代非主流经济学对传统主流经济学选择理论的批评,已在某些方面涉及认知和选择在各阶段的对应问题。

如本书前文所述,例如,针对认知之于选择的影响,实验经济学主张利用实验来纠正纯粹逻辑演绎和数学推理所产生的认知偏差,弗农·史密斯认为可复制和可控制的实验,能够克服一次性观察缺陷和能够得到更纯粹的经验数据(Simth,1994);显然,让实验处于可控范围和多次重复,会致使认知呈现出阶段性特征。行为经济学的展望理论(Kahneman & Tversky,1973,1979)有关信息的收集整理和评估选择两阶段的分析,

---

[①] 何大安(2006)曾在加里·贝克尔(Becker, G. S.)有关"经济行为的理性和非理性具有相容性"思想的启迪下,对理性和非理性在实际中的融合问题进行过专门的研究,但先前的研究没有把认知和选择进行阶段性划分,因此,本章的分析可以看成是对先前研究的补充。

强调选择者在预处理和评估时会受到特定情境中的高低概率事件的影响，选择者会剔除极有可能引起偏差的相同因子，然后再做出选择。我们不能仅仅把展望理论的以上见解看成是认知形成和选择实施的两阶段分析，而是应该看到"选择者在特定情境下剔除有可能引起偏差的相同因子的工作"蕴含着有关认知和选择的阶段性思想。再例如，以神经生物学和演化心理学为分析底蕴的神经元经济学，认为模块化结构的大脑对不同信息的反应，并不会激活脑系统中所有模块结构的脑循环，该学说试图通过神经元编码和映射的实验，来证明认知模式是各种信息不断被输入到神经系统后逐步形成的；此观点引起我们思考的是，既然信息输入到神经系统是一个过程，则认知便存在着阶段性，而认知存在阶段性，则选择便会存在阶段性。当然，以上几大学说有关认知影响选择的分析还潜藏着其他有待揭示的思想。

现代非主流经济学与传统主流经济学在认知如何影响选择问题上的分歧，经常反映在以"最大化"问题争论为核心的效用函数上。现代非主流经济学认为，从选择函数直接步入对效用函数及其最大化的描述，不符合行为理性选择的实际，因为用最大化理论来描述或刻画效用函数是以选择函数的严格约束为前提的。依据认知和选择存在阶段对应关系的观点，选择应被看成是认知的函数。我们应该在描述选择函数的基础上来刻画效用函数。传统主流经济学缺少这一环节，现代非主流经济学试图补缺这一环节。

作为对问题的探讨，我们能不能借助于认知阶段Ⅰ、Ⅱ、Ⅲ和选择阶段Ⅰ、Ⅱ、Ⅲ的划分，从纯理论角度来解析选择之于认知的函数关系呢？倘若能够进行这样的解析，其函数式则可用以下系列来表示：选择的准备或酝酿（选择阶段Ⅰ，以 Y_1 表示）就是信息的搜集和整合（认知阶段Ⅰ，以 X_{11} 和 X_{12} 表示）的函数，即 $Y_1 = f(X_{11}, X_{12})$；选择方法或路径（选择阶段Ⅱ，以 Y_2 表示）就是信息加工和处理（认知阶段Ⅱ，以 X_{21} 和 X_{22} 表示）的函数，即 $Y_2 = f(X_{21}, X_{22})$；选择的实际实施（选择阶段Ⅲ，以 Y_3 表示）就是认知形成（认知阶段Ⅲ，以 X_{31} 表示）的函数，即

$Y_3 = f(X_{31})$。

很明显,如果依据以上函数来看问题,我们就不能从选择函数直接步入对效用函数及其最大化的描述。因为,即便我们不考虑选择动机的多重性,投资者在认知和选择不同阶段的偏好,也不像新古典经济学所论述的那样具有内在一致性,并且随着各阶段认知成本的不同,投资者在选择形成的不同阶段的效用期望也处于不断变化中。另一方面,如果我们认为以上函数客观描述了投资者行为理性选择的认知过程,我们对最大化的实现条件约束以及行为理性的判断标准等的理解,就有可能得到具备基础理论支撑的认识。这类认识涉及的问题很宽泛,最基础的也是经济学界争论最多的问题之一,是如何看待和解释效用函数的变量构成,以及如何对效用函数展开修正等。但无论怎样理解,这些问题都是由认知和选择的阶段性对应关系引发或派生的,它反映了我们注重对认知过程展开研究的学术价值。

第五节 关于拓宽认知过程研究的思考

行为理性选择是在特定认知模式下实现的,当投资者具有特定的认知模式时,他(们)获悉相关的选择知识,通常不需要太高的认知成本,如果投资者缺乏认知模式,他(们)获取相关的选择知识就存在较高的认知成本。认知成本是由搜集、整合、加工和处理信息引起的,认知成本的高低会影响选择。投资者处于"有知"状态时,他(们)就会遵循以正式制度或非正式制度为内容的社会规则来进行选择;若投资者处于"无知"状态,他(们)就会依据生物和文化演化生成规则来选择。基于生物演化和文化演化的生成规则及其系统蕴含着许多不被投资者知晓但却具有演化适应性的知识,我们对认知过程的研究,就不能仅仅局限于经济理论层面上的有关动机、偏好和效用的分析,而是要将其拓宽至生物演化和文化演化的规则层面来分析，这便涉及自然科学和社会科学的双重分析基础问题。我们只有在这种双重分析基础上才能更加深刻地研究投资者行为理性选择的认知过程。

个体的选择偏好并不是完全由社会性因素及个体心理过程所决定的，它在一定程度和范围内要受到生理或其他自然因素的影响。这一分析结论，越来越被主张个体主义方法论的经济学家所正视。我们把认知和选择划分为三个相对应的阶段，实际上暗含着个体偏好在不同阶段会发生变化的思想。经济理论从社会性因素及个体心理过程对偏好变化所进行的分析，虽然可以拓宽分析视野和加深对认知过程的研究，但如果能结合神经元经济学运用生物学等自然科学成果，对偏好在每一阶段的特征进行刻画和描述，并结合认知在每一阶段的变化来分析选择的形成过程，那么，我们关于认知过程的研究或许会在自然科学的支撑下得到拓宽。同理，如果演化心理学、演化经济学能够依据认知和选择的阶段性划分来分析人类偏好的变化和形成，那么，这两大学说运用演化博弈和学习理论对认知影响选择的研究，或许会大大丰富经济学的行为理性选择理论。

在理论上把认知和选择进行阶段性划分的困难，源于认知转化为选择转瞬即逝的特点。这一特点隐匿了认知和选择的阶段性对应关系，限制了经济学家的分析视阈。传统主流经济学通过偏好稳定假设和最大化假设，不考虑认知和选择的内在关联，它对行为理性的解说，是一种缺乏认知分析的规则遵循的建构理性；现代非主流经济学关注认知和选择的内在联系，它对行为理性的解说，则是一种强调心理和文化等因素的无规则遵循的演化理性。[①] 心理和文化因素影响认知，进而影响选择有一个过程，这要求把认知和选择的对应关系揭示出来。我们可考虑围绕信息的搜集、整合、加工和处理，对认知在不同阶段的偏好变化进行分析，并通过偏好变化来分析选择的形成；偏好变化对认知形成和选择实施的影响，是行为理

---

① 黄凯南和程臻宇（2008）曾对建构理性和演化理性展开过理论解析，认为经济学有关行为理性的研究，应融合或同构这两大理性学说，而经过融合或同构的理性可称之为"认知理性"。这两位学者出于选题和论证的需要，没有对认知和选择的关联问题进行深入的分析，但他们关于认知理性的解读却给我们理解认知决定选择提供了有价值的参考材料。

性选择理论的基本问题，如果我们对这个基础理论问题有较成熟的论证，便可以对投资者行为理性选择中的认知问题有比较清晰的解释。

按照本章所划分的认知阶段Ⅰ、Ⅱ、Ⅲ和选择阶段Ⅰ、Ⅱ、Ⅲ，我们可考虑运用心理和文化因素分别研究投资者在不同阶段的认知形成及其变化。如果这种研究能够取得进展，不仅可以在一定程度和范围内调和建构理性与演化理性，而且可以在一定程度和范围内解决传统主流经济学与现代非主流经济学有关行为理性选择的若干分歧。因为，这种分析路径对偏好的分析回到了现实，认知和选择过程再也不受给定条件的约束，效用函数的评判再也不被偏好稳定假设和最大化假设等所限定。本章关于认知和选择阶段性对应的分析，是试图让投资者行为理性选择经过认知过程的解说而形成了一个完整的逻辑链，至于这个逻辑链在动机、偏好、选择和效用上的符合理论和实际的精密衔接，还需要经济学家进行深入而广泛的研究。

现代经济学在信息不对称和有限理性约束下对传统行为理性选择理论的批评，已取得了相当的进展，但这种进展所留下的缺憾，是现代经济学对传统行为理性选择理论的批评，还主要限定于从实验得出的诸如选择动机、偏好和效用等的特定分析结论，没能像新古典经济学那样对行为理性研究勾勒出一般性的分析框架，即没能用一个在理论上站住脚的假设结构来代替简单可用的"自利最大化和偏好一致性"的假设结构。在笔者看来，建立这样的假设结构，必须围绕选择动机、选择偏好、认知过程和效用期望等方面来展开。

参考文献

von Neumann, J. and O. Morgenstern (1947), Theory of Games and Economic Behavior, 2nd. ed. Princeton, NJ: Princeton University Press.

Arrow, K. and G. Debreu, "Existence of Equilibrium for a Competitive Economy", *Econometrica*, 1954, 22, 265–290.

Knight, F., 1921, *Risk, Uncertainty and Profit*, Boston: Houghton Mifflin.

Keynes, J. M., 1921, *A Treatise on Probability*, London: Macmillan.

Dequech, D., 2000, Fundamental Uncertainty and Ambiguity, *Eastern Economic Journal*, Vol. 26, No. 1, Winter: 41 – 60.

Savage, L. J., 1954, The Foundation of Statistics, New York: John Wiley & Sons.

Simon, Herbert A., 1986, "Rationality in Psychology and Economics", *Journal of Business*, Vol. 59, No. 4, pp. 209 – 224.

Simon, Herbert A., 1991, "Bounded Rationality and Organizational Learning", *Organization Science*, Vol. 2, No. 1, pp. 125 – 134.

Kahneman, D. and A., Tversky, "Prospect Theory: An Analysis Decision under Risk", *Econometrica*, 47 (2), 1979.

Kahneman, D., Tversky, A., (1973), On the Psychology of Prediction, Psychological Review, 80, pp. 237 – 251.

Kahneman, D. and Tversky, A., (1974), Judgement under uncertainty – Heuristics and Biases, *Science*, 185 (3).

Tversky, Amos and Kahneman, Daniel, 1986, "Rational Choice and the Framing of Decisions", *Journal of Business*, Vol. 59, No. 4, pp. 251 – 278.

Kahneman, Daniel, 2003, "A Psychological Perspective on Economics", *American Economic Review*, Vol. 93, No. 2, pp. 162 – 168.

Tversky, Amos and Kahneman, Daniel, 1991, "Loss Aversion in Riskless Choice: A Reference – Dependent Model", *Quarterly Journal of Economics*, Vol. 106, No. 4, pp. 1039 – 1061.

Smith, Vernon L, 2003, "Constructivist and Ecological Rationality in Economics", *American Economic Review*, Vol. 93, No. 3, pp. 465 – 508.

Gigerenzer, G., Todd, P. M., The ABC Group, 1999, *Simple Heuristics That Make Us Smart*, New York: Oxford University Press.

Gigerenzer, G., Selten, R. (Eds.), 2001, Bounded Rationality: The Adaptive Foolbox, *Cambridge*, MA: MIT Press.

Gigerenzer, G., 2000, *Adaptive Thinking: Rationality in the Thereal World*, New York: Oxford University Press.

Witt, U, 1997, "Self - organization and Economics - What Is New", *Structural Change and Economic Dynamics*, 8, pp. 489 - 507.

Foster, J., 1997, "The Analytical Foundations of Evolutionary Economics: From Biological Analogy to Economic Self Organization", *Structural Change and Economic Dynamics*, 8, pp. 427 - 451.

Henrich, Joseph, 2003, "Cultural Group Selection, Coevolutionary Processes and Large - scale Cooperation", *Journal of Economic Behavior and Organization*, 1, pp. 1 - 31.

Bowles, Samuel, Choi, Jung - Kyoo and Hopfensit z, Astrid, 2003, "The Co - evolution of Individual Behaviors and Social Institut ions", *Journal of Theoretical Biology*, 223, pp. 135 - 147.

Dam sio, A. R., 1999, The Feeling of What Happens: Body and Emotion in the Making of Consciousness, Harcourt Brace and Company.

Allais, M., 1953, Le Comportement de l'Homme Rationnel Devant le Risque: Critique des Postulats et Axiomes de l'Ecole Americaine, *Econometrica*, 21 (4): 503 - 546.

Ellsberg, D., 1961, Risk, Ambiguity, and The Savage Axioms, *The Quarterly Journal of Economics*, pp. 643 - 669.

Krebs & Davies, 1991, *Behavioural Ecology*, Third ed. Blackwell Press.

Stephens & Krebs, 1986, *Foraging Theory*, Princeton University Press.

Gintis & Bowles, 2004, "The Evolution of Strong Reciprocity: Cooperation in Heterogeneous Populations", *Theor. Popul. Biol*, Feb, 65.

Rizzolatti, Camarda, Fogassi, Gentilucci, Luppino, Matelli, 1988, "Functional Organization of Inferior Area 6 in the Macaque Monkey", Exper. Brain Res. 71, pp. 491 - 507.

Parker & Newsome, 1998, "Sense and the Single Neuron: Probing the Physiology of Perception", *Annual Rev. Neurosci*, 21, pp. 227 – 277.

Conlisk, John (1996): "Why Bounded Rationality?", *Journal of Economic Literature* 34 (2), pp. 669 – 700.

Taylor, S. E. (1991), The Asymmetrical Impact of Positive and Negative events: The mobilization – minimization Hypothesis (Psychological Bulletin, 110, 67 – 85).

Salvatore Rizzello, 1999, The Economics of the Mind, Northampton: Edward Elgar.

Rubinstein, Ariel, 2007, "Instinctive and Cognitive Reasoning: A Study of Response Times", *Economic Journal*, 117, pp. 1243 – 1259.

Camerer, C. F., G., Loewenst ein and D. Prelec, 2005, "Neuroeconomics: How Neuroscience Can Inform Economics", *Journal of Economic Literature*, Vol. 34, No. 1, pp. 9 – 64.

赫伯特·西蒙：《从实质理性到过程理性》，载《西蒙选集》，首都经济贸易大学出版社2002年版。

哈耶克：《我为什么不是一个保守主义者》，载《哈耶克文集》，中译本（2001），首都经济贸易大学出版社1979年版。

何大安：《行为经济人有限理性的实现程度》，《中国社会科学》2004年第4期。

何大安：《产业规制的主体行为及其效应》第1章，上海世纪出版集团、格致出版社，《当代经济学文库》系列，2012年版。

何大安：《选择行为的理性与非理性融合》，上海三联书店、上海人民出版社，《当代经济学文库》系列，2006年版。

何大安：《投资运行机理分析引论》，上海三联书店、上海人民出版社，《当代经济学文库》系列，2005年版。

何大安：《交易过程中的行为最大化》，《中国社会科学》2009年第5期。

何大安：《行为理性主体及其决策的理论分析》，《中国工业经济》2013

年第 7 期。

黄凯南、程臻宇:《认知理性与个体主义方法论的发展》,《经济研究》2008 年第 7 期。

哈罗德·德姆赛茨:《所有权、控制与企业》(中译本),经济科学出版社 1999 年版。

第五章

选择偏好、认知过程与效用期望

在前几章的分析讨论中，我们清晰地看到，现代经济学以个体主义方法论为基础的行为理性选择理论经过长期的发展，已对传统主流经济学"人们唯一追求自身利益"的狭义理性定义作出了很大程度的修正，但这一修正工作对偏好、认知、选择和效用等的理论研究并没有终结。在现实中，选择动机的多重性作用于选择偏好，选择偏好的不确定性影响认知的形成，认知过程及其变化会影响行为选择，而行为选择结果会反映人们对效用期望的调整。很明显，这些极其复杂的关联还存在许多值得我们继续深入研究的内容：1. 偏好之于动机及偏好之于认知，在多大程度上显现出现实与逻辑的一致；2. 认知在多大程度和范围内受偏好的支配，这种支配在哪些方面对认知形成起作用；3. 认知过程对行为理性选择有什么样的规定；4. 我们如何理解认知过程才能解释效用期望的调整；5. 行为理性选择究竟应该以什么样的效用函数来刻画等。尽管这些问题在有些地方同上一章内容有部分重复，但如果我们在理性分析框架内继续深入研究这些问题，对于我们重塑行为理性选择理论，明显存在着继续研究的理论价值。

第一节 引子

大约半个多世纪以来，现代经济学尤其是非主流经济学，开始运用有限性、信息不对称和博弈论等学说对"期望效用理论"这一经典新古典范式展开了持续的批判。但是，由于现代经济学没能像新古典学派那样在行为理性选择理论上勾勒出一般性的分析框架，或者说，未能找到一个可供选择的假设结构来替代新古典学派简单可用的"自利最大化和偏好一致性"的假设结构，因而这些批判的学术档次没有达到应有的理论高度。尤其需要指出的是，理论研究拥有一个简单可用的假设结构，是非常重要的，它是建构成熟理论的基础。现代经济学的行为理性选择理论正面临这样的问题。

其实，针对新古典经济学的偏好稳定假设，以及把认知过程排除在理性选择模型之外的学术疏漏，现代经济学已找到了替代新古典学派假设结构的途径，只是没有把这个途径作为假设结构来思考罢了。这个途径可以表述为：在信息不对称和有限理性约束下，通过对选择动机、偏好、认知和效用的现实和逻辑关联的解说，用反映多重选择动机的多重偏好，以及用反映认知不确定的效用期望调整来建立现代经济学的假设结构。关于偏好多重、认知不确定以及效用期望调整的相关论述，我们从现代经济学先前主要讨论投资选择和消费选择，转化为当前重点研究风险预期的效用展望，就可以得到很多有启迪的思想材料。

熟悉行为理性选择理论的学者大都知道，现代经济学对行为理性主体的认识，已跳出了主流经济学的"经济人假设"。演化经济学、行为经济学和实验经济学等都明确认识到现实的行为理性主体并不是彻头彻尾的"理性经济人"，但由于没有明确设立新的理论假设结构，这些学说对行为主体的界定是模糊不清的。现实的理性选择表明，投资者选择动机并不是唯一追求自利，这反映了人们选择偏好的多重性；投资者在实际选择前对影响选择的信息进行搜集、整合、加工和处理，通常伴随着思考和认知；投资者对选择的效用展望会因市场或其他环境因素的变化而出现调整，而不是坚定不移地追求效用最大化。在这方面，非主流经济学通过心理和其他行为实验，曾清晰地揭示了行为理性选择的以上过程。但由于非主流经济学没有对行为理性主体作出有别于传统主流经济学的分析假设，因而它或多或少在一些地方潜在地接受了传统主流经济学有关行为理性主体的假设前提，① 于是，非主流经济学对选择偏好、认知过程和效用期望的解说，通常缺乏一个统一的理论分析框架，以至于在某些场合不自觉地同传统主流经济学联姻了。

关于这种联姻，我们可以从非主流经济学的整体分析框架来理解。非主流经济学有关行为理性选择的整体分析框架，是介于哲学层面上的"建构理性"与"演化理性"之间的。虽然非主流经济学反对把行为理性看成是一种规则遵循，并且质疑理性最大化，但它并没有彻底放弃传统主流经济学有关行为理性分析的主体性和个人主义方法论，因而它在一定程度和范围内仍然是在坚持理性最大化。这种学术联姻会导致以下情形：非主流经济学对选择动机、偏好和效用等的分析，通常会缺乏一个作为理论假设的行为主体概念（主流经济学是"理性经济人"概念）；其次，对认知过程的分析，容易局限于实验范围，从而使非主流经济学不能在理论上通过特定概念假设来达到分析论证的逻辑化；再次，对效用函数的理解，非主流经济学容易出现对切合人类本性的理性最大化的依恋，同时针对效用期望调整，也难以把选择偏好、认知过程和效用期望调整的论证有机地衔接起来。

本章依据对行为理性主体假设的理解，力图把选择偏好、认知过程和效用期望的论证衔接起来。按照这一分析要求，拟解释以下几个问题：1. 选择偏好与动机和认知之间存在何种相关性，这种相关性在多大程度上反映现实与逻辑的一致；2. 认知过程在多大程度上受选择偏好的支配，认知过程对行为理性选择有什么样的作用；3. 选择偏好和认知过程对效用期望有什么样的作用机理，效用期望调整在哪些方面表明主流范式的效用函数存在着缺失；4. 把实际的选择、偏好、认知和效用等有机衔接的理论基础是什么。显然，理解和解释以上问题的关键，是行为主体范式设置以及与此相对应的理论分析结构。

---

① 例如，马修·拉宾在《行为经济学》一文中曾指出"行为经济学并非是一种根本性转变的原因在于，它接受了目前大量的经济假设的精髓"（迈克尔·曾伯格、拉尔·兰姆拉坦，2009）。众所周知，"经济人假设"是最精髓的假设，由于用它来解释选择会起到对复杂行为的简洁性和易处理性的功效，因而经济学家几乎都认为否定经济领域的利己主义是很荒谬的。

第二节　偏好与认知的逻辑和现实关联

一　行为主体范式及其假设结构

迄今为止的行为理性选择理论，在一定程度上仍然还是用以自利为核心的选择函数和效用函数来囊括行为理性属性及其边界的，或者说始终没有摆脱"最大化自利假设"及"偏好内在一致性假设"的影响。在行为理性选择理论的发展史上，一些经济学家为论证这些假设的合理性曾作出过许多新的理论假设。[①] 这些新理论假设是"经济人假设"的延伸，它们并没有彻底改造"理性经济人"范式。现代经济学（Nager，1970；Schick，1984；Akerlof，1984）对"自利最大化假设"和"理性经济人"的批评，实际上是对传统主流经济学将自利等价于偏好及将选择函数纳入效用函数的批评。当选择函数与自利观念相结合而被看成是一种具有规则性质的偏好关系时，选择与偏好或与自利也就容易被解说为具有内在一致性的关联。传统主流经济学将选择关系定义为一种特定的偏好关系，是绕避了"选择行为的出发点是效用函数而不是选择函数"的事实，因而其行为主体假设及其理论假设结构，便会严重偏离实际。这是一个被非主流经济学通过实验而得到论证的分析结论。

当行为动机只是被界定为"追求自利"，选择偏好被定义为具有"内在一致性"规则，以至于理性分析直接进入效用最大化解说时，选择者在选择过程中的认知就不需要讨论了，认知就可以不被看成是行为理性属性了。诚然，选择者在自利动机下追求效用最大化是行为理性属性的基本

[①] 豪撒克尔（Houthakker，1950）曾基于自利命题与一致性命题在选择或偏好上的不完全等价，用"显示偏好强公理"假设来弥补萨缪尔森（Samuelson，1938）提出的"显示偏好弱公理"假设在传递性之于偏好或选择上的不到位，阿罗和森（Arrow，1959；Sen，1971）曾试图运用"选择行为的所有有限子集满足弱公理一致性假设"来进一步进行补缺，但这些新理论假设仍然存在着这样或那样的问题。

内容，但认知是行为理性选择的必不可少的过程，这是问题的一方面。另一方面，在信息不对称和有限理性约束下，我们有必要指出以下两点：1. 如果只是把行为动机界定为追求自利，但对偏好不作稳定性假设，那么认知过程就不会在分析链中消失；2. 如果把行为动机看成是多重，并且对偏好不作稳定性假设，即动机和偏好是多重的且反映实际，那么认知过程更不会在分析链中消失。理解这两点十分重要，它是我们有可能创新行为理性选择理论的问题分析基点。

很明显，第一种情形只是部分保留着"理性经济人"的特性，这一特性反映在"行为动机只是追求自利"上，但"偏好非稳定性假设"使经济学家不能在逻辑上排除认知过程。这是因为，多重偏好会致使认知不确定，认知不确定意味着选择者不可能知道未来选择结果，而不知道未来选择结果，会使选择者产生效用期望调整。第二种情形则是对"理性经济人"的全面否定。正是基于这种符合实际的逻辑推论，经济学家普遍认为"完全信息和完全理性"是"理性经济人"范式成立的分析前提。那么，在信息不对称和有限理性约束下，我们怎样界定行为理性主体呢？这个问题需要讨论。

沿袭经济学界对"理性经济人"的主流解释，即"理性经济人"代表或意味着选择者唯一追求自利，并在知晓选择未来结果的同时，能够实现效用最大化；我们依据选择者追求自利（不是唯一）但不知晓选择的未来结果和难以实现效用最大化的事实，保留"理性"这个对行为主体的限定词，但需要把"经济人"改为"行为人"，即用"理性行为人"取代"理性经济人"。当然，这是一个对行为理性主体范式创新的大胆设想，它至少需要先在理论逻辑上进行论证。

首先，这个新概念是以信息不对称和有限理性约束为前提的，它不认为选择者无所不知无所不能；其次，虽然这个新概念仍然承认追求自利是选择者的最主要动机，但不认为它是唯一动机；再次，这个新概念在强调多重选择动机的基础上，强调偏好多重和认知不确定；最后，这个新概念认为选择者对选择结果存在着效用期望调整，而效用期望调整意味着选择者难以实现效用最大化。这就是说,"理性行为人"具有更宽泛的外延,它涵括了"理性经济人",重新界定了行为理性属性,并且放大了行为理性边界。根据以上解说,我们可以把行为理性属性理解为:选择者在信息不对称和有限理性约束下,在多重动机和偏好促动下追求自利时所反映的、对信息和环境等复杂因素进行思考和认知的行为(何大安,2013)。"理性行为人"概念特别关注选择者的认知过程和效用期望调整,特别强调多重动机和多重偏好支配下的选择者难以实现效用最大化。

选择者的认知是通过思考完成的,即通过对影响选择的信息进行搜集、整合、加工和处理来完成,选择者的思考和认知目的,仍然是为了追求自利,这充分反映了"行为人"的"理性"。"理性行为人"概念下的选择者,其行为动机并不仅仅表现为自利偏好,而是在一定程度和范围内包括利他偏好。"理性行为人"概念拓宽了行为理性属性及其边界,放弃了新古典经济学有关行为理性决策的"给定条件约束",即放弃了信息完全、动机唯一、偏好稳定以及准确预测决策结果的能力等。"理性行为人"概念揭示,选择者的认知过程包含多重选择动机、多重偏好及其变化,而认知过程变化会致使选择者的效用期望发生调整。现代经济学与传统经济学有关行为理性决策的一系列理论分歧,焦点在于是否考虑到多重决策动机和多重偏好,是否将思考和认知看成是行为理性属性的重要组成部分。因此,"理性行为人"是一个重新界定了行为理性主体,有可能解决现代经济学与传统经济学分歧的可深入讨论的范式。

针对传统主流经济学以唯一追求自利和偏好的内在一致性来推演决策过程,从而使选择函数、目标函数和效用函数融合于最大化的理论假设结构,我们可以依据"理性行为人"概念将行为理性选择的理论假设结构高度概括为:多重选择动机和偏好引致认知不确定,从而导致效用期望调整。诚然,这样的理论假设结构要比传统经济学复杂,其选择函数、目标函数和效用函数之间的关联也显得多维复杂,并不是一个删繁就简的假设结构,但它接近于现实,突出了被传统主流经济学忽视的认知过程和效用期望调整。在本书后续的研究中,我们将直接运用"理性行为人"概念,并以这个概念为底蕴所建立的理论假设结构来分析行为理性选择的一系列问题。

二 偏好与认知的逻辑关联

投资者理解自己或他人选择以及由此形成的结果时，最朴素或最直观的认识途径是分析这个选择的动机和目的结论。在人类一切制度安排中，动机与结果之间因果关系的普适性，因法庭将其作为断案的主要依据而不致被任何理性人所怀疑。社会科学对行为动机的分析，超越人们朴素或直观认识路径的地方，是十分关注行为动机或目的与选择偏好的关联。选择偏好是社会环境的产物，按行为主体的动机或目的来划分，个体（也包括厂商）有个体的选择偏好，社会有社会的选择偏好；行为动机多重性在揭示行为目的多重性的同时，也意味着选择偏好的多重性。传统主流经济学在分析和研究成本经济时的成功和缺憾，均在于把追求自利这一人类占主导地位的动机看成或界定为经济活动的唯一动机，于是，偏好与动机之间的多重性关联在经济理论上便演绎或定义为单一关联。不仅如此，传统主流经济学对这种有关偏好与动机的单一关联的学术处理，使行为理性选择理论不需要再给认知过程留下任何分析空间。

事物运行是以现实逻辑为基础的，理论的完备性要求逻辑与现实之间具有一致性。在交易成本不为零的现代经济中，行为选择的自利动机和目的以及与此相对应的选择偏好，固然处于重要地位，但如果完全排除现实选择中的诸如互惠、公平等其他形式的利他偏好，其理论逻辑与现实的一致性就不完备了，这便是传统主流经济学经典分析范式遭到批评的重要原因之一。一些实证研究（Dawes & Thaler, 1988）表明，现实中经常存在着自愿捐献公共物品，以及为了反击不公正待遇而牺牲自我利益的行为选择。这些实证研究比简单的利他主义（偏好）更进一步深入揭示选择偏好的地方，是涉及社会层面而不仅仅是经济领域的互惠偏好和公平偏好的研究。如果我们用标准的经济学语言来评说，那就是选择者已将他人的效用水平放置于自己的效用函数，并赋予了正的效用权重。利他主义（偏好）有着非常复杂的内容，但这样的实证研究正在引导着学人对为什么人们会出现利他主义偏好产生追踪研究的兴趣。

从性质上来讲，互惠偏好和公平偏好等皆属于社会偏好范畴，但较之于自利偏好，这些偏好的行为动机要复杂些，它涉及选择者的心理活动。人们产生互惠偏好和公平偏好，通常要考虑他人采取对自己有利行为的心理动机。具体地说，当得到别人帮助或支持时，人们会在心理上盘算这种帮助或支持是他人大方自愿还是出于某种压力，受惠者也许正确地揣测到他人的行为动机，也有可能难以揣测到他人的行为动机，但不管怎么说，这种涉及认知问题的心理揣测会影响互惠偏好的形成。公平偏好部分源于人们的正义感，部分源于人们的报复心理。现实中许多被人们赞誉的仗义行为，往往是以牺牲自身利益来实现行为者公平偏好的。关于这些选择偏好，一些经济学家（Goranson & Berkowitz，1966）曾针对互惠和公平进行过实验分析，但由于缺乏能够支撑其理论系统性的行为主体概念假设，它只能在众多的实验结果上博得经济学同人的首肯，而不能在理论逻辑上令人折服。如果运用本书界定的"理性行为人"概念，这些分析性实验或许在理论上更加完善。

人们的选择偏好与认知过程存在着不可忽视的关联。认知过程在很大范围内属于心理学研究的内容。"经济人假设"抽象了行为理性选择中的认知过程，成为理论经济学主流，从《国富论》出版到20世纪60年代，除了部分经济学家在论述预期问题时不系统地涉及心理学外，心理学与经济学几乎不交叉。通常的情况是，心理学关于认知研究的某些结论，往往只是构成经济学对行为选择问题分析的立论依据。这种状况说明主流行为理性选择理论中的选择偏好与认知过程，既不存在逻辑关联，更不存在逻辑和现实关联的一致性。非主流的行为经济学和实验经济学对主流经济学把认知作为外生变量处理的批评所作的分析，则是在并轨心理学与经济学的基础上，研究了选择偏好与认知过程之间的关联（Kahneman & Tversky，1973，1979；Simth，1994）。不过，这两大学说是对选择偏好与认知过程的现实关联分析有余，而对选择偏好与认知过程的逻辑关联分析不足。追溯其源，同样是因为缺乏一个能够支撑其理论系统性的行为主体的概念假设。

其实，非主流经济学的行为理性选择分析所蕴含的行为主体概念，已超越了正统新古典范式的"理性经济人"概念。这一超越具体主要在：1. 选择偏好已不是完全由追求自利的狭隘动机唯一决定，选择动机的多重性决定了选择偏好的多重性；2. 多重选择偏好对"偏好内在一致性"那种非此即彼的偏好选择的挑战，实际上是扬弃了"经济人假设"；3. 把认知作为内生变量处理，意味着赋予了行为理性主体更符合实际更宽泛的规定；4. 认知过程变动会直接影响效用，以效用期望（展望）来刻画效用函数，实际上是反对用"效用最大化作为理性选择的判断依据"。但遗憾的是，非主流经济学同样没有在上述思想的基础上提炼出一个跨越经济领域并在外延上大于"理性经济人"的概念，并以之作为其理论基石来解释选择偏好与认知过程的现实和逻辑关联。

另外，解释信息不对称和有限理性约束下选择偏好与认知过程的现实关联的关键点，在于说明选择偏好不能固定于某种特定的数理程式，而是要关注环境因素影响的不确定性。选择偏好对认知过程的作用机理，表现为人们会在偏好导引下对影响行为选择的信息进行思考以决定怎样选择。从这个意义上来理解，行为选择可看成是选择偏好的函数。展望理论（Kahneman & Tversky, 1979）、社会偏好理论（Berg et al., 1995; Forsythe et al., 1994; Marwell, Ames, 1979; Fehr et al., 1996）以及实验经济理论（Simth, 1994）针对选择偏好与认知过程的现实关联，都曾有过比较有说服力的分析。这些分析或从某一价值参考点来说明选择偏好如何影响认知和选择，或是通过博弈分析来解释选择偏好如何影响交易双方认知过程形成后的互惠行为，或是强调重复性实验可以清晰反映选择偏好不确定对认知过程，从而对选择形成的必要性。撇开这些理论所涉及的复杂内容，他们与正统新古典范式的明显不同，是揭示了信息不对称和有限理性约束下多重选择偏好对认知过程和选择形成的影响。换另一种思路来理解或解说，就是在传统主流经济学中，不存在对选择偏好作用于认知过程的研究，而在非主流经济学中，认知过程会反复"折腾"选择者，也就是说，在非主流经济学看来，从选择偏好到认知过程的形成，选择者要支付交易成本。

三 对展望理论有关偏好与认知之关联解释的几点评说

选择偏好与认知过程的逻辑关联，是指在遵守行为理性决策理论的假设前提下，对选择偏好作用于认知过程的机理解释。这是一个具有较高理论层次的学术要求，它通常出现在研究者进一步完善行为理性选择理论的研究中。展望理论解说了选择偏好与认知过程的前后相继的阶段性，但那只是一般意义上的理论说明，它并没有依据实际对这种阶段性展开逻辑分析。另一方面，展望理论对选择偏好与认知过程的阶段性分析，没有一个统一的行为理性主体假设，这种情况有可能使展望理论在分析选择偏好所假设的行为理性主体，与分析认知过程所假设的行为理性主体不一样。倘若如此，展望理论便难以符合实际地解释选择偏好与认知过程的逻辑关联。

展望理论有关选择偏好与认知过程的阶段性理论给我们的启示是：要符合实际地解释选择偏好与认知过程的逻辑关联，不仅要说明选择偏好与认知过程的相关性，即两者之间的作用机理和过程，而且要说明在选择偏好与认知过程的关联中，那些由选择动机和实际选择行为所引致的相关性。同时，我们不应停留在展望理论对选择偏好与认知过程的阶段性分析上，而是需要探索用数理模型或函数关系来解说这种逻辑关联。更重要的，是需要探索一个能反映实际的行为主体假设。但迄今为止，整个非主流经济学有关选择偏好与认知过程的研究，还远未达到以上的要求。大量研究文献显示，非主流经济学在许多场合对选择偏好的研究所暗含的行为主体，与研究认知过程时所暗含的行为主体并不一致，即有时是"理性经济人"，有时是本书所界定的"理性行为人"，甚至在专门研究选择偏好或专门研究认知过程的文献中，也会出现类似的情况。

人们的行为选择经过偏好和认知过程后会进入实际的选择阶段，实际选择发生后，会出现对选择结果的效用评估，效用评估的理论描述是效用函数。非主流经济学在行为理性选择理论上的突出贡献之一，是在不赞成新古典经济学把实现效用最大化作为判断行为理性选择依据的基础上，指出了人们会在信息不对称和有限理性约束下对效用的不断调整。但是，非主流经济学对效用期望调整的研究还不是很到位，即选择偏好与认知过程的逻辑关联并没有很好地揭示。理论研究在逻辑上出问题，会大大损害理论的学术品位和层级。经济学要填补非主流经济学对选择偏好与认知过程分析所存在的逻辑关联不足。

第三节 认知过程中的效用期望调整

关于认知、实际选择与效用的基础理论分析，有必要再作几点补充。传统主流经济学通过"给定条件约束"研究了利己偏好对效用的确定性动因关系，即选择偏好逾越了认知过程而直接关联于效用最大化。这是一种绕避认知阶段使特定选择对应特定结果的分析框架，它不涉及效用期望的调整问题。如上所述，行为经济学（展望理论）通过把选择过程划分为"编辑整理和预期评价"两阶段，揭示了特定情境下认知过程中的启发式效应、确定性效应（锚定）、框架依赖等现象，并通过分析认知心理所依托的选择背景对偏好的影响，论证了不同于传统效用函数的价值函数，这个价值函数涉及效用期望调整问题。

与行为经济学一样，实验经济学也发现经验观察与传统理论假设的系统性偏差，它通过剔除诸如环境、文化、心理等因素干扰的实验设计，并依据心理学和社会学原理对实验结果做出一些有关认知的解释，但它并没有对效用期望调整做出专门的研究。神经元经济学只是在把大脑的生物构成作为人类行为和心智的分析基础上研究了认知过程，也没有对效用期望调整作出专门的研究。

人类寻求自我发展的本能会不断驱使政府、厂商和个人追求效用最大化，但追求效用最大化，并非意味着能够实现效用最大化。现代经济学越来越倾向于认为（投资）选择的最大化是一种主观期望，它通常只反映在选择预期中。在现实选择（投资、交易为甚）中，投资者总是通过种种努力以期实现效用最大化，这可以理解为投资者的行为最大化（何大安，2009）。投资者的行为最大化包括两个阶段。第一阶段是市场调查、信息搜集、加工、处理及选择可行性论证等，它是人们实际选择前的最大化行为；第二阶段是在选择实施过程中为降低成本、扩大市场及提高利润等的努力，这种最大化行为直接关系到效用的高低。就效用期望调整分别在这两个阶段的情况而论，在第一阶段，效用期望调整处于认知状态；在第二阶段，效用期望调整则处于具体实施状态。但由于风险控制主要发生在第一阶段，因而认知过程的效用期望调整是很重要的。

在现实的经济选择中，投资者在项目投资的初始阶段通常存在着一个对未来利润预期的效用展望，这个展望或来源于对同类项目实际市场利润率的类比，或来源于投资者对该项目未来市场需求和利润率变动的综合分析，或来源于投资者对将来政府产业政策、财政政策和货币政策的判断（认知过程Ⅰ）。如果我们从认知角度来看问题，投资者这一效用展望明显属于理性选择，因为，这一效用展望是以市场调查判断和政策综合理解为基础的，有着十分明确的自利和潜在的利他等行为动机所决定的选择偏好。同时，我们可以把这一效用展望的形成过程，看成是投资者在市场调查判断和政策综合理解时对相关信息进行思考和认知的过程（认知过程Ⅱ）。

在第四章，我们重点讨论了认知和选择在各阶段的对应关系，那里的讨论是以认知成本为分析对象的。现在联系投资者的效用期望调整来讨论，很明显，投资者在认知过程Ⅰ的效用期望调整的幅度和频率不会太大；当投资者进入对影响投资项目的具体信息和环境等复杂因素的思考和认知时，较之于认知过程Ⅰ，投资者在认知过程Ⅱ中的效用期望调整在幅度和频率上要明显大于认知过程Ⅰ。

效用期望出现调整，不仅有可能影响到投资的实际发生额，而且会影响到选择偏好和投资信心。对于投资者而言，如果他在认知过程Ⅱ中充满投资信心且效用期望上升,通常会设法加快甚至有可能会扩大投资,反之,则会减缓甚至有可能会放弃投资。从这个意义上来讲,效用期望调整实际上是认知的非线性函数。我们可以把效用期望调整描述为一条反映认知变化的波动曲线。易言之,决定认知形成的诸如信息、环境、能力等因素便是影响效用期望调整的解释性变量。这条曲线有可能反映效用期望值的上升状态,也有可能可能反映效用期望值的下降或出现不变状态;这几种状态是与认知过程变动相对应的,而认知过程变动则是与选择偏好变动相对应的。

非主流经济学在质疑和批评正统新古典理论有关偏好一致性和效用最大化时,实际上已正确认识到了效用期望调整之于认知的这种非线性关系。例如,本书反复提及的展望理论,依据特定参照点所揭示的有关财富变动引致投资者期望调整的价值函数(S形曲线),就是对这种非线性关系的理论描述(Kahneman & Tversky,1979)。不过,效用期望调整之于认知过程的这种函数关系,蕴含着比展望理论的价值函数更深层次的内容,有待于经济学家在机理揭示和模型设计等方面进行深入研究。

投资者对影响选择的信息进行搜集、整合、加工和处理,在认知过程Ⅰ与认知过程Ⅱ有着不同的分析内容。认知过程Ⅰ的内容是粗放型的市场调查和政策分析,投资者在这个过程的效用期望一般反映为上升的曲线段。若它处于下降的曲线段,投资者就会取消或放弃这个投资项目,此时也就无所谓认知过程Ⅱ。联系选择偏好来理解,投资者在认知过程Ⅰ的选择偏好较为稳定,或者说,这时出现的效用期望调整曲线是平缓的,它是以稳定的选择偏好曲线为基础的。当投资者对影响选择的信息进行搜集、整合、加工和处理而进入认知过程Ⅱ时,信息不对称和有限理性约束会导致效用期望调整曲线呈波动状态,即由认知决定的效用期望调整曲线会出现投资者难以控制的波动。这一波动是由投资前景的不确定性引起的,其波动幅度在很大程度上取决于投资者能否正确解读影响投资的信息及稳定选择偏好的心理情绪。关于这方面的内容,非主流经济学似乎没有明显涉及,这或许是因为效用期望调整曲线太抽象而难以刻画的缘故。

在行为理性选择理论中，现代经济学提出和论证效用期望调整问题，应该说是对正统新古典理论效用函数的一种重大修正，它从基础理论上突出了认知的地位，从而说明了效用最大化对实际的偏离。我们把投资者分析信息的思考过程划分为认知过程Ⅰ和认知过程Ⅱ，是为了更加清晰地将效用期望调整在理论上分成两个前后相继的变动阶段，并在抽象的层面上通过效用期望调整曲线的讨论而加以刻画。显然，描述效用期望调整曲线的困难，是寻找出一种度量效用期望调整的数量方法，通过模拟行为实验把投资者在思考和认知中的效用期望变动数值揭示出来，以描绘出效用期望调整曲线。描述效用期望调整曲线之所以会出现困难，是因为这条曲线是选择动机、偏好、认知和效用在理性选择行为和心理活动层面上的综合反映，它需要更深层次的心理学与经济学的并轨研究。如果这条曲线能够描绘出来，我们修正和重塑期望效用理论（Expected Utility Theory）便有了更扎实的理论基础，对效用函数的理解会更加逼近现实。

经济学在效用函数上的争论核心是"最大化"问题。非主流经济学正确地看到，直接用选择函数来描述效用函数会跳越认知过程，用"最大化能否实现"作为判断行为理性依据是不科学的，需要重新考虑效用函数的变量构成。围绕最大化的实现条件约束、行为理性判断标准以及效用函数变量构成等问题，非主流经济学在很多场合闪烁出有关认知过程的新思想火花。就效用期望调整而论，行为经济学和实验经济学通过行为和心理实验，认为投资者对信息进行搜集、整合、加工和处理时，会受到特定情境中的高低概率事件影响而形成认知偏差，效用期望会随认知偏差而出现调整，于是，选择结果（效用）的概率不等于效用的加权之和，并认为投资者在搜集、整合、加工和处理信息时（主要反映在认知过程Ⅱ），为简化信息会剔除极有可能引起认知偏差的相同因子，效用期望会因为这种剔除所出现的不确定性而降低。这些深邃的理论见解无非是要说明：投资者效用期望的调整，主要是由难以把握的信息以及投资者心理活动决定，它是有限理性约束下的行为主体面对"自在之物"的客观反映。从这个意义上来讲，我们在后续研究中描绘效用期望调整曲线，不仅有着现实存在的物质基础，而且有着前期研究的理论铺垫。

效用期望调整现象出现在认知过程Ⅰ和认知过程Ⅱ，并不否定投资者仍然在追求效用最大化。信息和环境的复杂性通常会致使投资者在预期中降低效用期望，据此，我们可以把效用期望理解为是信息和环境等复杂因素变动的减函数。值得说明的是，我们用以解说认知过程Ⅰ和认知过程Ⅱ的行为主体，是具有多重选择动机和偏好、并对信息和环境等复杂因素进行思考和认知的行为理性主体，即本书所界定的"理性行为人"，而不是正统新古典理论所描述的"理性经济人"。我们描述这样的行为主体所客观面对的效用函数，是必须在增添诸如行为准则和效用损失等变量（Akerlof，2007）的同时，把效用函数中的最大化修正为效用期望调整。依据实际来理解，符合行为理性选择实际的效用函数，应该是充分体现选择动机、选择偏好和认知过程的效用函数。在这方面，非主流经济学作出了远超过本书评述的贡献。为什么经济学丛林中未能出现切合实际而被广泛接受的效用函数呢？笔者以为，这个问题或许与经济学家尚未对认知过程从而尚未对效用期望调整作出极致的研究有关。

认知过程中的效用期望调整问题，是经济学家并轨经济学与心理学来研究行为理性选择的核心问题。人们一致同意追求自利最大化原则是人类本性使然，人们越来越倾向于赞成人类选择动机和选择偏好有着互惠、公平等利他性。当人们的选择动机和选择偏好发生变化时，当信息和环境等复杂因素扑朔迷离时，人们在认知过程中就会支付更多的交易成本。此时，人们的最大化目标预期就会降低，效用期望就会出现调整。在现实中，经过调整的效用往往是接近现实的效用，而接近现实的效用是最能反映投资者实际选择的效用函数。因此，如何在信息不对称和有限理性约束的分析框架内建立起符合实际的行为理性选择理论，是经济学家亟须解决的课题。

第四节 重塑行为理性选择理论的框架思路

一 针对主流经济学和非主流经济学有关行为理性选择的相关分歧，有必要对行为理性属性作出新的界定

这个问题之所以在本书中再三论述，是因为行为理性属性涉及行为理性选择理论的分析基础。

正统新古典理论把行为理性主体理解为掌握完全信息且不会出现无效用选择的经济人（约翰·伊特韦尔等，1996），该理论运用"唯一追求自利最大化和偏好内在一致性"把认知过程排除在分析之外，使选择函数、目标函数和效用函数融合于最大化的统一分析框架。这种以自利来定性选择偏好，以效用最大化作为判定行为理性属性之依据的观点，在"理性经济人"概念中得到集中反映。虽然这种经过高度抽象的理论在解释经济活动时具有一定的科学性，但它被现代经济学看成是极其狭隘的假定和推论。人们的现实选择动机和选择偏好并不完全取决于自利最大化追求，以及效用最大化无法涵盖所有选择偏好和选择结果的事实，要求经济学家必须对作为理论基础的行为理性选择属性展开新的探讨。

现代经济学没有对行为理性属性及其边界作出创新式的界定。例如，"阿莱斯悖论"和"艾尔斯伯格悖论"对行为理性属性及其边界的理解，仍然是以追求自利和效用最大化为基础；再例如，非主流的行为经济学和实验经济学对选择偏好和效用函数等的理解，社会偏好理论对自利、互惠和公平等利他偏好所展开的基于心理学和社会学的研究，同样没有完全摆脱自利假设和效用最大化。不过，现有的关于行为理性选择的大量分析和研究，已洞察到经济活动的行为主体在选择时通常要对影响选择的信息和环境等复杂因素进行整合、加工和处理，这实际上是在认知角度对行为理性属性做出了不同于正统新古典理论的新解释，而非主流经济学把自利、互惠和公平等一起纳入偏好的分析，以及主张不应将最大化作为行为理性判断依据的观点，则是在选择偏好和效用期望等方面拓宽了行为理性边界。关于这些问题，本章第二节有关行为理性属性和行为主体的分析，可以作为重塑行为理性选择理论的参考。

二 构筑行为理性主体的概念假设，必须体现多重选择动机和多重选择偏好，必须重视认知过程和效用期望调整

"经济人假设"之所以与现实行为主体出现系统性偏差，主要是因为这个假设剔除了现实选择中由多重动机决定的多重选择偏好，忽视了人们对影响选择的信息的认知过程。从理论逻辑来讲，当选择偏好被固定为追求自利最大化以及认知过程被忽视时，效用函数的内涵就不包含效用期望调整的内容。非主流经济学通过信息不对称和有限理性约束的行为和心理实验，发现人们选择偏好会变化，选择中会发生思考和形成认知，并且人们并不总是追求效用最大化。尽管这些实验存在着特定情境设计或情景依赖，但实验结果却在很大程度上证实正统新古典理论的行为主体假设是严重偏离实际的。由于非主流经济学解说行为理性选择所运用的行为理性主体假设与传统主流经济学在某些地方不相同，两者之间便出现了一系列理论分歧。但遗憾的是，非主流经济学没有从自己的实验结果中抽象出与实验结论相一致的行为理性主体假设。

行为选择理论缺乏主体假设是一件非常糟糕的事。打一个不是很恰当但却很能说明问题的比方，它类似于一种政治势力缺乏组织政纲或好比一家公司缺乏运营章程。非主流经济学在很多场合对选择偏好、认知过程和效用期望的分析，已不是以"经济人"作为行为主体假设，但在某些场合却又暗含着"经济人假设"，这便在很大程度上减弱了非主流经济学对主流传统经济学的批评，以至于使他们之间的理论分歧在相当长的时间内得不到解决。其实，非主流经济学无论在纯理论分析还是在模型分析上，他们对选择偏好的理解和解读，均已摆脱以自利偏好界定选择偏好的正统新古典理论的束缚；他们通过解读认知过程来分析最大化问题，不仅打开了在"理性经济人"概念中的认知黑箱，而且通过对效用期望的研究给学人深入分析效用函数提供了思路。假若非主流经济学依据自己的理论分析和实验结果提出一个有别于正统新古典理论的行为理性主体假设（如理性行为人），则其行为理性选择理论就不是在某些方面得到主流经济学的承认问题，而是融入到了主流行列而有可能成为主流学说的问题。

三 依据人们现实的选择偏好和认知过程，在理论上揭示它们之间的现实和逻辑关联，从而给行为理性主体的构建提供分析依据

如上所述，非主流经济学解释了选择偏好与认知过程的现实关联，但对选择偏好与认知过程的逻辑关联分析不足，这是因为非主流经济学缺乏行为主体概念假设的缘故。多重选择偏好会作用于人们对"某一选择该不该实施或怎样实施"的认知过程，人们的自利选择偏好与公平或互惠等利他选择偏好，对认知过程的影响是有区别的，这种区别主要反映在人们加工和处理信息时，对作为选择依据的不同信息有不同认知。例如，如果人们对某一选择形成了公平或互惠的选择偏好，他就会努力搜寻、整合、加工和处理那些对他人或对大众在政治、经济和文化等方面有利益支持的信息，并思考怎样运用这些信息才能实现公平或互惠；如果人们某一选择是自利最大化的选择偏好，他的认知过程就不是这样了。选择偏好与认知过程的逻辑关联是以它们的现实关联为基础的，理解了它们的现实关联，并不一定能论证出它们的逻辑关联，但若论证出它们的逻辑关联就一定理解了它们的现实关联。因此我们的结论是：如果经济学家能够运用理论演绎和数理模型等方法把选择偏好作用于认知过程的以上机理描述出来，便会在理论层面上揭示出选择偏好与认知过程的逻辑关联。

现实中的多重选择偏好与认知过程的逻辑关联，对应于在外延上大于"理性经济人"，并且有着认知过程和效用期望调整的行为理性主体。"理性经济人"是"经济人假设"的逻辑结果，其对应的是单纯追求自利的选择偏好。当经济学家扩大选择偏好边界，并且将认知过程放置于多重偏好和效用期望调整的统一框架来研究行为理性选择时，正统新古典理论的行为主体假设就不适用了。由于非主流经济学缺乏与自己理论分析和实验检验相一致的行为主体假设，他们在理论层面对多重选择偏好与认知过程的逻辑关联论证便难以到位。问题的症结在于，现代经济学（尤其是非主流经济学）研究多重选择偏好与认知过程所明确倚重或暗含倚重的行为主体假设，一直是围绕"理性经济人"打转。具体地说，他们时而以突破"理性经济人"外延和内涵约束的行为理性主体作为假设（但始终没有对其有明确的定义），时而又不自觉地以"理性经济人"作为行为理性主体假设。这种情形无疑大大损害了其论证的系统性和逻辑性。如果他们以类似"理性行为人"这样的概念来作为行为主体假设，情况就可能不是这样。

人们的选择行为是在随机世界中进行的，随机事件出现不确定性结果在于信息不对称和有限理性约束。经济学家把经济的随机世界划分为确定性随机世界和模糊性随机世界（Knight，1921；Dequech，2000），就是要在理论上探寻人们面对这两种随机世界进行选择时的选择偏好、认知过程和效用期望等机理。事实上，不仅选择偏好与认知过程存在着现实和逻辑关联，而且选择偏好、认知过程和效用期望之间也存在着现实和逻辑关联。在理论上把这些关联揭示出来并在分析链上系统化，显然是我们重塑行为理性选择理论的不可忽视的框架思路。

四 效用期望调整的论证，是基于选择偏好和认知过程之现实和逻辑关联的分析延伸，重塑行为理性选择理论，必须把这种分析延伸在理论上融入框架思路

我们构建或重塑行为理性选择理论，需要科学地认识和解析选择函数和效用函数。现代经济学在批评正统新古典理论时普遍认为，选择函数与自利观念相结合而被看成是一种有规则的偏好关系时，行为理性便被刻画为手段理性或工具理性，选择与偏好的关系就容易被解说为具有内在一致性；同时，选择关系被定义为一种特定（唯一）的偏好关系，就会把效用函数而不是把选择函数作为分析选择行为的出发点。这个出发点的选择很重要，它直接关系到行为理性选择理论的框架建构的路径。正统新古典理论直接把效用函数作为出发点，这就绕避了认知过程和效用期望调整的研究。现实表明，行为理性选择理论的出发点应该是选择函数而不是效用函数，我们只有重新选择研究的出发点，才能通过选择函数把认知过程和效用期望等放在同一条符合实际的逻辑分析链上，才能重塑行为理性选择理论。

从行为理性选择理论的整体架构来考察，偏好可看成是选择函数的核心变量。选择偏好受行为动机和目的共同影响的结果，是选择偏好通常表现出多重性和不确定性，以至于使选择函数作用于认知的机理复杂起来。选择函数之于认知的复杂关系，可概括为偏好的多重性会导致选择不确定，从而致使认知过程出现不确定性，这是现代经济学依据实际观察和实验而得出的理论认识。但无论认知过程如何不确定，人们在认知过程中总是要对影响选择的信息和环境等复杂因素进行思考，而思考的重要内容之一，是对选择结果的效用期望作出调整。如果行为理性选择理论的整体架构中缺少效用期望调整，它就是一种"黑板"理论。另一方面，随着人们的认知过程发生变化，人们的效用期望会出现变动。因此，效用期望调整是选择偏好和认知过程的现实关联的自然延伸。就重塑行为理性选择理论而论，在理论上重视人们现实选择中的效用期望调整，还涉及对效用函数的重新理解问题，而结合选择偏好和认知过程来重新理解效用函数，行为理性选择理论就有希望得到重塑。

五 效用函数不能单纯被刻画为追求最大化，它应该包括一些与选择偏好、认知过程和效用期望等有关联的内容，这是重塑行为理性选择理论时必须考虑的

正统新古典理论在效用函数上的缺失，是不考虑选择偏好和认知过程对效用形成的影响，纯粹以最大化为假设来解释和运用效用函数，以至于把选择函数与效用函数合而为一。现代经济学实际上是认为，选择者的效用函数是由多重选择动机和多重选择偏好决定的，人们在现实中"超越"正统新古典理论的偏好约束（内在一致性）的行为选择，蕴含着认知过程和效用期望调整的思想内容，效用函数应当增添新的变量。在理论上改造效用函数是重塑行为理性选择理论的重要内容。如果说我们把选择函数从效用函数中分离,是试图通过解说人们如何选择来"还原"正统新古典理论中阙如的认知;那么,我们主张在效用函数中增添新变量,则是试图通过解析选择偏好和认知过程来"补缺"正统新古典理论忽视的效用期望调整。我们可考虑把这种"还原"和"补缺"作为重塑行为理性选择理论的一条重要路径。

在人们实际选择的选择偏好中,通常存在着以效用得失为内容的风险偏好和风险厌恶。行为经济学曾通过对这两类偏好的描述,成功地论证了以修正效用函数为目的的价值函数(Kahneman & Tversky, 1979)。我们可不可以把这些反映效用得失的风险偏好和风险厌恶作为效用函数的新变量呢?如上所述,阿克洛夫(Akerlof, 2007)曾将帕累托(Pareto, 1920)有关"人们行为选择存在什么该做和什么不该做的判断"解说为"行为准则",行为准则是他人或社会行为方式的概念化,它是选择者对影响选择的信息和环境等复杂因素进行思考和认知的结果,即行为准则是认知过程的产物。

我们可不可以考虑把行为准则作为效用函数的新变量呢?同时,改造正统新古典理论效用函数的另一重要方面,是必须重视效用函数有可能出现负值的情形,当选择出现效用负值时,我们可不可以考虑把效用损失作为效用函数新变量呢?显然,这几个问题值得我们在后续研究中探索。

第五节 分析性结语

人类自从有了社会科学就从未停止过对理性行为问题的研究。在经济理论研究领域,自从斯密借用边沁的功利主义学说提出"经济人假设"以来,经济哲学层面上所形成的行为理性选择学说,大体上可划分为"建构理性"和"演化理性"两大块。以经济理论分析而言,建构理性催生了经济均衡分析理论,它试图对业已形成的经济格局作出解释;演化理性催生了经济演化分析理论，它试图对业已形成的经济格局是如何形成作出解释。可以认为，任何经济学流派在其理论学说体系中都显性或隐性地蕴含着建构理性或演化理性的分析假设。但就方法论而言，无论是采用个体主义方法论还是采用个体与群体相融合的方法论，任何经济学流派在分析个人、厂商或政府的具体行为理性选择时，都会在不同程度和范围内涉及选择动机、偏好和效用等的分析。正是由于各大经济学流派对选择动机、偏好和效用等基础范畴有着不同的理解，行为理性选择理论一直处于发展之中。

行为理性选择理论在半个多世纪以来获得了空前的发展。这种发展主要反映在现代经济理论（尤其是非主流经济学）对正统新古典理论（包括部分主流经济学）有关分析观点的质疑和批评上。具体来说，是现代经济理论依据信息不对称和有限理性约束学说，对选择偏好、认知过程、效用期望、效用函数等进行了新的解读，这些解读在扩大行为理性分析边界的同时，启迪了我们对行为理性属性重新界定的思路，使行为理性选择理论逐步从讲坛走向现实。但是，现有的理论尚有许多值得完善或深入研究的地方，如本章所论及的选择动机、偏好与认知过程的现实和逻辑关联，认知过程中的效用期望调整，等等。这些尚待完善或值得深入研究的内容，关系到行为理性选择理论的方方面面，要使有可能被完善的理论具有逻辑说服力并且吻合于现实，必须重塑行为理性选择理论。

重塑行为理性选择理论的重点和困难，主要发生在理论体系的框架设计以及与此对应的假设前提、参照系和分析方法等方面。本章提出了重塑行为理性选择理论的框架思路，认为需要在重新界定行为理性属性的基础上，依据现实选择者超越"经济人"的实际，作出一个有别于正统新古典理论的行为理性主体假设，主张以选择偏好和认知过程作为分析参照来研究效用期望及效用函数。不过，从现有的研究成果来看，采用个人主义方法论和运用必要的数理模型来揭示选择偏好、认知过程和效用期望之间的机理，或许会给我们重塑行为理性选择理论提供某些帮助。

行为理性选择理论得到重塑后的一个结果，是效用函数将越来越吻合于人们的实际选择,也就是说,我们应该区分纯粹理论意义上的效用函数和人们实际行为中的效用函数。显然,这种区分会把我们的研究带进一个新的分析区域。

参考文献

Samuelson, P. A., A. Note, On the Pure Theory of Consumers' Behaviour, *Economica*, 1938 (5).

Houthakker, H. S., Revealed Preference and the Utility Function, *Economica*, 1950 (15).

Arrow, K. J., Rational Choice Functions and Orderings, *Economica*, 1959 (26).

Sen, A. K., Choice Functions And Revealed Preference, *Review of Economic Studies*, 1971 (38).

Nager, T., *The Possibility of Altruism*, Oxford: Clarendon Press, 1970.

Schick, F., Having Reasons: *An Essay on Rationality and Sociality*, Princeton: Princeton University Press, 1984.

Akerlof, G. A., *An Economic Theorist's Book of Tales*, Cambridge University Press, 1984.

Dawes, Robyn and Thaler, Richard H., "Anomalies: Cooperation", *Journal of Economic Perspectives*, Summer 1988, 2 (3), pp. 187–197.

Goranson, Richard E. and Berkowitz, Leonard, "Reciprocity and Pesponsibility Reactions to Prior Help", *Journal of Personnality & Social Psychology*, 1966, 3 (2), pp. 227–232.

Berg, J., Dickaut, J. and McCabe, K. Trust, Reciprocity and Social History, *Games and Economic Behavior*, 1995 (10).

Forsythe, R., Horowitz, J. L., Savin, N. E. and Sefton, M. Fairness in Simple Bargaining Experiments, *Games and Economic Behavior*, 1994, 6 (3).

Marwell, G. and Ames, R. E., Experiments on the Provision of Public Goods. I. Resources, Interest, Group Size, and the Free-rider Problem, *American Journal of Sociology*, 1979, 84 (6).

Fehr, E. And Gächter, S. and Kirchsteiger, G. Reciprocal Fairness And Non-compensating Wage Differentials, *Journal of Institutional And Theoretical Economics*, 1996 (152).

Kahneman, D., Tversky, A., (1973), *On the Psychology of Prediction Psychological Review*, 80: pp. 237-251

Kahneman, D. and A., Tversky. Prospect Theory: An Analysis Decision Under Risk, *Econometrica*, 1979, 47 (2).

Simth, V. L., Economics in the Laboratory, *Journal of Economic Perspectives*, Winter 1994, 8 (1).

Akerlof, G. A., The Missing Motivation In Macroeconomics, *American Economic Review*, 2007, 97 (1).

Knight, F. Risk, *Uncertainty And Profit*, Boston: Houghton Mifflin, 1921.

Dequech, D., Fundamental Uncertainty And Ambiguity, *Eastern Economic Journal*, 2000, Vol. 26, No. 1.

Pareto, Vilfredo, Compendium of General Sociology, Abridged in Italian By Giulio Farina, 1920.

迈克尔·曾伯格、拉尔·兰姆拉坦：《经济学新前沿》，中国人民大学出版社2009年版。

哈耶克：《关于行为规则系统之进化问题的若干评注》，《哈耶克文集》2001年中译本，首都经济贸易大学出版社1967年版。

哈耶克：《建构主义的谬论》，《哈耶克文集》2001年中译本，首都经济贸易大学出版社1969年版。

何大安：《行为理性主体及其选择的理论分析》，《中国工业经济》2013年第7期。

何大安：《交易过程中的行为最大化》，《中国社会科学》2009年第5期。

约翰·伊特韦尔等:《新帕尔格雷夫经济学大词典》,经济科学出版社1996年版。

何大安:《行为经济人有限理性的实现程度》,《中国社会科学》2004年第4期。

何大安:《理性选择向非理论选择转化的行为分析》,《经济研究》2005年第8期。

何大安:《选择行为的理性与非理性融合》,《当代经济学文库》,上海三联书店,上海人民出版社2006年版。

何大安:《产业规制中的主体行为及其效应》,《当代经济学文库》,上海三联书店,上海人民出版社2012年版。

第六章

经济行为的理性与非理性融合

我们在以上研究中对行为理性属性及其边界作出了新理解，并在此基础上提出了行为理性主体假设，主张用"理性行为人"取代"理性经济人"。这些新的理论见解是以信息不对称和有限理性约束为分析背景的，核心是以投资者（选择者）是否对影响选择的信息进行搜集、整合、加工和处理作为判断行为理性的依据。针对这一行为理性的判断依据，我们着重研究了认知过程，认为如果投资者没有进行思考和认知，完全是依据直觉、情感或外部环境诱导等做出选择，其选择行为就是非理性的。本书的非理性定义与现代非主流经济学不同的地方，在于不是以投资者选择是否偏离传统主流经济学的概率判断规则作为根据。这样的非理性定义，发源于多重动机和偏好对"唯一追求自利和偏好内在一致性"之传统主流经济学经典教义的否定，根植于对传统主流经济学忽视的认知过程所作出的新解释，结论于投资者存在效用期望调整而不是必然能实现效用最大化。

现代经济学对"效用最大化"的眷念，是苦于没有在行为理性选择理论中建立一个与传统主流经济学不同的分析结构。上一章曾依据"理性行为人"概念将这个分析结构概括为：多重选择动机和多重选择偏好引致认知不确定，从而导致投资者效用期望调整。行为人（涵括投资者）认知不确定和效用期望发生调整，会在一定程度上使行为选择属性发生变化，其中最值得研究的变化之一，是理性与非理性的融合现象。本章在讨论效用最大化构不构成理性选择必要条件的基础上，针对理性与非理性的融合，评说各大经济学流派的相关思想，对现实选择中的理性与非理性融合问题展开专门的讨论。本章内容可视为是从行为选择属性及其组合变化的角度，对上一章提出的行为理性选择理论之分析结构的进一步论证。本章对理性与非理性融合问题的分析和研究，将在后续研究中有助于对效用函数作出新的解释。

第一节　效用最大化是理性选择的必要条件吗？

经济学十分重视效用最大化对行为理性选择的影响，在许多文献中显性或隐性地将选择行为结果作为判别行为理性属性的依据。[①] 效用最大化可被认为是反映投资者主观期望的一种极端选择结果。经济学显性或隐性地把行为结果（效用）作为判定行为理性属性的依据，反映了效用最大化对行为理性选择理论的影响。其实，效用最大化假设是传统主流经济学忽视认知过程和效用期望调整的理论反映。赫伯特·西蒙（2002）曾以"过程理性"学说在学理上对其进行了很有说服力的批判。传统主流经济学忽视认知过程和效用期望调整的最大化假设，反映了经济学长期以来脱离心理学而独立发展的情况，经济学脱离心理学，便很容易进入直接以动机和目的来描述行为理性选择的分析轨道。各大经济学流派显性或隐性地将效用最大化作为判别行为理性选择的依据，则是这个分析轨道运行的一个不可缺少的配置条件。

效用最大化的理论魅力在于反映或揭示了人的经济行为目的和本性。两百多年来，传统主流经济学对行为理性研究所形成的根深蒂固的分析模式，决定了它在解说行为理性选择时难以摆脱效用最大化假设。现代经济

---

① 何大安（2005a，2005b）曾对理性与非理性投资模型以及金融市场中个体和群体的理性与非理性选择等问题进行过研究，认为行为金融学以金融市场运行结果来判断投资者理性和非理性选择引致了混淆；先前这些研究涉及效用最大化与行为理性属性的关联问题，本章将对效用最大化与行为理性属性的关联进行专门的分析。

学尤其是非主流经济学对效用最大化假设批评的最重要的结论,是认为建立在这种假设之上的行为理性学说对偏好和效用的分析,没有重视人的心理因素和摒弃认知过程和效用期望调整,它不可避免地使理论与实际产生系统性偏差,是一种不符合实际的逻辑或数学演绎。就行为理性选择与效用最大化的关联来讲,现代经济学认为传统主流经济学实际上是将效用最大化看成是行为理性选择的必要条件。效用最大化究竟是不是行为理性选择的必要条件呢?显然,这个问题涉及行为理性选择理论的基础,有必要进行深入的讨论。

效用最大化是与选择偏好和期望效用相联系的。[①] 传统主流经济学所研究的选择偏好,主要是针对投资选择和消费选择中的实际效用排序而言的,是在给定价格和预算约束下求解效用函数最大化。需要特别指出的是,传统主流经济学所研究的选择偏好和效用最大化,由于忽视投资者的心理活动和跳越认知过程,这一研究并不包含选择行为的展望(预期)。但随着经济学越来越关注不确定条件下的决策,即便在传统主流经济学中,经济学家也开始将选择偏好规定为由期望效用的排序来决定。

例如,冯·纽曼和摩根斯坦认为,不确定条件下的选择行为明显存在着一个选择束 $\{x\omega\}$(这里的 $\omega \in p$)和 p 上的一个概率分布 $p(\omega)$,所有的概率分布构成一个"未定的选择空间"£,而选择偏好就定义在£之上,如果£上的选择偏好满足自反性、完全性、传递性和连续性,并同时满足阿基米德公理(Archimdean axiom),那么,投资者或消费者在不确定条件下的选择过程,就可以被描述为经济理论界所称之为的冯·纽曼

---

① "期望效用"与"效用期望"是不同的。前者是传统主流经济学跳跃认知过程而直接运用"偏好的内在一致性"来论证效用最大化的一个分析性概念,这里的"期望"意味着能够实现最大化,并不具有"展望"的含义,故通常被称之为期望效用理论;后者是现代经济学尤其是行为经济学运用的一个分析性概念,它注重多重偏好促动和心理活动为基础的认知过程,这里的"期望"具有"展望"的含义,并不意味着能够实行最大化,故通常被称之为展望理论(亦称前景理论)。

和摩根斯坦的期望效用函数。① 可见，传统主流经济学主要是通过对偏好的理解和解说并通过效用最大化来论证行为理性选择的，我们有理由认为，效用最大化构成了传统主流经济学理性选择理论的必要条件。

在现代经济学的理论体系中，包括非主流经济学在内的许多经济学流派对传统主流经济学"偏好一致性"的评说，应该说是符合现实逻辑的批评，② 但遗憾的是，他们对效用最大化的评说存在着暧昧不清。这种暧昧不清至少体现在以下三个方面：1. 针对效用函数的解说，尽管现代经济学对是否能实现最大化存在着质疑，但一直没有偏离效用最大化这一分析主线；2. 现代经济学始终存在着以选择结果是否产生效用，作为界定行为理性选择标准的理论倾向；3. 现代经济学或多或少有着从逻辑或从数学上，试图以偏好顺序来推演和证明效用最大化的学术努力。实际上，投资者和消费者的选择行为是在信息不对称和有限理性约束下进行的，他（她）的选择行为是否具有理性属性，取决于是否进行了思考，是否对影响决策的信息和环境因素进行搜集、整合、加工和处理等，是否发挥了自己对事件决策的认知。理解这一点很重要，它是我们重新建构效用函数，从而重新构建行为理性选择理论的基础或前提。

效用最大化对行为理性选择并不具有内在规定性。经济学把资源配置或财富增长作为研究对象，很容易形成把效用最大化当成行为理性选择之必要条件的分析思路。这个分析思路是对应于"理性经济人"范式的。依据上一章把行为理性主体界定为"理性行为人"的理解，无论是个体、厂商还是政府，只要他们在选择过程中对影响选择的信息进行了搜集、整

---

① 期望效用函数在传统主流经济学的理论框架内比较典型地阐述了不确定条件下的选择偏好。关于期望效用函数的数学表述，可参见 Chi－fu Huang and Robert H. Litzenberger, *Foundations for Financial Economics*, North－Holland, 1988, pp. 6－12. 不过，当经济学家用期望效用理论来描述或检验金融市场中的选择行为时，非主流经济学便提出了诸如"阿莱斯悖论"、"股权风险溢价难题"、"羊群效应"、"偏好颠倒"等质疑，这是经济学家所熟悉的，也是本书反复提到的。

② 最具有影响的批评"偏好一致性"的非主流经济学的论文，可参见 ALLAIS, H., "Le Comportement de I' Homme Rationnal devant le Risque des Postulats et Axiomes de I' Ecole Americaine", *Econometrica*, 1953 (21), 503－546, 以及 Kahneman, D. and A. Tversky, "Prospect Theory: An Analysis Decision Under Risk", *Econometrica*, 47 (2), 1979; Simth, V. L., "Economics in the laboratory", *Journal of Economic Perspectives*, Winter 1994。

合、加工和处理，是在形成自己认知的基础上进行选择，他们的选择行为就是理性的。也就是说，他们的行为选择并不因为没有实现效用最大化，就否定他们行为选择的理性属性。例如，厂商投资低于预期、政府政策失灵、科学家实验未取得预期效果、家庭主妇雇佣保姆不如意等，只要他们的选择经历思考和认知，我们便不能因为他们没有取得效用最大化或根据他们的效用函数值较低，就认为他们的选择行为不具有理性属性。因此，效用最大化不构成行为理性选择的必要条件。

投资者的投资选择不满意或不成功，是在多重选择动机和偏好的促动下出现的。即便按照传统主流经济学有关偏好存在着顺序排列的解说，这种顺序排列与效用最大化也不存在必然联系。投资者追求效用最大化，只是其选择行为的一种努力。传统主流经济学显性或隐性将效用最大化作为行为理性选择的必要条件，是从追求自身利益和最大化的唯一动机和唯一目的出发，是通过偏好稳定假设来描述效用函数的一种分析结构；这种分析结构跳跃认知过程的结果，必然把最大化作为效用函数的核心；行为理性主体的界定上，"理性经济人"范式就是这种分析结构的概括性体现。如前所述，"理性行为人"概念关注投资者的认知过程和效用期望调整，特别强调多重动机和多重偏好支配下的投资者难以实现效用最大化。当我们以"理性行为人"概念作为行为理性主体，将行为理性选择理论的分析结构理解为"多重选择动机和偏好引致认知不确定和导致效用期望调整"时，效用最大化就失去了作为行为理性选择之必然条件的基础。

关于效用最大化不构成理性选择的必要条件的分析，我们还可以从以下几方面进一步理解：1. 从"理性行为人"的实际选择结果来看，效用既可以是正值（满意但存在程度差别）也可以是负值（不满意）；2. 从"理性行为人"的实际选择过程来考察，他（她）在作出决策时或多或少会对信息、环境等不确定因素进行了搜集、整理、加工、处理，从而发挥了自己的认知，因而我们不能依据选择结果不满意（效用负值）就否定其选择行为的理性属性；3. 至于行为人（非理性行为人）放弃理性思考而完全在外部环境驱动下或完全由感情机制促动所采取选择，我们就认为这种选择属于非理性；4. 在现实中，无论是个体还是群体，其选择行为都可以看成是理性与非理性的某种同构，都可以在一定程度上理解为理性选择向非理性选择的转化。① 我们将选择行为理解为理性与非理性的同构或解说为理性选择向非理性的转化，体现了选择行为的理性与非理性融合的思想。显然，这一思想是以否定"效用最大化构成理性选择之必要条件"为基础的。

下面，我们对新古典经济学、行为经济学和行为金融学等流派涉及理性与非理性融合的思想作出一些理论评述，并据此针对效用最大化提出一些可供学术界讨论的质疑。

第二节 新古典经济学对理性非理性融合现象的失察

人类选择行为及其属性可以理解为理性与非理性的融合，这是一个极具分析价值的思想。一些经济理论文献曾流露过理性与非理性相融合的分析思想。② 但到目前为止，由于现代经济理论缺乏能够容纳理性和非理性并存现象的假设前提和分析结构，或者说，现代经济学大都是在理性框架内讨论非理性选择，因而理性与非理性相融合的分析思想并没有引起足够的关注。

一种理论对现实问题的研究，在很大程度上取决于该理论的分析框架设定以及与此相对应的分析视角。新古典经济学的分析框架是通过偏好和禀赋的外生分布以及给定约束条件来架构的，其分析视角则是从"经济

---

① 以上2、3两点的理解是本章关于选择行为之理性与非理性融合的主要立论依据，它涉及选择行为属性的解说（何大安，2004）；至于第4点理解中的选择行为的同构和转化问题，则可以看成是这种融合的动态形式（何大安，2005，2006）。

② 这个观点最早是由加里·贝克尔（2000）提出的，他认为人类选择行为具有理性与非理性的相容性，但贝氏本人没有对这个问题作深入研究，后期经济学家也没有对这个问题引起高度的关注，以至于经济学家仍然是在理性框架内分别讨论理性和非理性问题。

人"范畴出发对制度、主体、行为的考察。以分析框架的设定而言，由于新古典经济学将心理因素置于分析框架之外，不重视行为学习过程的研究，忽视对行为人[①]主观心理活动的描述，因此，以心理活动为底蕴和以直觉、情感和环境等为诱导所产生的非理性行为，便不在新古典经济学的视线内。以分析视角而言，由于"经济人"概念锁定了其分析逻辑和推理范围，因而，不属于"经济人"分析范畴的非理性选择也就容易在新古典经济学的分析视角中略过。

理性与非理性融合现象之所以在新古典经济学的理论体系中未能得到高度的重视，很大程度上是因为行为理性选择被新古典经济学限定在单纯追求自利和效用最大化范围，不重视对行为人实际选择过程的研究。其实，从人类活动的宽泛层次来考察，人的经济选择行为只是社会行为的一种形式，它不仅依赖于社会的政治、经济、文化和思想意识形态等，而且还反映在社会传统、习俗等所规定的诸如亲缘、名誉、信任等方面。我们理解行为理性选择，不能仅仅局限于自利和效用最大化，而是应当将其拓宽到整个社会的信息和环境等复杂因素对行为人认知所发生影响上来。现代经济学与新古典经济学，或者说与整个传统主流经济学不同的地方，在非主流经济学中得到了明显的体现，那就是他们对选择行为的非理性的解读，是以拓宽的行为理性属性这一分析思路展开的。

我们揭示了新古典经济学对理性和非理性融合现象的失察，需要对其理性选择模型的核心思想"偏好一致性+效用最大化"作出分析。熟悉新古典理论的学者知道，这个模型是建立在边沁的功利主义原则之上的。它强调自利而忽视利他，排除了一切非经济动机以及偏好对认知过程的影响。正因为理性选择被限定在这样严格的条件下，新古典经济学才可能在理论上对"偏好"作出"一致性"的解释。由于这种一致性不仅可以用来解释个人利益追求和对偏好作出稳定假设，而且还可以解释对其他价值

---

① 本书自此开始直接运用"行为人"这个在内涵和外延两方面都不同于"经济人"的概念，并在有些场合以"理性行为人"概念直接取代"理性经济人"。关于这些概念的辨析，参见本书第五章。

的追求，因而启发了经济学家对偏好的新理解。例如，阿马蒂亚·森曾经联系这种一致性对人们追求其他价值进行过偏好解说，① 这种解说十分强调利他因素对经济选择行为所发生的影响，实际上拓宽了人们对经济选择行为的分析视野。

新古典经济学对选择行为的理性与非理性融合现象的失察，在分析对象和侧重点上，是过于强调个体选择行为的经济功利，没有把属于广泛文化层面上的传统、习俗等所规定的诸如亲缘、名誉、信任等引致理性选择行为的利他因素纳入分析框架，这便大大缩小了理性选择的分析边界。关于这一点，非主流经济学与其他社会科学对新古典经济学的责难是殊途同归的。与其他社会科学一样，现代经济学普遍认为，人类选择行为在受经济利益机制驱动的同时，还会受到非经济利益机制的驱动，并且在一定程度和范围内受到心理因素的影响，具体地说，就是行为人为子女、亲朋、团体而牺牲个人利益的现象是屡见不鲜的，而不是像新古典经济学所说的那样完全被限定在个人经济利益的功利层面。当经济学家只是把功利限制在个体经济利益层面，而不考虑他人或群体经济利益和不考虑社会功利时，就同新古典经济学的行为理性选择理论走到一起去了，其理论结构中就没有非理性选择的席位，就会对理性与非理性融合现象有观察盲点。

新古典经济学对选择行为的理性与非理性融合现象失察的逻辑推论之一，是将"不追求效用最大化"的选择行为看成是非理性的。这个问题的继续讨论仍然是有价值的。依据现实，行为人在具有自利性特征的同时，也存在着公正和利他的特征；从经济活动过程来看，由于行为人的公正和利他行为往往是同市场原则相悖的，即公正和利他行为常常不反映对效用最大化的自利追求，因此，新古典经济学就会按照自己的理论逻辑，把"不追求效用最大化的选择行为"当成同自身理论演绎"不合拍"的东西，从而在理论阐述或论证中不加考虑。但问题在于，行为人的公正和利他选择可以得到被称为"社会资本"的收获，它有助于行为人实现自己的目标函数。

---

① 参见阿马蒂亚·森对新古典经济学理性选择理论中的偏好一致性的理解，载《新帕尔格雷夫经济学大词典》第4卷，经济科学出版社1987年版，第74页。

按理，思想深邃的新古典经济学家应该把以上情形融入分析框架，因为从广泛的意义上来理解，这类选择行为归根结底仍然属于一种理性选择。但由于反映公正和利他因素的选择行为背离了新古典经济学的理论教义，它既不能以偏好一致性进行解说，也不能直接体现效用最大化。因此，现实中蕴含的以直觉、感情以及其他社会机制驱动而表现为利他形式的选择行为，便在新古典经济学的分析结构中被舍弃了。

莱宾斯坦（Leibenstein）似乎敏锐地察觉到了新古典经济学对理性和非理性融合现象的失察。他认为，个体在追求效用最大化的同时，也具有不追求效用最大化的行为倾向。[1] 莱宾斯坦对选择行为的这种觉察是在论述 X 低效率理论时意识到的，虽然他没有明确指出这是理性和非理性选择行为的融合，但他关于选择行为并不一定以效用最大化为前提的见解却包含着以下两种值得思考的内容：1. 不追求效用最大化的行为倾向，并不意味着行为人进行选择时没有发挥对信息和环境等复杂因素进行加工、处理的认知；2. 按照新古典经济学的理念，经济选择行为"不追求效用最大化"属于非理性选择，则这种见解就明显蕴含着现实中的经济选择行为时常是理性和非理性融合的思想。但遗憾的是，莱宾斯坦的这一理论见解并没有在后期经济学家的研究中得到进一步挖掘。

行为经济学对选择行为的理性与非理性融合的观察要直截了当得多。权且不论他们在有限理性分析前提下对传统选择理论的批判，单就他们对新古典经济学失察于理性与非理性融合现象来说，行为经济学的思想观点可以概括为：个体选择行为在受效用最大化影响的同时，也会经常受到诸如灵活偏好、心理特征、信念和价值观等多种环境诱导因素的影响。[2] 但无论是莱宾斯坦还是卡尼曼、特维斯基，他们只是关注个体选择时有可能存在的不追求效用最大化的行为倾向，他们既没有对效用最大化是不是构成理性选择的必要条件问题进行专门的研究，也没有在各自分析的基础上

---

[1] Leibenstien, H., "X - Efficiency Theory" in the New Palgrave, London: Macmillan, 1987.
[2] D. Kahneman, P. Slovic & A. Tversky, Judgement under Uncertainty - Heuristics and Biases, Cambridge University Press, 1981, Cambridge. Kahneman, D. and Tversky, A., Judgement under uncertainty - Heuristics and Biases, Science, 185 (3), 1974.

明确概括出选择行为存在着理性和非理性融合现象的结论。

迄今为止，新古典经济学对理性和非理性融合现象的失察，几乎没有被经济学大师们系统地补缺，这在很大程度上限制了行为理性选择理论的发展。不过，加里·贝克尔曾敏锐地观察到"经济行为具有理性和非理性的相容性"，贝克尔的这种理论敏感，倒是在行为经济学中得到了一定程度的发挥，但这种相容性在理论上究竟如何描述，行为经济学也只是处于一种理论敏感状态。

第三节 行为经济学对理性非理性融合现象的理论敏感

传统行为理性选择理论关于偏好和效用的分析和研究，是遵循个体主义方法论以抽象数理逻辑演绎形式来展开的。客观而论，这种分析方法难以精确描述行为人的意志、直觉、本能、欲望、习俗等引发的行为方式，因而，以数理逻辑和演绎规则作为认识工具的新古典经济学，不能有效解释市场信号和行为人活动规则之间的现实关系。也就是说，新古典经济学数理逻辑演绎的现实说服力不强会导致其预设前提常常被现实所拒绝。预设前提之所以被拒绝，一方面是因为预设前提不能囊括所有的预设概念，另一方面是由于预设概念样本小、操作性差以及程序等问题而无法测量和检验。[①] 换言之，任何企图通过数学模型以总计数、平均数、边际数来解说选择行为的努力，既不能在数理逻辑上支持预设前提，也难以消除数理

---

① 卡尔森、西蒙认为，数理逻辑演绎不能确定选择行为发生的组合原因，建立在数学逻辑上的演绎结论的正确性值得怀疑。Clarkson, G., P. E. & Simon, H. A., "Simulation of Individual and Group Bahavior", *American Economic Review*, 50 (5), 1963, pp. 920 – 932。参见 Myrdal, K. G., *Asian Drama: An Inquiry into the Poverty of Nations*. 3 Vol. N – Y, Twentieth Century Fund, 1968; Fleming, M., *Introduction to Economic Analysis*, London: George Allen & Unwin Ltd. 1969; Samuelson, P. and William D. Nordhaus, *Economics*, 8th ed. New York: Mcgraw – Hill, 1955。

逻辑推论与现实之间存在的偏差。不过，有经济学家认为，行为人的意志、直觉、本能、偏好、欲望、习俗等不能被预设前提所囊括，但它们可以近似地用数学逻辑来说明；这些近似的说明需要改变现有模型中的很多变量构成，需要将一些原视为外生的变量作为内生变量来处理。显然这需要我们展开深入的研究和探索。

行为经济学关于人类选择行为的理论研究贡献，是利用认知心理学成果，探索出通过实验得出的经验数据，从而说明了传统选择理论与现实的偏离。在行为经济学看来，理性选择理论的方法论基础仍然是个人主义，但不应把个体选择过程抽象描述成跳越认知而单纯追求效用最大化的"黑箱"状态；并且进一步认为，个体在面对信息和环境的复杂性而进行选择时，并不是一个充分自主的选择主体，他会受到过去确定性经验、社会风俗或时尚、价值观念、社会规范甚至社会偏见或歧视的影响。行为经济学的有限理性分析前提本身所包含的对完全理性否定的规定，在相当大的程度上会促使他们运用心理分析时关注选择行为的非理性。从行为人对信息和环境等复杂因素的认知来看，由于理性选择是个体选择的初始点，追求利益最大化在个体选择中始终存在，于是，行为经济学在理论研究过程中逐步对理性与非理性的融合问题发生了敏感。

我们理解行为经济学对选择行为的理性与非理性融合的理论敏感，不能不结合心理学、经济学、社会心理学、生物学等有关人类行为研究的理论积淀。行为主义创始人美国现代著名心理学家华生（J. B. Watson）认为，心理学是行为的科学，其理论目标是对行为的预测和控制。这一见解对行为经济学从心理角度研究经济行为起着理论奠基的作用。美国社会心理学家 Kurt Lewin 曾将心理、生理因素与外部环境糅合在一起，提出了著名的 Lewin 模型。① 这个模型在理论上给行为经济学提供了分析框架。追

---

① Lewin 模型的一般形式为：$B = F(P - P_1, P_2, \cdots, P_n; E - E_1, E_2, \cdots, E_n)$。其中，$B$、$P$、$E$ 依次表示个人的行为、内在条件和特征、外部环境；$P - P_1, P_2, \cdots, P_n$ 和 $E - E_1, E_2, \cdots, E_n$ 两变量系列，是内在条件、特征等的构成因素。这个模型对心理学关于行为的研究具有重要的地位。

溯这方面更早的文献，古典经济学家米尔曾将意志、情感、动机、风俗等理性无法把握的因素称之为"干扰因素"，认为这些干扰因素会导致人的非理性行为；米尔的研究是在古典经济学的体系内对完全理性假设或"经济人"提出了怀疑，这对于行为经济学洞察现实中的非理性选择行为无疑有启迪或帮助。

或许有人认为行为经济学是以认知心理学为基础来揭示非理性选择的，其对非理性选择的描述是通过实验来完成的，但实验只是一种手段，如果行为经济学家们不对传统经济学的假设前提、分析变量和范围等作出"改造"，仅仅在分析手段上做文章，那么，他们在理论研究上对非理性选择的认识就会逊色得多。

行为经济学对现实中存在的理性和非理性融合现象的理论敏感，在相当大程度和范围内是受到了其他学科有关欲望、需求等心理分析的影响。[①] 但是，先前的一些社会科学理论对经济行为的心理过程所涉及的感觉、思维、体验等心理的分析和研究，主要集中在人的欲望和需求等方面，并没有联系记忆、情感等心理活动来分析经济行为。同时，对个性心理的分析，包括经济学在内的其他社会科学，也没有在不加任何约束条件的情况下，联系环境因素对人的差别的兴趣、动机、爱好、需要、价值观念等进行分析。以心理学的分析为例，它强调环境因素对人的刺激作用，这种刺激引起人的心理特征和心理过程的变化，以至于做出与这种刺激相适应的行为反应。但就经济学的研究为例，心理学分析只是在施加环境约束的条件下，局部涉及心理反应来解释人的经济行为。很明显，这样的分析使经济学与心理学对人类行为的研究在理论上出现了隔离带。正因如此，在"经济人"概念占支配地位的学术背景下，不仅理性和非理性的融合现象得不到足够的关注，就连非理性选择行为也被忽视了。

行为经济学把心理学和经济学结合起来进行分析，并没有离开对支配

---

① 这一概括性结论不仅适合行为经济学，也适合实验经济学。实验经济学同样认为选择行为不仅仅是行为人对外部环境的直觉反应，其实验目的，同样是要证明人的选择行为在一定程度上是知觉层次的认知过程。

人的行为选择的欲望、动机、需求这几个中心点的研究。具体地说，他们认为选择行为既不完全是行为人对外部环境的直觉反应，也不是传统经济学意义上的偏好一致性和效用最大化的简单抽象，而是经历了知觉层次及思考和认知后的行为反映。联系行为人思考的时间长短来看问题，行为经济学对行为人所做的各种实验表明，如果行为人对实验立即作出选择，其心理过程和个性特征所反映的直觉成分要多一些，如果行为人在实验中经过一定时间的思考后才作出选择，则其心理过程和个性特征就更多地表现在知觉层次上。[①]

这里涉及一个重要的问题需要讨论：以心理学为依据来解释行为选择属性，当行为人以直觉的形式做出选择时，他的选择行为是非理性吗？而当行为人以知觉的形式做出选择时，他的选择行为是否一定是理性呢？

以上问题在行为经济学的理论解说中并没有明确的答案，但依据他们以认知心理学为基础，对人们偏离传统主流经济学的非理性选择所做的解释，又似乎能肯定存在着以上的答案。这是因为，直觉是对客观事物作用于人的感觉器官时的直观反应，它在大多数情况下没有经过理性思考；而知觉则是人对事物各种属性的诸部分及其相互关系的综合反应，它通常包含着思考的成分。因此在选择行为实验中，行为经济学实际上是借用了心理学对知觉的定义，在心理学层次上对理性选择行为做出了潜意识的解释。

行为经济学对人的兴趣、动机、爱好、需要、价值观念以及由此规定的风险偏好和风险规避等的重视和关注，应该说是既察觉到了人们直觉形式下的选择行为，也觉察到了人们知觉形式下的选择行为。因此，我们可以把行为经济学对理性和非理性融合现象的敏感，高度概括在直觉和知觉双重形式上来理解，即可以认为行为经济学是在知觉和直觉双重形式上，对行为人的理性和非理性选择行为作出解释的。

对选择行为不确定性的关注，是行为经济学的理论特色之一。面对现

[①] 关于这个问题的详细介绍和分析，参见薛求知等《行为经济学》，复旦大学出版社2003年版，第16—34页。

实中大量与传统主流经济学不一致的选择行为及其理论悖论，行为经济学概括了一些用于解说这些悖论的诸如确定性效应、情景依赖、心理账户、锚定效应、羊群效应、可利用性偏差等概念，并通过决策性功利和体验性功利、记忆功利和当下功利等的划分，比较符合实际地说明了选择行为在直觉和知觉上的双重反应。[①] 这里有两点值得说明：一是其他经济学流派很少在理论上通过实验对选择行为的心理动机做出如此透彻的分析，尽管其他经济学流派也涉及了心理问题；二是其他经济学流派没有利用心理学的研究成果，在直觉和知觉两层面对行为人的选择行为进行解析。或许是因为先前的经济理论很少做过这样的研究尝试，因而他们对理性和非理性融合现象不敏感。行为经济学对理性和非理性融合现象的理论敏感，是通过对现实选择的知觉层次和直觉层次的理论划分来展开的。在现实中，选择行为在这两个层次上是经常混合在一起的。

但是，敏感某一问题是一回事，明确意识和清楚说明这一问题则是另一回事。例如，在经济学说史上，边际效用学派的代表人物庞巴维克（Ponbawick）、英国古典经济学集大成者马歇尔以及在人口理论上有建树的英国经济学家马尔萨斯（Malthus, T.）等人，都曾从效用角度对心理活动影响人的行为进行过研究，他们都在一定程度上意识到了非理性行为的现实存在，但他们没有利用心理学有关知觉和直觉的理论对理性和非理性的问题做出深入的分析。再例如，新古典经济学大师帕累托（Pareto, 1896）曾将逻辑行为看成是理性的，而将非逻辑行为看成是非理性的，他认为这两种行为在现实中常常是混在一起的，但他同样没有对这一观点进行追踪研究，仍旧回到了新古典经济学的分析框架。

相对而言，行为经济学对理性和非理性融合现象的理解要清晰得多，他们在否定完全理性假设的基础上严厉批判了偏好的一致性，尽管他们对效用最大化影响人们选择这一理论倾向仍然争论不清，但在甄别选择行为的实验中，运用了认知心理学来研究增强物对行为选择的刺激，通过对信

[①] 关于这个问题的分析，可参见拙作《行为经济学基础及其理论贡献评述》，《商业经济与管理》2004年第12期。

息的编码、储存、提取、变换和传递等过程的分析，完成了对环境因素影响人们选择行为的解读；他们还通过个体不同心理特征对同一外部增强物刺激的分析，认为不同的个体有可能以知觉的方式采取理性选择，也有可能以直觉的方式采取非理性选择。经济学界一致认为行为经济学的特殊学理地位是在认知心理学基础上将心理学和经济学并轨来分析人类的选择行为，其实，从行为经济学对理性和非理性融合现象的感悟来看，这种并轨研究明显体现了他们运用知觉和直觉两心理学范畴时，对理性和非理性融合现象的理论敏感。

让我们再次回顾展望理论那条独创的凹凸起伏的S形曲线。在那条曲线中，我们发现卡尼曼和特维斯基对选择行为理性和非理性融合的理论敏感是很明显的。我们能不能认为那条曲线的凹状部分表示知觉方式下的选择行为，而凸状部分则意味着直觉方式下的选择行为呢？这个问题有待讨论。不过，卡尼曼和特维斯基所创立的那条反映财富变化对选择行为发生影响的凹凸起伏的价值曲线，最能给研究者提供理论遐想的地方，是它在很大程度上反映了投资者有限理性的实现程度。投资者有限理性及其实现程度会反映和揭示投资者的选择行为属性，如果我们能够把投资者有限理性实现程度与效用最大化结合起来考察，就有可能进一步认识选择行为的理性和非理性融合。

第四节 有限理性实现程度、理性非理性融合与效用最大化

自赫伯特·西蒙的有限理性学说被广泛接受以来，经济学家普遍认为投资者是受有限理性约束的行为主体，一切经济问题的理论研究都必须以有限理性和信息不对称作为分析前提。同时，对于投资者的行为理性选择，经济学家越来越清晰地认识到投资者行为选择的动机和偏好有着利己

和利他两方面的性质规定，投资者追求效用最大化，但效用最大化只是投资者理性选择的一种主观期望。从半个多世纪以来经济理论研究的假设前提、参照系和分析方法来看，经济学家开始在内容上而不是在形式上，开始重视信息和环境不确定性对投资者选择行为所发生的影响。正因如此，行为理性选择理论有了很大的发展。

但是，仅仅将有限理性作为一种分析前提而忽视对其发挥程度的研究，尚不足以有效解释投资者选择行为的理性和非理性属性，不能深入地解释理性和非理性的融合现象，不能弥补传统主流经济学的效用函数缺失。赫伯特·西蒙（2002年中译本）曾在他的过程理性学说中提出并在一定范围内论证了"有限理性程度"这个概念，但他没有研究"有限理性的实现程度"。笔者曾提出过一个可供学术界深入探讨的概念"有限理性的实现程度"。这个概念的基本含义是指：理性行为人对信息和环境等复杂因素进行搜集、加工、整合、处理的认知发挥程度，取决于他（她）在选择过程中对这些因素的理性思考时间，思考时间越长，有限理性的实现程度就越高，反之，则有限理性的实现程度就低；"有限理性实现程度"存在着"潜在、即时、实际"的三种状态，理性行为人在实际选择中的有限理性实现程度可表示为：即时有限理性状态＜实际有限理性状态＞潜在有限理性状态。[①] 我们可以从有限理性的实现程度来解析理性和非理性及其融合。

从理论和现实进行逻辑思考，即时有限理性状态〈实际有限理性状态〉潜在有限理性状态，会产生如下三点值得思考的推论：1. 在现实中，理性行为人的实际选择难以最大限度地发挥自己的认知，这种状况表明他们在加工和处理信息、环境等不确定性因素时，既有知觉的因素也有直觉的成分；2. 当理性行为人主要以知觉方式并经历较长时间的思考而进行选择时，便趋向于潜在有限理性状态，当理性行为人只经历较短时间的思

[①] 笔者这一原创性观点的理论论证，可能会存在某些疏漏，但这一观点的理论思维有着较高的学术品位。参见拙作《行为经济人有限理性的实现程度》，《中国社会科学》2004年第4期；对这个观点的要义介绍，可参见《光明日报》2004年12月28日理论版《名家访谈》栏目对笔者所作的题为"有限理性问题的一个纵深研究"的专题采访。

考，主要是以直觉方式进行选择时，则趋向于即有限理性状态；3. 假定理性行为人处于潜在有限理性状态就能够实现效用最大化，这个值得思考的推论表明，效用最大化只是理性行为人的一种主观期望。——如果我们从知觉和直觉两方面并结合思考时间的长短来判定行为人的理性选择和非理性选择属性，那么，实际有限理性状态便明显地反映了理性和非理性融合的特征。

从有限理性的实现程度来考察理性与非理性的融合，当理性行为人面对某一具体选择时，他（她）会通过对信息和环境不确定性的处理来发挥自己的认知（即实现自己的有限理性），而当认知受到限制时，他（她）就有可能会像行为经济学所描述的那样受社会性因素的干扰而放弃思考，此时，其有限理性实现程度就有可能受到诸如确定性效应、情景依赖、心理账户、锚定效应、羊群效应、可利用性偏差等的影响，这种情形也可理解为理性和非理性的的融合。事实上，理性行为人进行任何一项行为决策都是在有限理性的基础上进行的，即便从行为结果来看具有一些非理性特征，但其或多或少也会包含着一些理性的成分，因此，有限理性的实现程度体现了理性选择和非理性选择的融合。

细心的读者也许会感觉到，这里的讨论似乎存在着这样一个疏漏：在以上有限理性实现程度与效用最大化的讨论中，无论理性行为人有限理性的实现程度如何，他（她）的效用函数均可以取得正值，这与笔者先前有关"理性行为人的实际选择有可能取得效用函数负值"的观点不一致。为此，有必要作出两点说明：1. 先前的讨论是针对行为理性属性界定而言的，分析主旨是论证行为理性属性的界定，它应以行为人是否对影响选择的信息进行搜集、整合、加工和处理以及是否发挥认知为依据，这样的讨论与效用函数取得正负值无关，以便说明现实中那些由于错误的思考和认知而导致效用函数取得负值，但其本身属于理性选择的一种客观存在，并以此反衬出未经过思考和认知（非理性选择）但有可能取得效用函数正值的客观现在的情形；2. 这里有关有限理性实现程度与效用最大化的分析，暗含着行为理性属性的假设前提，或者说，是在假定有限理性得到实现就会产生正效用的前提下讨论问题的,这里是强调理性行为人在不出现错误的思考和认知的情况下,有限理性的实现程度通常与选择的正效益(效用函数正值)成正比。

本书关于行为理性属性的界定,主要是以行为人是否进行了思考和认知为判断依据的(本书把进行了思考和认知的行为主体界定为理性行为人)。理性行为人出现与不出现错误的思考和认知,只是同效用函数的取值有关,而与行为理性属性的界定无关;至于效用最大化,则是理性行为人进行思考和认知后取得效用函数最大值(正值)的理论表述。以上几点是需要特别指出和强调的。笔者以为,经济学的行为理性选择理论所出现的某些混乱,在很大程度上与没有弄清以上几点有关。在现实中,投资者有可能做出理性选择也有可能做出非理性选择,在大多数情况下理性选择会取得正效益(效用函数取得正值),但非理性选择并非意味着不能取得正效益,这种情形在金融市场表现得最充分。

第五节 行为金融学蕴含的理性非理性融合思想

作为行为经济学重要分支的行为金融学,是以金融市场中投资者的真实选择行为作为分析对象的。行为金融学研究人们在不确定条件下的心理决策过程及其运作机制,是将行为经济理论与金融理论相结合的理论研究体系,它突出了投资者的认知心理活动对投资决策的影响;这种研究方法和理论体系使得经济学的有限理性分析前提落实在现实的基础之上。较之于传统的金融学理论,行为金融学在对金融市场中的制度、主体和行为进行研究时,不承认证券的同质性以及市场的完全竞争,它否定信息的完全对称并强调市场的摩擦。因此,行为金融学理论是以解析传统金融理论困境进而说明现实投资行为为己任的,或者说,它的研究范式发生了由传统金融学的"理性范式"向行为经济学的"心理范式或行为范式相结合"的转变。

目前国内经济学界针对行为金融学有关投资选择行为的解说，存在着一种"重视非理性选择而淡化理性选择"的分析倾向。其实，行为金融学是在有限理性的前提下对金融市场中投资者真实决策行为的分析和研究，它在强调非理性选择存在的同时，并不否定投资者理性选择的存在。我们可以通过行为金融学的这种理论分析框架来寻觅其中所蕴含的理性与非理性融合的思想痕迹。

在金融市场中，证券价格常常偏离证券基础价值的客观事实，曾促使经济学家们提出并论证了许多令人兴奋不已的理论。[1] 但无论是有效市场理论、资本资产定价理论，还是套利定价理论、期权定价理论等，由于这些理论对行为主体和信息、环境因素设置了一系列的约束条件，因而这些理论并不能符合实际地说明证券价格对证券基础价值的偏离。行为金融学在理性分析的基础上以投资者的各种心理现象为分析依据，对设置了许多约束条件的"理性经济人"范式进行了严厉的批评，认为现实中的投资者既是风险规避者也是风险偏好者，并对效用最大化持怀疑态度。但是，行为金融学尚没有在基础理论上对传统金融学理论进行彻底的改造。例如，传统金融学的有效市场理论关于套利行为能够熨平价格偏离价值的论述，资本资产定价等理论关于市场机制可以自动纠正价格偏离价值的分析，都是把投资者的心理因素作为外生变量处理后的抽象逻辑分析，而行为金融学并没有通过经济学和心理学的并轨分析，对这些理论做出以基础理论为背景的符合实际的研究。

按照行为金融学对非理性选择的解释，风险偏好是在投资者放弃对信息和环境等因素的认知的情况下，依靠直觉和感情机制而完全由外部诱导所产生的一种并不能断言盈亏的行为方式。同样，投资者在金融市场中发

---

[1] 关于这方面汗牛充栋的理论文献，可参见易宪容、赵春明主编的《行为金融学》，社会科学文献出版社2004年版。不过，这部著作只是对各种金融学理论作出了一般性理论介绍和被经济学家视为大众化的评说，这两位作者很客观地将著作权冠以"主编"二字，反映了他们治学的严谨态度，值得提倡。

挥理性思考、对信息和环境等不确定因素发挥认知而采取风险规避所进行选择，也未必只盈不亏。投资者在金融市场中究竟是风险规避还是风险偏好，均是市场信息和环境等不确定因素影响投资者选择的结果。据此，我们认为，行为金融学指出了传统金融学以风险规避的"理性经济人"的行为方式，来解说证券价格会回归到证券基础价值的理论存在着严重的疏漏；行为金融学实际上是将投资者理解为本书所界定的理性行为人。金融市场中的投资者是风险规避者和风险偏好者的集合，即便对单个投资者来说，他在某一特定的时空上既有可能是风险规避者，也有可能是风险偏好者。因此，无论是将风险规避理解为理性选择，还是将风险偏好理解为非理性选择，甚至做出完全相反的理解，行为金融学的这些理论观点都明显包含着理性和非理性融合的思想。

针对传统金融理论公理体系的不完备，行为金融学主张对金融现象的研究应该从心理向行为作逻辑推演，认为套利理论既无法解释金融市场中的诸如股票市场溢价谜团、股价波动谜团、封闭式基金谜团，也无法对企业融资活动扭曲市场均衡的现象作出说明。行为金融学认为解释证券价格偏离证券基础价值的关键，是应该从心理和行为相结合角度来研究金融市场中客观存在的套利行为。传统金融学的套利理论是建立在投资者的理性预期和风险规避的假设之上的，套利行为的具体表现是，投资者通过理性预期发现金融资产价格低于其价值时，就买进该金融资产；当金融资产的价格高于其价值时，投资者就风险规避地卖出该金融资产。换言之，投资者在金融市场中是理性经济人，他们不会犯错误，可以实现效用最大化。行为金融学则不同意传统金融学的以上观点，认为投资者在金融市场中会经常犯错误，原因是他们常常以经验方法而很少通过对信息进行思考和认知来决策。

行为金融学十分重视由经验驱动偏差（heuristic - driven bias）所产生的行为。经验驱动偏差是以有限理性分析为前提的，它否定传统金融学关于非理性投资者不符合"理性预期、风险规避"假设从而会被市场淘汰出局的理念。行为金融学并不否定"理性预期和风险规避"对投资选择的影响,但它同时强调"经验驱动偏差"有可能会导致投资者的非理性选择。我们从这里再次可以看出行为金融学所暗含的理性和非理性融合的思想。

传统金融学把投资者决策过程描述为一种风险透明和收益可观测条件下的"框架独立"(frame independence)。行为金融学认为这个观点忽视了现实中的行为背景和环境因素,认为"框架依赖"(frame dependence)是引起证券价格偏离其基础价值的一个不应被忽视的行为反应情景(Hersh & Shefrin,2000),框架依赖和经验驱动偏差会导致无效市场(inefficient market)。行为金融学对无效市场进行了研究,批判了"将有效市场假设与风险收益均衡"结合起来思考问题的资产定价模型,认为对金融市场中的投资选择行为的研究,必须放弃"以收益标准差测定风险、用正确认识的协方差原形就可预测所有证券收益"的假设。Shefrin 和 Statement 曾将金融市场中的交易者划分为信息交易者和噪声交易者,按照他们的定义,信息交易者是指那些能够得到正确信息并经过理性思考后进行行为选择的交易者,信息交易者不会犯错误,而噪声交易者则正好与此相反。

行为金融学把投资者划分为信息交易者和噪声交易者,认为"信息交易者不会犯错误而噪声交易者会犯错误",这个观点是值得商榷的。这是因为,如果我们以投资者能否取得收益或收益能否趋于效用最大化作为判断"是否犯错误"的依据,这个观点无疑蕴含着噪声交易者不可能取得收益的结论,但实际并非如此。按照本书对行为理性的解说,信息交易者是理性选择者,噪声交易者是非理性选择者,因而金融市场的行为主体由理性和非理性投资者共同构成,这是问题的一方面。另一方面,行为金融学着重研究了这两类交易者之间选择行为的交叉,就这种研究而论,我们有理由认为,这两类选择行为的交叉包含着两个层次的内容:一是理性交易者与非理性交易者选择行为存在着互动;二是金融市场中的个体角色定位或其所扮演的角色,有可能在信息交易者和噪声交易者之间游离。因此,行为金融学以"框架依赖"和"经验驱动偏差"

这两个概念来阐述无效市场的存在时，明显涉及了理性与非理性的融合问题。

行为金融学对传统金融学有效市场理论批评的学理构成，是得到心理学及其实验方法的启迪而发展起来的，其各种新观点的提出和模型的建构，都是以金融市场中广泛存在的"套利限制"现象为背景的。围绕这一现象，行为金融学揭示了金融市场中的理性和非理性选择行为的相互影响或同构现象，指出了非理性选择对价格影响的实质性和长期性。但由于研究的侧重点不同，行为金融学关于投资者对信息和环境的分析和研究，通常是着重研究投资者违背贝叶斯定律而从经验驱动的特定心理来考察问题的，研究框架在分析侧重点上的这种布局，容易使我们误认为行为金融学不重视理性选择的研究；但如果我们从他们对非理性选择的研究折射到他们对理性选择所做的分析，不难发现，行为金融学的理论中的确包含着一些理性和非理性融合的思想火花。

第六节 从理性非理性融合得出的理论启示

理性与非理性融合的选择行为，是人类决策活动中经常出现的一种状态，这种状态既可以表现在个体选择行为上，也可以反映在集群选择行为之中。[①] 新古典经济学偏好于从行为选择结果来考察问题的传统，在很大程度上影响了现代主流经济学，以至于使现代主流经济学习惯于用效用

---

① 人类选择行为的理性与非理性融合，是多重选择动机和多重偏好以及认知过程不确定和效用期望调整的产物，这种现象是我们将经济活动中的行为主体界定为"理性行为人"的理论依据。经济学家运用个体主义方法论解释这个问题的困难，不是在个体选择行为的理性与非理性的融合上，而是发生在群体选择行为的理性与非理性的融合上。其实，人类社会中任何群体选择行为都是理性与非理性的融合。如前文所述，我们界定某一群体事件决策是理性或非理性，是以该事件决策中理性选择者与非理性选择者比率为依据的，这个问题可以运用贝叶斯法则做进一步的数理研究。关于群体事件决策是理性或非理性的详细解说，可参见拙作《理性选择向非理性选择转化的行为分析》，《经济研究》2005 年第 8 期。

（最大化）来作为判定选择行为的理性或非理性属性的依据。关于行为理性属性的界定，我们从现实进行考察而不是从逻辑推论得出的基本结论是：界定选择行为的理性和非理性属性需要关注两方面的问题：一方面，需要从信息、环境等影响选择的不确定因素来认识，即要以选择者是否对影响选择的信息进行了思考和认知作为行为理性属性的判别标准；另一方面，则需要以选择者的心理变化所引起的行为偏差来解释行为理性属性，即承接行为经济学将心理学与经济学并轨的分析方法来界定行为理性属性。我们只有对行为理性属性作出明确的界定，才能更好地理解选择行为的理性与非理性的融合。

行为理性选择理论的行为偏差概念，是针对行为人选择偏离了传统主流经济观点有关理性选择的概率判断及其规则而言的。从行为偏差来理解现实中选择行为的理性和非理性融合，必须关注来自促动行为人按照何种方式进行选择的两组变量之间的力量均衡：一组变量是行为人对影响选择的信息和环境等不确定因素的搜集、整合、加工和处理，它反映特定时空上的理性思考程度以及行为人所发挥的认知（以下简称变量组Ⅰ）；另一组变量是行为人受诸如确定性效应、框架依赖、锚定效应、从众行为、可利用性效应等直接由心理活动引致的系统性偏差因素（以下简称变量组Ⅱ）。我们以这两组变量来解说选择行为的理性和非理性的融合，是在高度抽象理论层次上的一种分析性描述，它很难在数理模型分析上作出计量和统计，但比较这两组变量对行为人选择行为影响力的强弱，可以粗线条地勾勒出行为人在进行选择时的行为属性。

一般来说，变量组Ⅰ和变量组Ⅱ对人的选择行为的影响是始终存在的。不过，从这两组变量对选择行为发生影响的程序来看，变量组Ⅰ对选择行为的影响通常要比变量组Ⅱ先发生，但随着决策环境以及行为人心理因素的变化，两组变量对选择行为影响的力量对比也会发生相应的变化；以行为人的选择对象或决策领域而言，在非金融领域中，变量组Ⅰ的影响力要大于变量组Ⅱ，而在金融领域情况则正好相反。概括而论，变量组Ⅰ和变量组Ⅱ在影响行为人行为选择时存在着以下关系：变量组Ⅰ＞变量组

Ⅱ，变量组Ⅰ＜变量组Ⅱ，变量组Ⅰ≈变量组Ⅱ。

联系理性和非理性的融合来看问题，可以认为，前两种情形对行为人理性和非理性选择行为的融合产生了变量约束，变量组Ⅰ＞变量组Ⅱ，意味着行为人的理性选择占主导，此时，行为人在很大程度上发挥了对信息、环境等不确定因素的认知，"脑袋是长在自己肩上的"，尽管变量组Ⅱ仍然在一定程度上对行为人的选择行为发生着影响。这种情形下的行为理性主体，就是本书所论证的"理性行为人"。当变量组Ⅰ＜变量组Ⅱ时，则意味着出现了与上述情形完全相反的结果，这种情形下的行为理性主体，不是标准意义上的"理性行为人"。从纯粹的理论意义上来考察，由于理性与非理性融合是指选择行为中既有理性因素又有非理性成分，因而以上两种情况下的行为选择，或多或少具有理性与非理性融合的特征。特殊地，只有当行为选择完全不受变量组Ⅱ影响，即行为选择完全由变量组Ⅰ决定时，这样的选择才是纯粹的理性选择行为；同理，只有当行为选择完全不受变量组Ⅰ影响，即行为选择完全由变量组Ⅱ决定时，这样的选择才是纯粹非理性行为。显然，这样的情形在现实中是不存在的。

在现实中，影响行为人选择行为的变量是在不断变化的，变量组Ⅰ＞变量组Ⅱ的情形，有可能会转化为变量组Ⅰ＜变量组Ⅱ，或者相反。当这种变化趋向于变量组Ⅰ≈变量组Ⅱ时，就出现了理性与非理性融合的典型情形。此时，制约理性与非理性融合的变量组Ⅰ和变量组Ⅱ就旗鼓相当。这时的行为人既有理性选择的内在要求，又有非理性选择的外在冲动，并且其选择行为的属性变化常常取决于某些偶发性事件的影响。也就是说，行为人选择行为的理性与非理性融合，会明显受到变量组Ⅰ和变量组Ⅱ的共同约束。这个问题的讨论涉及对理性选择和非理性选择交叉点的讨论，但据我们目前所掌握的文献资料，现有的关于理性和非理性的分析和研究，只是在论述其他问题时涉及这个交叉点（如展望理论在论证价值函数时对S形曲线的解说），并没有明确指出这个交叉点的存在，更没有对这个交叉点所蕴含的理性与非理性融合问题进行专门的研究。基于此，笔者在此提出理性与非理性融合的变量约束问题，无疑有助于我们拓宽和加深对行为理性选择的研究。

如果我们是以"有"而不是以"无"的理念来看待理性和非理性选择行为的融合，那么在我们以后的研究中，就有必要对行为人在实际选择过程中的心理和认知概括出几个接近公理性的概念。传统主流经济学曾运用"偏好一致性"和"效用最大化"作为行为理性决策的公理性概念（至少新古典经济学认为是这样），但由于这些概念是建立在完全理性和完全信息假设上的，因而遭到了现代经济学尤其是其中的非主流经济学的全面质疑和否定。但遗憾的是，现代经济学一直没有能够建立起贯穿于其理论始终的、接近于公理的基础概念，因而其理论体系显得有点发散。鉴于选择行为的理性和非理性融合的论证，离不开对偏好的描述；作为一种探讨，我们可否以"偏好多重性"来取代"偏好的内在一致性"、以"满意程度"来取代"效用最大化"呢？倘若我们能够结合"偏好多重性"与"满意程度"来论证人的选择行为，从而对理性与非理性融合现象作出符合实际的解说，这无疑会给经济学行为理性选择理论带来生机。当然，这是一项由纯粹理论探讨到现实分析的课题，它具有较强的理论论证难度。

我们在理论上完善选择行为的理性和非理性融合的研究，一方面，要建立没有过多条件约束的数学模型，以构建选择行为的理性和非理性融合的理论框架；另一方面，要运用心理学成果展开对行为人选择行为的实验研究，以实验数据来论证选择行为的理性和非理性融合的客观存在。我们对理性与非理性融合的研究，不可避免要进一步涉及对认知过程和效用期望调整等问题的探讨，行为人的认知过程发生变化，他（她）在选择中的理性与非理性成分就会出现新的融合，而这种新融合的出现就会使效用期望产生新的调整。于是，效用最大化问题就不像传统主流经济学所描述的那样是行为理性选择的必要条件，而是应该被理解为是行为人追求效用的一种主观期望。正是在这个意义上，重新解说效用最大化始终是重构行为理性选择理论的硬核所在。

对效用最大化的重新解说，是以重塑效用函数作为理论归宿的。现代经济学对效用最大化、效用函数抽象性及其变量构成缺失等所展开的一系列质疑和批评，都是试图寻找一个能解释理性行为人实际选择的效用函数。从基础理论分析角度来讲，效用函数可谓是经济学理论中的"道"，其在内涵和外延上博大而精深的学理，曾致使数代经济学家付出了不懈的努力。但是，无论是在宏观经济运行还是在微观经济运作层次上来考察，传统主流经济学的效用函数都在理论上存在着缺失，这些缺失突出反映在它难以解释现实的选择行为，突出反映在它与实际的偏离上。就理性与非理性的融合而论，传统效用函数只是对应于传统行为理性分析框架内的以一系列假设为前提的理性选择理论，它既无法被用于解释非理性选择，也无法被用于解释理性与非理性的融合。因此，构建一个能反映人类选择实际的效用函数，应是经济学家的主要研究任务之一。

参考文献

Chi‐fu Huang and Robert H. Litzenberger (1988), *Foundations for Financial Economics*, North‐Holland, pp. 6‐12.

ALLAIS, H., "Le Comportement de I'Homme Rationnal devant le Risque des Postulats et Axiomes de I'Ecole Americaine", *Econometrica*, 21 (1953), 503‐546.

Kahneman, D. and A., Tversky, "Prospect Theory: An analysis decision under risk", Econometrica, 47 (2), 1979.

Simth, V. L. (1994), "Economics in the Laboratory", *Journal of Economic Perspectives*, Winter.

Leibenstien, H. (1987), "X‐Efficiency Theory", In the New Palgrave, London: MaMillan.

D. Kahneman, P. Slovic &A. Tversky (1981), *Judgement under uncertainty‐Heuristics and biases*, Cambridge University Press, Cambridge.

Kahneman, D. and Tversky, A. (1974), *Judgement under uncertainty‐Heuristics and biases*, Science, 185 (3).

Clarkson, G., P. E., & Simon, H. A., 1963, "Simulation of Individual and

Group Bahavior", *American Economic Review*, 50 (5), pp. 920 – 932.

Myrdal, K. G. (1968), *Asian Drama*: *An Inquiry into the Poverty of Nations*, 3 Vol. N – Y, Twentieth Century Fund.

Fleming, M. (1969), *Introduction to Economic Analysis*, London: George Allen & Unwin Ltd. .

Samuelson, P. and William D. Nordhaus (1955), *Economics*, 8th ed, New York: Mcgraw – Hill.

Pareto. V. (1896), Cour d'Economie Politique, Vol 2. Lausanne, F. Rouge.

Hersh Shefrin, Boyond Greed and Fear, Harvard Business School Press, 2000.

赫伯特·西蒙:《从实质理性到过程理性》,载《西蒙选集》中译本,首都经济贸易大学出版社2002年版。

阿马蒂亚·森:《新帕尔格雷夫经济学大词典》第4卷。

加里·贝克尔:《人类行为的经济分析》中译本,上海三联书店2000年版。

薛求知等:《行为经济学》,复旦大学出版社2003年版。

易宪容、赵春明:《行为金融学》,社会科学文献出版社2004年版。

何大安(2005a):《经济学世界中的理性投资模型和非理性投资模型》,《学术月刊》2005年第1期。

何大安(2005b):《金融市场化与个体非理性选择》,《经济学家》2005年第3期。

何大安:《理性选择向非理性选择转化的行为分析》,《经济研究》2005年第8期。

何大安:《行为经济学基础及其理论贡献评述》,《商业经济与管理》2004年第12期。

何大安:《行为经济人有限理性的实现程度》,《中国社会科学》2004年第4期。

何大安:《选择行为的理性与非理性融合》,上海三联书店、上海人民出版社,《当代经济学文库》2006年版。

加里·贝克尔:《人类行为的经济分析》中译本,上海三联书店、上海人民出版社2000年版。

第七章

人类实际选择行为的效用函数

第一节 引语

人类经济行为的选择过程,一方面表现为选择者选择动机、偏好、认知和效用的相继作用过程;另一方面反映为选择者理性与非理性融合的过程。我们理解和认识经济行为的选择过程的要义,应当沿着理性和非理性相融合这条分析理路,并结合选择动机和目的来透视经济行为的选择过程。这样的分析路径有可能在某些方面解决现代经济学与传统主流经济学有关行为理性选择理论的一些纷争,有可能正确解释经济行为选择过程的要义。经济学家对选择者动机、偏好、认知和效用等的不同理解,通常会出现与这种理解相对应的效用函数。在理论上具有"形而上"特征和"阳春白雪"性质的效用函数,很容易因经济学家追求理论完美而脱离实际。传统主流经济学的效用函数就存在着这样的情况。

传统主流经济学关于经济行为选择的动机和目的,是单纯追求效用最大化的理论见解,是被经济理论家一种长期以来自觉或不自觉接受的经济理念。这种理念曾促使经济学家围绕动机、目的和效用来解析和构建效用函数。从理论上来讲,效用函数是对行为选择结果的一种抽象的理论描述,这种抽象的程度和范围会影响效用函数对实际选择行为解说的可信度。易言之，接近实际的效用函数能够较好解释经济选择行为，而严重偏离实际的效用函数便不能很好地解释经济选择行为。在汗牛充栋的经济学文献中，经济学家不仅用效用函数来分析和评判选择者（包括个体和厂商）的选择绩效，而且在宏观经济管理上也以效用函数来分析和评判政府的宏观调控效应。随着社会经济、政治和文化等的相互渗透，效用函数已被广泛运用于对社会非经济领域问题的分析，它的运用边界的扩张正推动着行为理性选择理论显现出"经济学帝国主义"的风采。

行为理性选择理论研究的基础核心问题之一，是效用最大化问题。针对效用最大化，经济学家对效用函数的争论就从未停止。这一争论的重点，主要是围绕效用函数怎样才能反映实际来展开的。但迄今为止，经济学家尚未在理论上探寻出人类选择行为的实际效用函数，这在很大程度上影响了行为理性选择理论的科学性。[①] 效用函数的理论表达形式是与行为主体假设相对应的。传统主流经济学的效用函数对应于"理性经济人"，它把人们追求效用最大化圈定在对物质（经济利益）诉求的理性选择范围，但在现实生活中，人们追求效用最大化有时会发生在对非物质利益的诉求上，并且以行为选择的性质来讲，有时甚至会发生在非理性选择上。现实中的这种源于选择行为的理性与非理性融合的情形，其效用函数所对应的行为主体，则可以看成是本书所刻画的"理性行为人"。现代经济学在许多分析场合是将行为主体作为"理性行为人"而不是作为"理性经济人"来看待的，这便使他们常常对传统效用函数提出质疑和批评。

理性行为人追求效用最大化的行为选择动机和偏好是多重的，认知过程是不确定的；虽然理性行为人对效用最大化的追求，主要反映在经济利益上，但有时也体现在对非经济利益的追求上，这是问题的一方面。另一

---

① 针对传统效用函数局限于最大化的描述，一些经济学家曾提出"广义效用函数"和"泛经济人效用函数"，但由于这些新提出的效用函数仍然是以"理性经济人"为基础的，因而同实际尚存在一定的距离。笔者以为，接近行为选择实际的效用函数必须反映行为理性主体的多重偏好、不确定认知和效用期望调整，必须关注由多重选择动机决定的反映行为理性主体多重目的的最大化，而不是仅仅关注利润最大化。因此，传统效用函数只是"经济人假设"下对行为理性选择的一种高度抽象却与实际有很大距离的理论描述。当经济学家从现实来验证传统效用函数时，就会发现这样或那样的问题。

方面，效用函数要受到物质性变量和非物质性变量的双重约束，要支付因加工处理信息或其他行为努力所产生的信息成本和时间成本。因此，我们应该考虑到影响效用函数的成本构成，并以物质性变量和非物质性变量来型构实际效用函数。① 如果这一型构获得成功，我们便有可能在基础理论上接近实际地对效用函数作出解释，从而进一步正确地解读经济行为的选择过程要义。

经济理论之所以迄今没能建立起符合实际的效用函数，一是因为它将决定效用函数的变量完全限制在物质要素范围；二是因为它缺乏对选择成本的全方位分析。关于这方面的理论分析情形，现有的涉及效用函数的理性和非理性理论向我们展现了这个图景。

第二节 联系效用函数对理性和非理性再评述

理性和非理性选择一直是主流经济学和非主流经济学关注的问题。在西方经济学中，理性选择分析作为一个完美的抽象理论，长期支撑着西方经济学的理论大厦。很多主流经济学家显性或隐性地把"经济人"作为理论研究的假设前提。② 自从亚当·斯密系统地把追求效用最大化之自利特征的行为主体描述为"经济人"以来，经济学家根据不同分析模型的

---

① 这里关于效用函数变量构成的观点，涵括了阿克洛夫等人（Akerlof, 2007）所主张的把"行为准则"或"效用损失"作为效用函数变量的见解。具体地说，物质性变量主要是指生产资源要素（传统主流经济学所强调的），非物质性变量则包含着极其丰富的内容，把非物质性变量引入效用函数，对于重塑行为理性选择理论是非常重要的。

② "训练有素的经济学家倾向于将自己看作是理性的看护人，并为他人和社会开出理性药方"，诺贝尔经济学奖得主阿罗的这段话生动地说明了理性假设在经济学中的学理地位（克劳奈维根，2002）；只有合乎理性的行为和现象才是经济学的分析对象，而合乎理性的行为是有目的的行为（罗宾逊，1935）；主流经济学一方面把理性视为选择行为的内部一致性，另一方面把理性等同于自利最大化（阿马蒂亚·森，2003）。

具体需要，往往赋予理性不同的特点。① 在行为理性选择理论中，尽管经济学家依据不同模型的分析需要对理性的理解存在一定的差异，但"理性经济人"追求效用最大化，却成为主流经济学广泛而一致的共识；效用函数一旦被打上最大化烙印，更加强了传统主流经济学把"理性经济人"作为分析范式的经济理念。但是，后续的经济理论发展却趋向于证明传统主流经济学所描述的理性及其效用函数像一把"双刃剑"，它在使经济学理论大厦趋于精致完美的同时，也使经济学越来越脱离于现实。

经济学关于非理性决策的分析和研究，最早可追溯到马尔萨斯（1992），他认为生活资料对人们的压力容易导致人自身再生产的非理性"热情"；相对于古典经济学所提倡的理性经济人概念，马尔萨斯所提出的非理性观点，实际上是不赞成先前理论把人看成是全知全能并能实现效用最大化的行为主体，尽管他没有对非理性选择作出系统研究，但他的观点可看成是一种研究范式上的转折。凡伯伦（1964）则是第一位从非理性角度构建经济理论体系的经济学家，他强调制度因素会产生使选择行为偏离效用最大化的影响，认为"经济人假设"不应作为经济理论的思维轴心和分析基点，并力图以"本能"和"习惯"这两大非理性因素取而代之；但由于凡伯伦的制度研究是描述性而不是分析性的，因而他的理论主张没有引起经济学界的重视。

理性和非理性并存的客观性已被一些经济学家观察到。贝克尔（1995）认为理性和非理性在很多情形下是相容的，经济学既要研究理性行为也要研究非理性行为。贝氏关于理性和非理性相容的思想，对于传统主流经济学效用函数的冲击是很明显的。因为，既然人的选择行为具有理性和非理性的相容性，效用函数就不能完全用理性选择及其因素来描述，并且按照传统主流经济学暗含的"非理性选择不能产生效用"的思想，理性和非理性相容的现实选择就不可能实现效用最大化。因此，即使我们

---

① 贝克尔（1995）认为理性人可以从成本和收益来进行仔细比较和计算；卢卡斯（1972）曾假设理性主体及其行为选择在掌握充分信息的情况下不会犯系统性错误。联系效用函数来看问题，这些观点实际上是强调理性行为主体的选择结果一定会取得正效用，并且极有可能会实现效用最大化。

撇开理性选择能否实现效用最大化，经济学世界中的行为理性选择理论对传统效用函数也会出现两点质疑：一是怎样解说理性和非理性相容状态下的效用函数；二是如何解释非理性选择下的效用函数。[①] 针对这两点质疑，现代经济学尤其是现代非主流经济学曾在许多方面涉及对这些质疑的研究，这些研究给我们解释人类选择行为的实际效用函数提供了启示。

如果说马尔萨斯和凡伯伦有关人类非理性选择的解释只是一种朦胧的理论意识，那么，赫伯特·西蒙的过程理性学说以及行为经济学等对认知过程和效用期望调整的研究，则给我们研究人类选择行为的实际效用函数提供了许多分析性的帮助。西蒙（1989）思想最卓越的地方，是从认知能力有限以及信息不完全的角度出发，构建了较为系统的有限理性理论，他认为人的行为选择只能实现有限理性而不可能达到完全理性状态，因而效用函数只能实现"满意解"而不可能实现"最优解"。这个思想可认为是批评效用最大化的最正宗经济理论的源头。这是因为，一方面它动摇了传统主流经济学"理性经济人"范式有关经济人全知全能理论的分析基础，另一方面，它奠定了理性选择行为会出现效用期望调整的分析基础。[②] 相对于传统主流经济学的行为理性选择理论的缺失，现代经济学行为理性选择理论对认知过程和效用期望调整的重视，越来越体现出行为经济行为的选择过程的要义，而揭示这种要义的一个重要方面，是要求经济学家刻画出反映人类选择行为的实际效用函数。

[①] 对理性和非理性相容状态下效用函数的理解，关键在于对理性与非理性融合的解释，而对这种融合作出解释，则必须能够在理性分析框架内对非理性选择作出解释（何大安，2006）。但贝克尔在《人类行为的经济分析》这部巨著中没有对理性和非理性相容状态下的效用函数做出研究。在笔者看来，非理性选择存不存在效用函数问题，它与理性选择的效用函数有什么区别，是必须解决的理论问题；如果能够对理性和非理性的各自效用函数做出解释，便有可能解释人类选择行为的实际效用函数问题。

[②] 现有的关于行为理性选择以及效用函数的分析和研究，存在着淡化西蒙过程理性学说的情况。具体地说，一些经济学家只是在一般意义上充分肯定西蒙的有限理性学说，并没有联系效用函数对过程理性学说进行深入的研究。其实，西蒙在过程理性学说中对传统主流经济学忽视认知过程的批评，至少在正统理性选择理论框架内指出了非理性选择的存在，指出了建立在完全理性和完全信息基础上的传统效用函数的缺陷。严格来讲，后期经济学家在正统理性选择理论框架内对选择行为偏离传统理性相关规则的非理性的理论解说，在很大程度上仍然是以西蒙的过程理性学说为分析基础的。

现代经济学从不同角度对非理性选择进行的研究，无疑对传统主流经济学的原有理性分析框架提出了挑战。就这种挑战为我们研究非理性选择以及建立实际效用函数而论，给我们提供重要思想来源的理论应是行为经济学。如前所述，行为经济学在心理学和社会学相关研究的基础上，利用实验以及微观计量经济学等技术分析手段，触及了偏好多重、认知不确定和效用期望调整。① 偏好多重和认知不确定，意味着人们的实际选择偏离了传统理性规则（行为经济学所理解的非理性选择），而效用期望调整则否定了以最大化为核心的传统效用函数。无论是从理论逻辑还是从选择结果来考察，既然现实中存在着理性选择与非理性选择的融合，实际的效用函数就不能只反映理性选择，而是应该反映非理性选择。诚然，行为经济学否定了"经济人假设"以及偏好一致性、完备性和传递性等公理，但它对非理性选择的分析仍然是在传统主流经济学的理性框架内展开的，因此，完全依据行为经济学理论是难以建立实际效用函数的。

从基础理论或基本现实来理解，效用函数实际上是一种投入产出关系。传统经济学的"经济人假设"、"理性经济人"范式以及对"效用最大化"的推论，实际上已经把效用函数刻画成为投入产出的极大值。现代经济学实际上是将经济行为主体看成是"理性行为人"（本书的理解），认为理性行为人取得投入产出的最大化，是一种偶然现象或一种主观期望，在假定效用函数为正值的情况下，效用函数值通常介于零与最大值之间。这个区别很重要，它向我们揭示建立符合实际的效用函数至少要关注以下几个问题：1. 是不是只有理性选择才能取得效用正值，非理性选择能不能取得效用正值；2. 效用函数是不是只是针对理性选择而言，存不存在非理性选择的效用函数，如果存在则如何解说；3. 怎样解释效用函数有可能取负值的情况；4. 如何修正传统主流经济学笼统地把生产要素投入作为效用函数变量构成的缺陷，即如何在符合实际的效用函数中增添

---

① 行为经济学运用框架效应、偏好逆转、确定性效应、损失厌恶等概念，说明了实际选择行为与传统理性规则的偏离，以这种偏离来定义非理性选择，以价值函数取代传统效用函数（Kahneman & Tversky，1973，1974，1979，1981）。行为经济学在揭示非理性选择和描述价值函数的同时，实际上是从侧面论证了偏好多重、认知不确定和效用期望调整。

新变量。很明显，我们对这些问题的解释和论证，会在不同程度和范围内彰显出经济行为选择过程的要义。

关于第一个问题。理性选择是对人们选择行为的属性界定，在信息不对称和有限理性约束下，只要选择者对影响选择的信息进行了搜集、整合、加工和处理，即发挥了自己的认知，我们就认为选择者的选择行为是理性的，反之则认为是非理性；至于选择者的偏好和效用，则是选择者动机和目的的过程反映，它并不对理性和非理性构成属性规定。正是在这个意义上，我们把具有多重选择动机和偏好，发挥了认知和对效用期望进行调整的选择者，界定为"理性行为人"。显然，如果选择者没有发挥认知就不会有效用期望调整。但选择者发挥了认知，并不是意味着他（她）对信息进行搜集、整合、加工和处理的正确，就一定能够取得效用正值；相反，如果选择者没有发挥认知而只是在特定动机和偏好下进行选择（这在金融市场极为常见），也有可能取得效用正值。

事实上，经常出现在金融市场的这种非理性选择者是"行为人"，而不是"理性行为人"（其他领域也是如此，只是存在程度和范围的差别）。金融市场的选择者明显可以分为理性与非理性两大类，但这类非理性选择者同样存在着追求最大化的效用函数。这便回答了以上提出的第二个问题。第二个问题的症结在于，无论选择者是理性还是非理性，他们都会追求效用最大化，都存在着与自己选择行为相对应的效用函数。这一点，可以理解为经济行为的选择过程要义。传统主流经济学将理性选择和效用函数放置在极其狭窄的范围内进行解说，现代经济学看到了主流经济学的缺陷，但没有明确解析理性和非经济行为的选择过程的这些要义，以至于在他们之间出现了一系列理论分歧。

第三个问题是第一个问题和第二个问题的延伸。效用函数有可能出现负值的情况，一方面是信息和环境等复杂因素使然，另一方面是选择者能力有限使然。这在理论上均可以解释为是信息不对称和有限理性约束的结果。关于这一点，现代经济学在对传统主流经济学的质疑和批评中已经有明确的认识。但遗憾的是，现代经济学对效用函数有可能出现负值的研究是漫不经心的,这与他们没有把行为理性属性界定在一个宽泛的范围有关。

其实,效用函数出现负值,既有可能是选择者认知能力有限,没能对影响选择的信息进行正确加工和处理,从而没能形成正确认知的结果,也有可能是选择者对信息进行了加工和处理并且取得正确认知;由于信息和环境因素发生新变化,效用函数出现负值,既有可能是选择者的先前认知出现偏差的结果,也有可能是选择者压根儿就没有对信息进行加工和处理(缺乏认知)的结果。因此,效用函数出现负值是与理性和非理性选择无关的。

第四个问题可谓是对前三个问题进行归纳后的一种分析性见解。传统经济理论只是把物质要素作为效用函数变量,这样的变量安排是与传统经济理论主张偏好的内在一致性、忽视认知过程以及将追求效用最大化看成是行为理性判断标准等相对应的。或者说,这样的变量安排是同传统经济理论将效用函数的行为主体界定为"理性经济人"相对应的。

然而,当我们从多重选择动机和偏好、认知不确定和效用期望调整等来理解和解释效用函数时,就需要从实际出发来探寻效用函数的变量构成。针对传统经济理论单纯把物质要素作为效用函数变量的情形,我们在理论上增添效用函数的新变量,可考虑将行为准则以及包括信息、机会、计算和时间在内的成本等作为新变量,也就是说,可考虑以物质性变量和非物质性变量来共同型构效用函数。[①] 效用函数变量的如此安排是接近实际的,因为这样的安排能够容纳理性和非理性选择,能够解释效用最大化是人们的一种主观期望,能够解释效用函数有可能出现负值的情形,从而最终能够反映经济行为选择过程的要义。

传统主流经济学的"经济人假设"或"理性经济人"范式否定了研究非理性选择的必要性,这一假定或范式实质上是把效用最大化看成是人们进行理性选择的必然结果,因而非理性选择根本就不在传统主流经济学

---

① 前文曾对"把行为准则作为效用函数变量"的观点进行过评说,本章拟专对"成本作为效用函数变量"问题进行分析。不过,本章关于效用函数变量构成的分析,仍是抽象理论层面的,目的是描述一个符合现实的实际效用函数。

的分析视野内,也就无所谓非理性选择的效用函数问题。新制度经济学曾认为传统理性是一种适应性理性,而不是最大化理性;① 现代经济学尤其是非主流经济学认为,理性在受到认知能力局限时,最大化理性是一种公理化假设。现有的理论表明,无论是主流经济学还是非主流经济学,在否定理性选择能实现效用最大化的同时,也悄然否定了"非理性选择有可能实现效用最大化"这一命题。理性选择难以实现效用最大化,是否意味着非理性行为必然与效用最大化相悖呢?对这些问题的深入探讨,会涉及选择行为的成本构成,这是传统主流经济学一直不愿面对且被非主流经济学忽视的问题。

第三节 选择行为的成本构成及其模型描述

现代经济学的行为理性选择理论关于非理性选择的分析和研究,主要是在理性框架内围绕选择行为偏离传统理性理论的经验和概率规则而展开的。如前文所指出的那样,这些分析和研究最有影响力的理论分析脉络,是阿莱斯悖论→赫伯特·西蒙的过程理性学说→丹尼尔·卡尼曼和特维斯基的展望理论。概括而言,这些理论在信息不对称和有限理性约束下,把一切背离"偏好一致性和效用最大化"的选择行为统统理解或界定为非理性,至于非理性选择与效用最大化的关系,以及非理性选择是否也存在效用函数等问题,并没有引起经济学家的足够关注。从现实中非理性选择的实际来看,非理性选择同样面临着效用最大化的追求,如果我们能够在理论上描述非理性选择的成本构成,就有可能对选择行为的效用最大化作出较为全面的解说。

---

① 新老制度学派在最大化问题上存在一定的分歧,老制度学派明确拒绝"习惯"对最大化的影响,反对"理性的逐案调整",认为人的选择行为是一种"地道的规则遵循",并不是每时每刻都能够实现最大化,新制度学派的观点却正好相反。参见马尔科姆·卢瑟福《经济学中的制度》,中国社会科学出版社1999年版,第63—97页。

第七章 人类实际选择行为的效用函数

人类经济行为的追求自我发展，它驱动着人们对资源进行有效配置以期实现效用最大化，这是经济学研究的重心所在。理论研究对实际行为的逻辑演绎和推论，通常要求这种逻辑演绎和推论尽可能降低抽象性，以便使演绎和推论逼近实际行为。传统主流经济学在"经济人假设"下把选择行为描述为具有有序偏好、完备信息和精确计算能力，并能够利用掌握的信息来预估选择行为所产生的各种可能性，从而在稳定的偏好一致性下实现效用最大化（约翰·伊特韦尔，1996）。传统主流经济学的这些理论观点，曾得到纽曼·摩根斯坦和阿罗·德布鲁等人的期望效用理论的系统论证（Neumann & Morgenstern，1947）。但由于期望效用理论与人们的现实选择行为存在着系统的偏差，特别地，由于它不能有效解释金融市场中的实际选择行为，因而遭到了以展望理论为代表的行为经济学的批评（Kahneman & Tvershy，1979）。针对期望效用理论的逻辑演绎和推论的相关批评，还有许多值得我们深入研究的内容。

从人们希冀实现效用最大化角度来考察，"理性行为人"的选择过程不同于"理性经济人"的地方（两种行为主体具有不同的内涵和外延），表现为理性行为人追求效用最大化，始终伴随着对信息和环境等不确定性的思考、认知以及对效用期望的不断调整。当我们从信息、环境制约及认知能力等方面来分析行为选择成本，理性行为人的选择成本的一般构成图景，可以围绕以下几个方面来描绘：1. 选择 A 就不能选择 B，或不能同时选择 A 和 B 的机会成本；2. 对不确定因素进行思考和认知时，花费脑力和体力所产生的计算成本；3. 搜集、整合、加工和处理信息所产生的信息搜寻成本；4. 对信息和环境等不确定因素进行思考和认知时所产生的时间成本。① 这些成本的线性组合构成选择成

---

① 行为经济学曾通过参照物对选择者规避损失的选择进行过相关实验，认为相对于其他效用损失，选择者更看重现金损失（卡尼曼，2004），这种观点实际上是迂回地步强调机会成本；信息不对称曾"折腾"过数代经济学家，现实经济行为选择中的信息量大小和准确程度，越来越成为选择者能否做出最优选择的关键因素；尽管时间成本与机会成本有重合的地方，但随着时间的推移，选择者的选择偏好会出现变化，即选择者的选择偏好会随时间推移出现对不确定因素的适应性调整；因此，信息和环境等不确定因素的瞬息万变，会致使选择者不可能不对外部因素变化作出时滞调整，因而时间成本理应成为选择者选择成本的一个重要变量。

本函数。

如果我们以 P 代表机会成本，以 X 代表计算成本，以 I 代表信息成本，以 T 代表时间成本，那么，理性行为人选择成本的计量模型的一般形式可表示为：

$$C(P, X, I, T) = \alpha P + \beta X + \gamma I + \delta T + \varepsilon \tag{7-1}$$

这是一个抽象的理论计量模型，它可以看成是理性行为人选择成本的一般计量模型。在这个模型中，由于难以搜集变量 P、I、X、T 的具体统计数据，因而系数 α、β、γ、δ 的具体数值难以通过向量自回归模型来确定。不过，系数 α、β、γ、δ 的权数比重，通常会随理性行为人搜集、加工和处理信息以及由此产生的思考和认知等的变动而调整；至于随机因素 ε，主要是泛指那些对选择成本发生影响的不确定变量，如影响选择的政治因素、文化因素，或突发事件等。

依据理性行为人选择行为的一般特征，理性行为人的选择成本通常是与其在选择过程中的有限理性实现程度密切相关的（何大安，2004）。一般说来，在既定的信息和环境条件下，理性行为人较高的有限理性实现程度能够使其做出相对较优的选择，从而导致较小的机会成本。就以上四类成本与有限理性实现程度的数量变动而言，机会成本与有限理性实现程度成反比，计算成本与有限理性实现程度成正比。这是因为，有限理性实现程度反映理性行为人的思考和认知，有限理性实现程度越高，花费的计算量就越大，花费的脑力和体力就越多，从而计算成本也就越大。至于信息搜集成本和时间成本，这两类成本与有限理性实现程度也是成正比的，因为较高的有限理性实现程度意味着理性行为人在搜集、加工和处理信息时需要花费更多的精力和时间，从而导致较高的信息搜集成本和时间成本。理解这四类成本与有限理性实现程度的数量变动很重要，它可以帮助我们进一步解释理性行为人选择过程中试图实现效用最大化的要义。

根据现实选择行为是理性与非理性的融合，我们可以把行为人的选择行为划分为理性和非理性两种状态。① 假如我们在高度概括的层次上分别以 C_1、C_2 表示理性选择成本和非理性选择成本,则可以用机会成本、计算成本、信息搜集成本和时间成本的模拟数值的不同组合来反映 C_1、C_2。同时,假设机会成本、计算成本、信息搜集成本和时间成本同质,则我们可以避开以上各成本的权重,直接通过简单模拟数值的比较来说明理性和非理性行为所蕴含的成本支出。为分析方便计,我们以模拟数值 2 代表高成本,以模拟数值 1 代表低成本,则 C_1、C_2 之间会出现以下格局:②

	P	X	I	T	C_1	C_2
理性行为	1	2	2	2	7	
非理性行为	2	1	1	1		5

在以上表格中,我们之所以将非理性选择的计算、信息和时间等成本界定为低成本模拟数值 1,将其机会成本界定为高成本模拟数值 2,乃是因为非理性选择大多是依据直觉或在外部环境刺激因素下做出的,这种选择在计算、信息和时间等方面的成本支出极低,而其机会成本则与理性选择具有类似的规定性。相形之下,理性选择在计算、信息和时间等的成本支出则正好与非理性相反。很明显,在 $C_1 > C_2$ 时,理性行为的选择成本大于非理性行为的选择成本。

---

① 这里运用"行为人"概念,是基于"行为人"的外延要大于"理性行为人"的考虑。以行为属性而言,理性行为人的选择行为是被界定在理性范围的,它所包含的理性与理性融合,是指理性选择中蕴含着非理性的成分;行为人的选择行为,则可以意指理性和非理性两种状态,即定性为理性选择时,可以蕴含非理性的成分,定性为非理性选择时,可以蕴含理性的成分。因此,将选择行为划分为理性和非理性两种最终状态时,在概念运用的严谨性上,我们在这里应用"行为人"要确切些。特此说明。

② 这里关于高低成本的模拟数值界定,并不具有严格数值意义的大小规定,即并不意味着 2 是 1 的成本支出的加倍。具体的说,低成本模拟数值 1,不仅表示成本低而且意味着趋向于 0 的趋势;同样,高成本模拟数值 2,不仅表示成本高,而且蕴含着极高成本的含义。因此,这里的模拟数值只是一种反映成本的特征值,不具有实际度量的意义。

不过，选择行为的成本规定性，不一定同效用最大化之间存在着必然的联系。传统主流经济学将效用最大化置于"经济人"框架下，现代经济学尤其是非主流经济学在信息不对称和有限理性约束的分析前提下，通过否定以"内在偏好一致性"为内核的传统理论的"给定条件约束"，论证了非理性选择的存在，但对非理性选择的效用能否实现最大化是暧昧不清的。这里的分析触及了以成本来推论效用的问题。现实中经常存在着非理性选择会导致较高效用的现象（金融市场特别明显），这种情况表明非理性选择并不像主流经济学描述的那样必然偏离效用最大化。因此，我们有理由认为，如果非理性选择成本低于理性选择成本，那么，我们便可以通过建立人类实际行为的效用函数来推论它有可能表征的效用最大化问题。

第四节　人类实际选择行为的效用函数

传统主流经济学效用函数的变量构成，只是考虑了物质变量，而将非物质变量排斥在外，它在很大程度上可以用生产函数来表征。出现这种情形的原因，或许是因为非物质变量难以度量，或许是因为非物质变量被认为是与效用弱相关，但最根本的原因，是传统主流经济学的分析假设和分析框架没有给非物质变量留下半点讨论的空间。事实上，人的经济行为活动与兴趣、情感、习俗、审美、道德、正义等诸多非物质偏好有一定的相关性，现代经济学揭示的诸如行为准则、心理情结、损失厌恶、风险偏好等就反映了这种相关性。传统主流经济学将非物质变量视作外生变量，使得效用函数的分析维度成为单一维度，而单一维度的效用函数不可避免地偏离现实。诚然，这种单一维度有利于解释效用最大化，但它只适合于理性经济人，并不能解释理性行为人的经济选择行为。

人类的经济选择行为都是在特定资源条件约束和一定动机和目的驱使

下，通过选择偏好和认知过程来进行的；人们选择试图实现效用最大化，这一点是不需怀疑的。就效用函数的要素构成而言，在人们选择行为的偏好形成和认知发挥的过程中，无疑，物质要素是效用函数的主要构成要素，但我们不能以此断言非物质要素不会对选择偏好发生影响。另一方面，即便我们不考虑认知过程，偏好也不是仅仅固定在追求效用最大化上。当我们考虑受偏好影响的认知及其变化时，实际的选择偏好对人们选择行为的影响，就明显背离了传统主流经济学"偏好内在一致性"的教义。从基础理论来讲，现代经济学对传统行为理性选择理论的一系列质疑和批评，无论是涉及偏好和认知，还是涉及最大化和效用函数，都可以追溯到传统主流经济学的这一教义，以及与此相对应的效用函数变量构成的单一维度上。

效用函数具有"大音希声，大象无形"的特征，它一直是理论经济学的一块重要基石；由于这块基石得到了"理性经济人"范式的支撑，其松动的程度是有限的。不过，当经济学家以"理性经济人"来解说行为理性及其决策时，由于这些解说不能有效解释现实选择过程所出现的问题，这块基石的根基在有些方面便不可避免地出现了动摇。理论经济学要完善要发展，经济学家就必须加固这块理论基石，而加固这块理论基石的重要途径，是改变效用函数的变量构成。我想，大部分经济学家会同意这样的观点。

人类实际选择的效用函数应该由物质变量和非物质变量共同构成。这种双维度变量所构成的效用函数，显然对应于"理性行为人"概念。基于传统主流经济学把物质变量和非物质变量看成不具有同质性，并认为两者不具备直接比较或累加的属性特征，我们把非物质变量纳入分析模型来构建效用函数时，就不能对传统主流经济学的效用函数进行简单的拓展，而是应根据理性行为人的物质性需求和非物质性需求进行效用函数的重构。

我们可以将这种糅合了物质性需求和非物质性需求的效用函数称为人

类实际选择行为的效用函数。① 很明显，人类实际行为选择的效用函数，在一定程度和范围内包含着非主流经济学所理解的非理性选择因素。一些经济学学家曾对传统主流经济学的效用函数进行了拓展，提出过"广义效用函数"或"泛经济人效用函数"，这在一定程度上弥补了传统效用函数的局限；但由于"广义效用函数"或"泛经济人效用函数"的理论逻辑仍然与传统主流经济学的效用函数一样，并没有从根本上改变传统主流经济学效用函数的基本内容，只是在"经济人假设"的大框架下对传统效用函数进行了修修补补，因而这些经过拓展的效用函数，还不能称为人类实际选择的效用函数。

为分析的方便，如果我们把传统主流经济学的效用函数理解为"种传统效用函数"，则相对于传统主流经济学，我们可将经过一定修补的"广义效用函数"和"泛经济人效用函数"等，称为从属于传统主流经济学的"亚传统效用函数"。显然，这种划分揭示了它们之间的承接关系。

捷克斯洛伐克经济学家奥塔·锡克（1984）曾指出："成为效用的，通常是引起人的最强烈情绪（爱好、满意、激动等）需要的满足，由于需要的满足经常是不充分的，因而唤起他持久的注意和他对充分满足这种需要的追求。"锡克正确地指出了需要是人们追求效用最大化的原动力，较早揭示了效用在生理学意义上的具体反映。打破传统效用函数的单一变量维度，人类实际选择行为的效用函数变量应包括：1. 选择成本；2. 物质需要；3. 非物质需要；4. 其他随机因素。② 基于这样的理解，我们可以把人类实际选择行为的效用函数的一般形式概括为：

$$U = f[u(C), u(X_1), u(X_2), \varepsilon], \tag{7-2}$$

---

① 本书所理解和解说的人类实际选择行为的效用函数，是针对传统主流经济学的效用函数无法容纳非理性选择而建构的，它不仅能说明理性行为人的非理性选择行为，更能说明理性行为人的理性选择行为。同时，这样建构的效用函数糅合了物质变量和非物质变量，能够解释选择者的物质性需求和非物质性需求，因而它与传统效用函数在变量构成及其作用机制等方面存在差别。

② 马斯洛（1943）曾把人的需要划分为生理需要、安全需要、社交需要、尊重需要和自我实现需要五个层次，从理论的渊源关系来看，马斯洛理论应是"亚传统效用函数"的思想源泉，这一理论对我们理解和建构人类实际选择行为的效用函数提供了思想启迪。

$$\frac{\partial u}{\partial u(c)} < 0; \quad \frac{\partial u}{\partial u(x_1)} > 0; \quad \frac{\partial u}{\partial u(x_2)} > 0$$

其中 U 为效用，C、X_1、X_2，ε 分别表示上述的 1—4 各因素。关于函数式（2），有几点特殊性需要说明：

第一，在这些因素中，物质需要是传统主流经济学效用函数的最主要乃至于唯一决定因素，而在人类实际选择行为的效用函数中，非物质需要也是影响效用函数的重要因素，物质因素和非物质因素在效用函数式（2）中的权重，会随着实际情况变动发生调整，并且变量之间也不经常呈出正相关变化，同时，函数式（2）中的各因素在特定资源约束下（包括时间资源和物质资源），有时会出现此消彼长的关联。因此，人类实际选择行为的效用函数并不是连续变化的，而是处于一种非连续的序列变化中。这些特征说明实际效用函数并不存在一定能够实现的最大值，即不存在传统主流经济学所描述的效用函数的最大化特征。

第二，人类实际选择行为的效用函数，同样存在着效用最大化的学理，但这种学理不仅与传统效用函数不同，也与"亚传统效用函数"存在差异。亚传统效用函数注重于物质变量，或者说，注重以物质满足来反映效用，因而它对效用最大化的理解和论证，只需要对物质变量进行简单的修正，它在潜含着各种物质变量同质假设的同时，假设不同物质在数量相等时效用相等。因而以"广义效用函数"或"泛经济人效用函数"为代表的亚传统效用函数，通常表现为是传统主流经济学效用函数的多重叠加或变形形式。人类实际行为的效用函数不蕴含像亚传统效用函数那样的假设，在人类实际选择行为的效用函数中，各自变量并不同质，其总效用并不是各自变量效用的简单叠加，而是各自变量效用函数的有机结合而汇成的总效用函数，并且各变量的效用在该函数中的权重，会根据人的需要满足程度发生调整，而不是固定不变的。

第三，人类实际选择行为的效用函数扩大了变量选取的范围，它将选择成本作为重要变量纳入其中。当我们以计量模型来审视选择行为在机会、计算、信息和时间等方面所反映的成本构成时，效用函数有可能因出现成本损失而产生负效用的情况，便在人类实际选择行为的效用函数中得以展现，这是与传统效用函数明显不同的地方，也是人类实际选择行为的效用函数逼近现实的一种创新。u（c）（选择成本函数）对总效用函数（实际效用函数）的作用方向，是与u（X_1）和u（X_2）不同的，人们在厌恶损失（偏好）下，通常会高估成本因素在效用函数中的权重，而相对低估其他因素的权重，因而u（c）在人类实际行为的效用函数中占有重要地位。在亚传统效用函数中，无论是"广义效用函数"还是"泛经济人效用函数"，都没有考虑到这个问题，只是把选择成本作为外生约束条件或作为外生变量来处理，这是亚传统效用函数欠缺的地方。

以上对人类实际选择行为的效用函数所作出的几点说明，核心是揭示传统效用函数对非物质变量的忽视，而我们关于非物质变量对实际效用函数的影响反映于u（c）上的描述，则是力图说明建构人类实际选择行为的效用函数的分析路径。传统主流经济学的行为理性选择理论有关偏好稳定以及效用最大化的分析假设，除了不考虑非物质变量，还设定物质变量在效用函数中的权重不变（始终等于1），这实际上是在效用函数的研究上封闭了经济学家对认知过程和效用期望调整的思考。

事实上，经济学家对人类实际选择行为的效用函数及效用最大化的理解和解析，应该根据人们各种需要及其满足程度的变化来展开。这是因为，效用函数中各变量的权重不是固定不变的，最大化效用不是唯一确定的，它是一组值的集合，该组值中的每一特定值对应于特定的函数［u（c）、u（X_1）、u（X_2）］。我们可以在理论上将这些情形概括为：这些特定的函数对应于人们特定时空中的多重选择动机、多重偏好、认知不确定以及效用期望调整过程。

人类实际选择行为的效用函数力图否定单一的物质偏好假设，否定了偏好的内在一致性，在注重物质性偏好的同时引入了非物质性偏好。这一经过重塑的效用函数同样存在着最大化问题，最大化的探讨可以借助以下函数来描述：

$$U_1 = u（E, \varepsilon） \qquad (7-3)$$

$$U_2 = f［u（C）, u（X_1）, u（X_2）, \varepsilon］ \qquad (7-4)$$

其中 U_1 为亚传统效用函数，E 表示物质需要，U_2 为人类实际选择行为的效用函数；在（3）式和（4）式中，每个自变量都是按照以下反映效用的生产函数来自我内生的（其中 $E \approx u(c)$）：①

$$X_i = f_i(x_i, t_i, L_i) \quad i = 1、2 \tag{7-5}$$

约束条件为：

$$\sum x_i = x, \quad \sum t_i = t \tag{7-6}$$

f_i 表示自变量的生产函数，x_i、t_i 分别代表可用于"内生"第 i 个自变量的两类资源——物质资源和时间资源；L_i 表示人的认知能力以及所面临的信息和环境条件。很明显，效用函数（7-4）的最大化过程不仅受生产函数的限制，而且受机会、时间、信息和其他资源的制约。但在函数式（7-3）所表示的亚传统效用函数中，它所反映的效用最大化过程，只是在既定资源约束和时间约束条件下对效用最大化的简单数学表达，它没有揭示非物质性变量以及与此相关的选择成本等对实现效用最大化过程的约束，因而，亚传统效用函数与人类实际选择行为的效用函数仍有一定的距离。

人类实际选择行为的效用函数是很复杂的，这种复杂性根植于选择偏好、认知过程和效用期望调整。总的来讲，多重动机和偏好、认知能力有限性以及信息不充分和环境不确定等，对构建人类实际选择行为的效用函数的要求，是必须考虑到各种因素的综合作用。我们以选择过程中的各种成本构成来描述这一综合，正是基于这方面要求的考虑。不过，基于选择过程的这些成本构成通常会导致不确定性损失，以至于有可能给选择者带来负效用，我们完善人类实际选择行为的效用函数时，还需要对不确定性损失和不确定收益的各自权重进行权衡，同时，还必须对偏好这个内生于人的心理过程的因素展开更深入的分析和研究。

在理论上，我们可以根据各自变量之间的边际替代率或边际效用率，对物质资源和时间资源的有效配置进行研究，但由于这些自变量是不同质的，并且选择者的需要满足程度是一个很难量化的问题，这便使我们很难

---

① 这个生产函数是在对"贝克尔家庭生产函数"作出简单修正的基础上作出的（贝克尔，1995）。

通过边际替代率来解决以上问题。作为对问题研究的一种探讨,依据变量间的边际替代率或边际效用率对物质资源和时间资源的有效配置进行研究,可以考虑运用"有限理性实现程度"这个能联系物质资源和时间资源的中间变量来进行分析。选择者的有限理性实现程度在反映选择者对信息和环境等复杂因素的思考和认知的同时,能够在很大程度上揭示选择者的偏好。当然,如何依据"有限理性实现程度"这个中间变量来进一步完善人类实际选择行为的效用函数,尚有许多艰巨的工作要做。

其实,在人类实际选择行为的效用函数中,X_1、X_2的权重是随着选择者的需要满足程度变化而调整的,X_1、X_2的每一个具体组合都对应着选择者特定的理性实现程度。这种情形不仅会出现在行为选择的理性函数中,也会出现在行为选择的非理性函数中。也就是说,决定选择者物质需求(X_1)和非物质需求(X_2)的偏好、认知和效用,在理论上都对应于选择者特定的有限理性实现程度。换一个角度来理解,选择者资源和时间的成本约束也同样要求其与信息和环境等复杂因素相适应,亦即 x、t 是与 L 相适应的。我们可以通过 L 对 x 和 t 进行分析,以说明选择者由不同信息、环境、认知决定的有限理性实现程度如何反映选择者追求效用最大化的过程。人类实际选择行为的效用函数最大化,是一个在众多约束条件下求极大值的过程,这个过程的行为理性主体不是"理性经济人",而是"理性行为人",我们只有将理性行为人作为行为主体来分析选择者的效用最大化,并通盘考虑物质性因素和非物质性因素对效用函数的约束,才有可能建立人类实际选择行为的效用函数。

第五节 简短的结语

现代经济学关于行为理性选择的分析和研究,在质疑和批评传统主流经济学有关偏好、认知和效用等基本观点的基础上得到了很大的发展,这些发展最突出的成就，主要反映在纠正了偏好的内在一致性，把认知过程引进了对行为理性选择的具体分析，否定了效用最大化是理性选择的判别标准，并提出了效用期望调整的分析思想。但正像本书前几章反复论述的那样，由于现代经济学对非理性选择的研究没有越出传统主流经济学的理性分析框架，没有对行为理性主体界定出一般分析范式，没有找到一个代替传统主流经济学的简单可用的假设前提和分析结构，因而在一定程度和范围内仍受到"理性经济人"以及作为这个范式基础的"偏好一致性和效用最大化"的影响。这种影响在理论上的重要表现之一，是没有描绘和解析出符合实际选择行为的效用函数。现代经济学的行为理性选择理论在偏好、认知和效用等方面的发展，应该对传统效用函数做出了同这种发展相一致的修正，因为无论从学理逻辑还是从实际运用来说，效用函数都是行为理性选择理论的归宿点。

本章基于"经济人假设"和"理性经济人"偏离选择者实际选择的事实，基于传统主流经济学把理性等同于效用最大化，而将非理性视为对效用最大化偏离的理论偏颇，在联系效用函数对理性和非理性进行再评述的基础上，通过对选择成本构成及其模型的分析，通过糅合物质需要和非物质需要两组变量，构建了一个能大体上能描述人类选择行为的效用函数。在这个富有一定创意的效用函数中，对非理性选择是否也存在效用最大化的追求问题，对物质变量和非物质变量的构成问题，对理性和非理性融合现象对应于不同变量问题，对各变量权重变化及最大化效用对应于每一组特定函数值问题进行了探讨，并在此基础上对"广义效用函数"和"泛经济人效用函数"进行了讨论。尽管本章提出的人类实际选择行为的效用函数是在高度抽象的层次上展开的，但以其学理而言，它是针对行为理性选择理论的意义而进行的一种研究，是一种可进行追踪研究的学理探讨，可认为是对传统效用函数进行修正的一种分析尝试。

现代经济学倾向于将效用最大化看成是不符合实际的主观期望或理论假设，但由于这种认识缺乏一个符合人类实际选择行为的效用函数的支撑，因而这种认识并没有反映或揭示行为理性选择理论的要义。行为理性选择理论在经济学中具有基础理论地位,其要义可理解为是基本思想或理论精髓的概括和总结。就效用函数之于行为理性选择理论的要义而论,它会通过偏好、认知、最大化等的认识对厂商选择行为(投资)发生影响。传统主流经济学的效用函数以偏好一致性和效用最大化为理论分析底蕴,淡化认知过程及心理活动,将选择者能否实现效用最大化视为行为理性选择标准;传统效用函数与"理性经济人"范式融为一体,这对经济学理论的发展产生了广泛而深刻的影响。经济学家普遍认为传统主流经济学缺乏符合现实的厂商理论,个人、厂商和政府被看成是统一的行为主体。论始求源,传统主流经济学不符合现实的厂商理论,在很大程度上与其脱离实际的效用函数有关。

一个符合实际选择行为的效用函数,必须能正确地反映选择动机、偏好、认知和效用期望,并能符合实际地解释厂商的选择行为。作为"理性行为人"的厂商,由于选择动机、偏好、认知和效用期望与个人和政府存在着差异,其(投资)选择行为有着自己特定的规定。这些规定涉及的内容相当宽泛。现代经济学最为关注的内容之一,是厂商的投资选择模式及其心理活动。如果我们把厂商的行为选择及其心理活动看成是行为理性选择理论在厂商理论中的分析延伸,那么,我们针对厂商投资选择模式及其心理活动的分析和研究,便可以理解为是对经济行为的选择过程要义的分析和研究。

参考文献

Akerlof, G. A., The Missing Motivation In Macroeconomics, *American Economic Review*, 2007, 97 (1).

Kahneman, D., Tversky, A., (1973), On the Psychology of Prediction, *Psychological Review*, 80; pp. 237–251.

Kahneman, D. and A., Tversky, "Prospect Theory: An analysis decision under risk", *Econometrica*, 47 (2), 1979.

D. Kahneman, P. Slovic, & A. Tversky. (1981), *Judgement under uncertain-*

ty – *Heuristics and biases*, Cambridge University Press, Cambridge.

Kahneman, D. and Tversky, A., (1974), Judgement under Uncertainty – Heuristics and Biases, *Science*, 185 (3).

J. don Neumannand O. Morgenstern, Theory of Gamesand Economic Behalior, 2nded. 1947, Princeton, NJ: Princeton UniversittyPress.

K. Arrow and G. Debreu, "Existence of Equilibrium for A Competitive Economy", *Econometrica*, 1954, 22, pp. 265–290.

亚当·斯密:《国富论》,商务印书馆1972年版。

赫伯特·西蒙:《现代决策理论的基石》,北京经济学院出版社1989年版。

加里·S.贝克尔:《人类行为的经济分析》,上海三联书店、上海人民出版社1995年版,第161—165、183—203页。

奥塔·锡克:《经济—利益—政治》,中国社会科学出版社1984年版,第263页。

托斯丹·本德·凡伯伦:《有闲阶级论》,商务印书馆1964年版,第3页。

马尔萨斯:《人口原理》,商务印书馆1992年版,第96—101页。

莱昂内尔·罗宾逊:《经济科学的性质和意义》,商务出版社,2000年,第76—78页。

阿马蒂亚·森:《伦理学与经济学》,商务印书馆2003年版,第11—20页。

何大安:《选择行为的理性与非理性融合》,上海三联书店、上海人民出版社,《当代经济学文库》,2006年版。

罗伯特·卢卡斯:《经济周期理论研究》,商务印书馆2000年版,第77—104页。

马尔科姆·卢瑟福:《经济学中的制度》,中国社会科学出版社1999年版,第63—97页。

约翰·克劳奈维根:《交易成本经济学及其超越》,上海财经大学出版社2002年版,第15页。

何大安:《行为经济人有限理性的实现程度》,《中国社会科学》2004年第4期。

何大安:《理性选择向非理性选择转化的行为分析》,《经济研究》2005年第8期。

何大安:《金融市场与个体非理性选择》,《经济学家》2005年第3期。

何大安:《经济学世界中的理性投资模型与非理性投资模型》,《学术月刊》2005年第1期。

第八章

厂商投资选择及其心理情结

前几章关于经济行为的选择过程的分析,特别注重对行为理性选择基础理论的研究,而分析对象和分析路径,则注重于偏好、认知和效用及其相互作用过程。另一方面,针对现代经济学与传统主流经济学的一些理论分歧,前几章重点讨论了偏好多重性、认知不确定和效用期望调整等涉及行为理性选择理论新发展的一些问题,认为这些新发展与传统选择理论一些有价值观点的结合,构成了经济行为选择过程的理论要义;并在此基础上,将其扩张为以下两个分析层面:理性与非理性融合以及实际选择行为的效用函数。

如果说前几章是在个体主义方法论基础上对行为理性选择的纯理论探讨,那么,以下各章将注重对投资者实际选择行为展开分析。这样的结构安排,不仅仅是出于逻辑与实际一致性的考虑,更重要的是力图给经济行为选择过程要义的研究提供一个较为完整的分析画面。

第一节 问题分析的理论基点

经济行为的选择过程要义,包括基础理论分析和实际行为分析两大块。现代经济学试图在信息不对称和有限理性约束的前提下,运用个体主义方法论来解说个人、厂商和政府的选择偏好、认知过程和效用期望调整等问题，但由于他们没有明确探寻出能够容纳不同行为主体而又不背离个体主义方法论的一般分析范式，因而他们对经济行为选择过程要义的研究是不到位的。① 就个人、厂商和政府的选择行为而论，厂商既具有个人选择行为的特征又具有政府选择行为的特征，它最能反映经济选择的行为主体，厂商的选择行为由内部治理和外部约束两部分构成。如果我们能够在个体主义方法论前提下解释厂商的某些具有群体特征的选择行为，从而概括出能够包括个人和政府的一般分析范式，那么，我们便有可能建立厂商的一般行为选择理论。显然，这些问题涉及厂商的投资选择及其心理情结。

从经济哲学的宽泛含义及边界来理解，经济学关于厂商投资选择的分析和研究，是从属于行为理性选择理论的。新古典经济学乃至于主流经济学的行为理性选择理论，一直坚持将厂商投资选择看成是理性的。这个分析观点及其结论，之所以长期以来没有出现异议，主要是因为传统主流经济学将理性定义为追求自身利益和效用最大化，而厂商投资选择的动机和目的，则明显表现出这种追求；以行为经济学和实验经济学等为代表的现代非主流经济学的行为理性选择理论，则认为厂商投资选择在大多数情况下是理性选择，但有时也会表现出非理性选择；这个观点实际上认为现实的厂商投资选择是以理性为主、非理性为辅的融合，这种融合所对应的行为主体，是具有多重偏好、经历认知过程和不断做出效用期望调整的"理性行为人"。

传统主流经济学把厂商描述为"理性经济人"，与功利主义哲学有着极深的理论渊源关系。英国法理学家、功利主义哲学家和经济学家杰里米·边沁在《道德与立法原理导论》一书中，阐述了两个对社会科学发展有着重大影响的功利主义原则：最大程度幸福和自我偏好（自利偏好）。最大程度幸福原则的政策主旨，是告诫立法者要"理性"地考虑人

---

① 现代经济学在研究行为理性选择时，经常受"理性经济人"范式影响是一个明显的事实。"理性经济人"范式把个人、厂商和政府看成是同质的行为主体，这是传统主流经济学缺乏厂商理论的学术渊源。现代经济学对偏好多重、认知不确定和效用期望调整的认识，虽然已超出"理性经济人"范式对行为理性主体所划定的边界，但由于它缺乏行为理性主体的一般分析范式，因而对偏好、认知和效用等的研究时常显露出非主流的特征。

类的自利行为本性，政府制定法律要体现"理性"原则，以保护社会绝大多数人的利益。自我偏好原则给出了个人趋利避害的"理性"特征，认为人的自利选择行为具有普遍性，人们总是选择能够比其他行为更好满足自己偏好的行为。[①]

经济学鼻祖亚当·斯密承接了杰里米·边沁的理论，将人的自利性看成是不证自明的公理。亚当·斯密在《国富论》中对个体自利性选择行为引致社会福利效应进行了分析和论证，在制度层面上界定了国家职能所应覆盖的范围，认为市场机制像一只"看不见的手"能够调节生产者的无规则行动。边沁和斯密关于人的自利性本能之心理动机的研究，对经济学的行为理性选择理论有着深远的影响，可以说经济学关于"理性"、"经济人"、"理性行为"、"理性选择"和"理性经济人"等的分析概念和范式，均起源于边沁和斯密这两位大师的相关思想。同时，边沁和斯密有关自利性本能及相关研究，也为福利经济学乃至于规制经济学的形成和发展提供了基础理论的支持。

在1895年马歇尔的《经济学原理》一书出版以前，经济学和心理学的基本假设都是以边沁的功利主义为基础的，马歇尔在经济学中改造功利主义基础的最大功绩，是使新古典经济学的理论体系系统化[②]。以分析框架来说，新古典经济学通过不断完善对效用函数的分析性解说，将个人、厂商、政府一并纳入"理性经济人"的范式中。例如，米塞斯曾认为行为偏好、手段和目的是可以通过逻辑推理加以证实的因果关系，这种因果关系属于先验范畴，并且认为自利性动机的主体行为，不是来自经验而是

[①] 罗斯·哈里森：《新帕尔格雷夫经济学大辞典》第一卷，经济科学出版社1996年版，第243—246页。

[②] 这里有必要再对经济学和心理学基本假设的功利主义基础作出说明，经济学的基本假设是"经济人"，心理学的基本假设是"自然人快乐"。但到了马歇尔之后，由于"快乐"被转义为可测量的"效用"，于是，行为主义意义上的快乐便被逐出了经济学师门。经济学所说的功利最大化是指效用最大化，心理学所说的功利最大化则通常是指行为主义意义上的快乐最大化。马歇尔在经济学世界中之所以被称为是新古典经济学集大成者，主要是通过把"效用"贯穿于经济理论始终，从而使供给和需求、边际收益和边际成本等分析得到了不同于古典经济学的系统论证。

来自不证自明的逻辑推理,他用"推理先于经验"的哲学思想间接地论证了蕴含在人类行为中的效用最大化和自我偏好。① 虽然,米塞斯的论述没有将经济学和心理学的基本假设严格区分开来,但他的分析却明显反映出支持"理性经济人"的思想倾向。

关于效用的度量,20世纪50年代冯·纽曼和摩根斯坦曾运用逻辑和数学工具,从个体的一系列十分严格公理化的"理性偏好"假设出发,创立了著名的期望效用函数理论。嗣后,阿罗和德布鲁将这一理论纳入瓦尔拉斯的一般均衡分析框架,进而对不确定选择提出了可供人们进一步研究的分析范式。② 于是,新古典经济学被构筑于较严密的公理体系之上。

期望效用理论和一般均衡理论诞生以后,经济学家越来越主张运用先进的数学工具来建立"理性选择"模型。以厂商的投资选择而论,传统主流经济学倾向于把"理性投资"理解成以利润最大化为原则而精心计算的一种逻辑结构。这种逻辑结构将厂商投资选择整合到完全信息和完全理性背景下的单一利己偏好、逾越认知和心理活动过程,并服从于效用最大化追求的分析框架中。因此,我们可以把传统主流经济学对厂商投资选择理性行为的分析,概要地解释为"利己偏好+(效用)利润最大化"的分析模式。

传统主流经济学的厂商理性选择理论,明显是以完全信息和完全理性为分析前提的,这一前提抽象掉了行为理性主体在选择过程中的认知,即抽象掉了信息、环境等不确定性因素对行为理性主体进行实际选择的影响,所以,建立在这个假设基础上的期望效用理论不能全面而有效地解释厂商的投资选择行为,尤其是不能解释金融市场中的投资选择行为。传统主流经济学理论与厂商实际投资选择的偏离,引发了经济学家对完全信息和完全理性假设的质疑。赫伯特·西蒙指出"行为主体打算做到理性,但现实中却只能有限度地实现理性",并认为"理性是一种行为方式,它

---

① 参阅[奥]米塞斯《经济学的认识论问题》,经济科学出版社2001年版,第13页。
② 就人们寻求最大化目标而言,瓦尔拉斯的一般均衡分析,实际上是对斯密有关"个体在追求私利的同时会增进整个社会福利"这一著名观点的抽象数学论证,也是对个体偏好在供求关系上的逻辑演绎。

适合实现制定的目标，目标可假定是效用函数期望值在某一区间极大化的形式"。① 西蒙的有限理性学说具有"颠覆性革命"的意义，它改变了经济学家对厂商投资的理性选择性质的理解，自此以后，经济理论对厂商投资选择模式的解析便有了新的进展。

新制度经济学以信息不对称和有限理性约束作为分析前提，力图在价格理论框架内修补传统主流经济学理性选择理论对现实问题解释的缺陷；但由于新制度经济学分析的重点是以产权交换为核心的交易成本，它并没有放弃效用最大化原则，并且对选择偏好的解说，只是重点在有限理性框架内研究厂商的契约谈判、制定和执行及产权问题，没有联系微观和宏观层面上的交易成本对厂商投资选择进行专门的研究。② 新制度经济学的厂商投资选择理论，实际上是"有限理性＋效用最大化"。不过，新制度经济学把信息和环境的不确定性引入经济分析，强调有限理性约束，这客观上把经济理论研究由黑板推向现实迈进了一大步；但由于它所分析的这些不确定性并不明显包括影响投资选择行为的心理、文化、习俗、道德、权威观念等社会性因素，因而，新制度经济学同样不能有效地解释厂商现实的投资选择行为，尤其是不能解释金融市场中的投资选择行为。

理论与现实的偏离催生了非主流经济学。行为经济学将心理学成果引入了经济学分析，对不确定条件下的风险选择展开了研究；实验经济学则采用"取景"模拟的方法以搜集数据并利用计量分析工具来研究投资选择行为。但无论是行为经济学还是实验经济学，他们关于投资选择行为的分析和研究，并没有彻底摆脱边沁的功利主义哲学的"自然人快乐"的基础。这里的"自然人快乐"不是简单意指人对快乐和痛苦的经验感受，而是蕴含着人从功利原则出发对随机性事件之选择取舍的宽泛哲学含义。行为经济学认为，功利在性质上可划分为以效用最大化为内容的"选择性功利"和以自然人快乐为内容的"体验性功利"，在时间上可划分为

---

① 参见赫伯特·西蒙《现代选择理论的基石》，北京经济学院出版社1989年版，第3—4页。

② 关于新制度经济学在微观和宏观层面上涉及交易成本的分析，参见拙作《投资选择的交易成本》，《经济研究》2003年第12期。

"当下的功利"和"长期的功利"（Kahneman & Tversky，1979）。正是由于放宽了经济分析中的功利范围，行为经济学才有可能以此立论来批评传统主流经济学将"功利最大化"等同于"效用最大化"的分析观点。

行为经济学在行为理性选择理论上的最大功劳，是特别强调认知局限以及信息、环境的不确定性对投资选择行为选择的作用，把被新古典经济学忽视的认知过程还原到行为理性选择理论中。卡尼曼等人通过认知心理学实验，认为人的行为选择并不像传统主流经济学所分析的那样存在着"偏好的内在一致性"的经验规则，"效用最大化"也不是在任何条件下都能够实现，而是被一系列与传统理论不符但却影响人们投资选择的情形所约束，如相似性偏差、可利用性偏差、依附性偏差、锚定效应、从众行为，等等。总的来说，行为经济学关于不确定条件下厂商投资风险选择的研究，是以"体验性功利"和偏差分析为基础的；它通过实验对投资者（厂商）认知过程的深入研究，创立了重视认知过程和效用期望调整的展望理论。如果说行为经济学中存在厂商的非理性选择模式，那么，我们可以把这个模式概要地理解为"认知局限+偏差行为"。

在现实中，厂商投资选择行为的不确定性要受到市场价格波动的影响。这种不确定性主要来源于市场运行机制，但有时也发端于政府调控市场的法规、政策等制度安排。也就是说，厂商投资选择模式会随市场机制和政府调控的变化而变化。我们在理论上探讨厂商的理性和非理性选择，一方面要分析厂商选择行为的偏好、认知和效用，另一方面要分析厂商投资选择的心理情结。厂商理性投资选择的心理情结与非理性投资选择的心理情结，有着许多值得探讨的内容。基于厂商理性、非理性及其心理情结贯穿于其投资选择的始终，我们围绕市场价格波动分别对厂商理性和非理性的心理情结及其效用期望等展开探讨，并在此基础上建立起厂商投资选择的分析框架，无疑是经济行为之选择过程要义的重要组成部分。同时，我们对厂商投资选择的理性、非理性及心理情结的揭示，可以提醒政府关注政策和法规的制定和执行对厂商选择行为所产生的影响。

第二节 厂商理性与非理性选择模式的交叉

以上我们通过对新古典经济学、新制度经济学和行为经济学等选择理论的概要回顾和评说，在定性分析的基础上，将这些理论的厂商投资选择模式划分为三种类型。有必要指出的是，这三种类型的厂商投资选择模式在现实中存在着显性交叉和隐性交叉。从纯学理的角度来考察，这些显性和隐性的交叉关系是新古典、新制度和行为经济学三大理论相互交融的结果，它体现了经济学世界中的理性投资模式与非理性投资模式的相容性。对于这两种交叉关系，我们可以从行为理性选择理论上来认识，即从选择动机、偏好、认知和效用等方面来追溯形成这种交叉关系的学理构成。

沿着这样的思路，这三种类型的厂商投资选择模式之间的交叉，至少包括以下两方面的内容：1."效用最大化"在厂商理性投资模式和非理性投资模式间的隐性交叉；2."认知局限"在有限理性投资模式和非理性投资模式间的显性交叉。关于第一个问题，可用新古典经济学、新制度经济学和行为经济学的厂商投资选择模式作为考察对象；至于第二个问题，可以考虑把分析对象锁定在新制度经济学和行为经济学，而不考虑新古典经济学。[①] 显然，分析这些交叉现象，需要再次对这些理论的基本分析前提作出一定程度的比较。

在行为理性选择理论的发展史上，"效用最大化"作为一种公理，集中体现在传统主流经济学的"经济人"或"理性行为"两概念之中。阿

---

① 我们在这里不考虑新古典经济学的直接理由，是认为新古典经济学与新制度经济学并不是两个完全不同的派别。德勒巴克（Drobak）在纪念诺思 1993 年获诺贝尔经济学奖的论文集《新制度经济学前沿》的"引论"中，就认为新制度经济学的基本方法是新古典经济学的价格理论，它力图充实和完善新古典经济学。参见《制度经济学研究》2003 年第 1 期，第 196 页，山东大学经济研究中心、经济科学出版社。需要说明的是，笔者在这里是出于对厂商投资选择模式的分析考虑，才把新古典经济学和新制度经济学严格加以区分。

马蒂亚·森认为,"理性行为"存在着"个人内在偏好一致性和追求效用最大化"两种方式,它是人们确定性条件下"理性选择"的一般方式。①就投资选择而论,新古典经济学的厂商投资选择模式是以"经济人假设"为分析前提的,认为厂商在市场中的投资行为具有偏好的内在一致性,他们具有完备的信息和无懈可击的计算能力,追求利润最大化是厂商投资选择的全部"政治经济学"。新古典经济学无论是针对厂商投资活动中的成本与收益的分析,还是关于风险承担与收益分享的研究,"效用最大化"是贯穿于其理性投资模式始终的。

新制度经济学接受了赫伯特·西蒙的有限理性学说,对新古典经济学的"偏好内在一致性假设"进行了釜底抽薪。新制度经济学是以交易成本、契约、制度安排、机会主义、资产专用性等范畴来解说厂商投资选择的。例如,科斯用边际交易成本来解说包括投资选择行为在内的市场交换,以说明企业、市场及其定价体系之间的关联;②威廉姆森关于"理性经济人"的损人而利己的机会主义的分析,认为协约人在签订和执行契约时会产生机会主义,在资产专用性制约下,协约过程会呈现出计划、承诺、竞争、治理四种制度安排,这些制度安排会对厂商的投资选择产生影响。③或许是由于新制度经济学要标明自己的厂商投资选择理论与新古典经济学的区别,一些新制度经济学家在探讨厂商投资选择问题时,不明确使用"效用最大化"这一标注着新古典经济学烙印的概念。

有必要再次说明的是,认为能够实现"效用最大化"和希望实现"效用最大化"是不同的。新制度经济学从有限理性的分析前提出发,并不赞成厂商的投资选择能够实现最大化。但有趣的是,他们判断制度安排好坏的标准却仍然以最大化作为判别的依据。在新制度经济学的厂商有限理性的投资选择模式中,无论是以产权交换为核心从而涉及投资的交易成本的分析,还是

---

① 阿马蒂亚·森:《新帕尔格雷夫经济学大辞典》第4卷,经济科学出版社1996年版,第73页。
② 参见罗纳德·哈里·科斯《论生产的制度结构》,上海三联书店1994年版,第352—353、358—362页。
③ 参阅威廉姆森《反托拉斯经济学》,经济科学出版社1999年版,第209—216页。

以契约制度安排为分析对象从而涉及投资的机会主义、资产专用性、逆向选择等问题的讨论，均暗含着希望实现"效用最大化"的思想。因此，从这个意义上来理解，我们将新制度经济学的厂商投资选择模式概括为"有限理性＋效用最大化"，是有比较充分理由的。由此可见，"效用最大化"在新古典经济学与新制度经济学的厂商投资选择模式中存在着隐性交叉。

行为经济学是建立在认知心理学基础之上的，"认知局限"明确意味着对"偏好一致性"和"效用最大化"的否定。针对厂商投资风险的心理反应，行为经济学认为，人们不只是存在由"风险厌恶"引起的"效用最大化"，还存在着由"风险偏好"引起的"偏差行为"。我们可以认为，"风险厌恶"和"风险偏好"作为行为经济学的两个分析性概念，前者对应于"效用最大化"的理性选择，后者则对应于"偏差行为"的非理性选择。卡尼曼等人曾以反映偏差行为的主观价值函数和权重概率函数来描述厂商的心理活动，并试图通过这种心理活动的描述来修正效用函数。在展望理论用以取代传统效用函数的价值函数曲线S中，一部分曲线（凹形区域）描述了以"风险厌恶"为底蕴的"效用最大化"，另一部分曲线（凸形区域）则描述了以"风险偏好"为底蕴的"偏差行为"。可见，在卡尼曼等人涉及的厂商投资选择的价值函数中，并没有完全排除"效用最大化"的思想。这是我们理解行为经济学在"效用最大化"问题上与新古典经济学、新制度经济学存在着隐性交叉的主要依据。

另外，由于人们在金融市场中的"风险偏好"程度明显高于其他经济领域，因而，现有的关于金融市场投资选择的研究开始关注到非理性选择。例如，行为金融学大师罗伯特·希勒在《非理性繁荣》一书中，曾根据"认知局限"和"偏差行为"，对1929年和1987年世界两次"股市走熊"和20世纪90年代后期美国"股市走牛"进行过分析；他认为投资者（厂商）在面临股市的飙升或暴跌时通常表现为一种非理性选择。[1]

---

[1] 罗伯特·希勒：《非理性繁荣》，中国人民大学出版社2001年版。该书第1章至第4章分析了催化因素，第7章分析了投资者心理依托，第8章分析了信息、媒体等因素。在笔者目前所接触的文献中，这部著作最为典型地运用了行为经济学"风险偏好"概念。

但是，希勒在论证投资者的非理性选择所导致的非理性繁荣时，是以股价超出现实经济增长和收益率的泡沫现象为解释依据的，这实际上是以股市运行是否有利于社会经济运行来判断投资者的行为选择是否理性化，而这一判断准则暗含着从政府角度来评判股市运行的"效用最大化"思想。因此，我们同样可以认为行为金融学关于股市投资的理性选择的研究，也在"效用最大化"问题上与新古典经济学、新制度经济学存在着隐性交叉。

行为经济学（实验经济学在很大程度上也是如此）非理性选择思想的最明显特征，是关注信息、环境等不确定性所引起的"认知局限"对投资选择的制约。行为经济学突出认知局限，使经济理论研究开始关注将认知心理学引入行为理性选择理论；行为经济学（展望理论）关注信息和环境的复杂性，则充分显现了对不确定条件下风险选择的强调。行为经济学实际上是以认知心理学作为重要分析工具来对投资选择问题展开分析的。据此，我们可以把行为经济学有关"认知局限"的分析，看成是行为经济学有关信息不对称和有限理性约束的具体运用；我们可以把行为经济学通过实验对信息和环境复杂性和不确定性的分析，理解成行为经济学有关投资者不可能完全预知将来选择结果的外部规定。

如果说"认知局限"是决定有限理性的主观因素，那么，信息和环境的复杂性和不确定性就是决定有限理性的客观因素。行为经济学的整个理论体系，都是建立在"认知局限和偏差行为"的分析基础之上的，从这个意义上来理解，展望理论关于不确定条件下的风险选择（当然也包括非理性投资）的研究，则向我们揭示行为经济学的非理性投资模式为"有限理性＋偏差行为"。很明显，这里的偏差行为是建立在有限理性之上的，行为经济学视野中的"偏差行为"包含着极其丰富的思想内容。

比较新制度经济学的投资选择模式"有限理性＋效用最大化"，在"有限理性"这一点上，行为经济学与新制度经济学存在着显性交叉。其实，"有限理性"和"偏差行为"是贯穿于人们投资选择始终的（厂商更是如此），新制度经济学之所以没能像行为经济学那样高度关注偏差行为，一个很重要的原因是对"效用最大化"的留恋。诚然，新制度经济学虽不像新古典经济学那样将"效用最大化"作为一种公理来看待，但它也没能像行为经济学那样对"效用最大化"持鲜明的质疑和批评态度。这可以理解为是新古典经济学、新制度经济学和行为经济学的投资选择模式之间存在显性和隐性交叉的原因。

以上三大学派投资选择模式之间存在的显性和隐性交叉，在效用最大化问题上的理论反映之一，是影响了经济学世界的实际效用函数的建构。新古典经济学将"效用最大化"作为一种公理来看待，有着符合人类选择行为本性的合理性；但从新制度经济学和行为经济学投资选择模式的分析底蕴来考察，这两大学派并没有完全摆脱效用最大化的束缚。这一点，我们仍然可以通过分析这些交叉再次得到证实。

第三节 从选择模式交叉得到的启示

三大经济理论体系的厂商投资选择模式是依据各自理论的分析假设，并从属于各自的行为理性选择理论的。从新古典经济学到新制度经济学再到行为经济学（也包括实验经济学），这三大经济理论体系的发展，伴随着厂商投资选择理论的发展；这些发展在反映理论研究逐步逼近现实的同时，也揭示了厂商在投资选择中的某些共性和个性的东西。贝克尔在《人类行为的经济分析》一书中曾提出过一个著名的论断：人类的经济理性行为与非经济理性行为具有一定程度的相容性。这一论断涉及的内容相当广泛，它拓宽了经济学家有关行为理性研究的空间。针对这一论断，本书第六章曾在一般理论层面上讨论了理性选择与非理性选择的融合。本章关于厂商理性选择和非理性选择之投资模型的交叉分析，可认为是对第六章一般理论层面讨论的一种分析延伸。

新制度经济学和行为经济学对新古典经济学的批评，主要是在质疑其假设前提的基础上，以"效用最大化"为批评目标的。这两大学说通过对厂商经济活动的经验观察及大量实验分析，特别是根据金融市场经常出现的情况，否定了"将效用最大化作为理性选择判断依据"这个在两大学说看来纯属先验经济哲学的教条。从理论上来讲，这两大学说挑战"效用最大化"的公理性，是批评"经济人假设"和"理性经济人"的必然逻辑。这种挑战和批评使厂商投资选择理论更接近于现实。投资选择"追求效用最大化"是人类追求自身利益的本能反应，厂商追求利润最大化则是这种本能的具体体现。或许是因为这种切合人类选择行为的本能在经济理论研究中具有不可颠覆性，几乎所有的经济学流派在构建自己理论体系时都会自觉或不自觉地涉及效用最大化，都会自觉或不自觉地对效用最大化发表自己的见解。

新古典经济学认为厂商不仅希望而且有能力实现"效用最大化"，新制度经济学和行为经济学通过对信息、环境等外部不确定性的论证，对新古典经济学的"厂商能够实现效用最大化"提出了质疑和批评，但他们在评判厂商的投资选择行为时，却也经常不自觉地以"能否实现效用最大化"作为判断行为理性的标准；或者说，他们在质疑和批评新古典经济学有关厂商能够实现最大化时，同样经常反映出希望实现最大化的理论倾向。这倒是一个很有趣的理论现象。三大经济理论体系各自的投资选择模式，在"效用最大化"问题上存在着隐性交叉；这种隐性交叉表明理性选择模式和非理性选择模式具有一定的相容性。这种交叉给我们的重要启示是：三大经济学流派同样受到效用最大化的理论束缚，他们在行为理性选择理论上存在着一些需要经济学家认真咀嚼方能厘清的混合。

新制度经济学和行为经济学在"有限理性"上的显性交叉，倒是反映了这两大学说的投资选择模型比新古典经济学贴近现实。但这里有几个问题值得说明：1. 虽然新制度经济学否定新古典经济学的偏好的内在一致性，但由于它没有完全摆脱效用最大化的束缚，并且在分析有限理性对厂商投资选择行为的制约时，只是强调信息和环境的影响，而没有像行为经济学那样对不确定条件下的风险选择作出偏差分析；2. 行为经济学强调不确定条件下厂商的认知偏差之于风险选择的重要作用，并且在分析"偏差行为"时对厂商有可能出现的非理性投资选择行为进行了分析，因而它对有限理性的贯彻要比新制度经济学彻底；3. 就理性选择和非理性选择的相容而论，新制度经济学的厂商投资选择理论在总体上属于理性选择，并没有涉及厂商的非理性投资选择，而行为经济学则在理性分析框架内讨论了非理性的投资选择。由此可见，新制度经济学和行为经济学在"有限理性"上的显性交叉以及各自的研究轨迹，说明两大学说的投资选择模式都具有理性和非理性相融合的特征，只是在程度和比例上有些差别罢了。这是我们从两大学说有关投资选择模式交叉中获得的重要启示。

现实中厂商的理性投资选择与非理性投资选择是并存的，这可以从厂商的投资选择行为有时是理性，有时是非理性的情形得到证实。不过，以不同领域而言，非金融领域中的理性选择通常比非理性选择的概率要高，而在金融市场中，却正好出现相反的情况。现实中的这些情况，可以从三大经济理论的分析对象和分析架构得到解释。

传统主流经济学研究厂商的投资选择行为，是以一般经济领域作为分析对象的，当它从数理逻辑和自身演绎出来的公理化体系来解说厂商投资选择行为时，其逻辑归宿通常是关注理性选择而忽视非理性选择。现代非主流经济学尤其是以心理学为基础的行为金融学，则是以金融领域作为分析对象的，它们通过对现实的观察和大量的心理学验，认为厂商并不像传统主流经济学所描述的经验规则那样，按有序偏好一致性和效用最大化进行投资选择，而是在相当大的程度上受主观心理、环境不确定和复杂性、经验陈规、社会舆论、权威观点等的影响，也就是说，偏差行为会致使厂商在不确定性风险条件下采取非理性选择（希勒的观点就是典型的代表）。所以，当我们对投资实际进行考察时，厂商理性选择和非理性选择的相容就会显现出来，这种情况说明，三大经济理论体系有关厂商投资选择模式的显性和隐性的交叉有着现实的依据。

三大经济理论的投资选择模式中所蕴含的显性和隐性的交叉，是与厂商的实际投资行为方式相吻合的，这种吻合源自投资选择行为的理性和非理性的杂然并存。基于此，我们可以考虑在理论上将厂商投资选择模式，一般性地解说为"有限理性＋效用最大化＋偏差行为"。显然，这个模式排除了理性选择的"偏好内在一致性"的经验规则，我们可认为它是一个多世纪以来经济学有关厂商投资选择理论的重要发展。同时，这个模式是以厂商实际投资选择行为存在系统性偏差为基础的，它将"有限理性"和"效用最大化"列入，是从三大投资选择模式中所蕴含的显性和隐性交叉所获得的启示，而将"偏差行为"引入，则是对厂商实际投资选择的客观描述。这个模式是经济学行为理性选择理论对厂商投资选择的相对符合事实的分析，它有许多有待深入挖掘的思想内容。如果我们能够揭示出这个模式所蕴含的更深层次的内容，厂商投资选择理论或许会更加完善。

厂商的实际投资选择活动存在着一个明显的事实是：厂商在不同经济领域的投资选择受"有限理性、效用最大化和偏差行为"这三大变量影响的程度是不同的，不同类型厂商（如金融厂商与非金融厂商）投资选择差别能够在理论上得到说明；同时，特定时空上的政治、经济、文化等随机性社会因素也会在一定范围内决定厂商受这三大变量影响的程度，也就是说，这三大变量对不同类型厂商投资选择行为发生影响的权重是不同的。如何区分这些权重，需要经济学家运用具体的数理模型来甄别判断。也许经济学家在界定这些权重时会碰到这样或那样的困难，以至于影响到"有限理性＋效用最大化＋偏差行为"这个厂商投资选择一般模式的具体运用。但尽管如此，我们仍然坚持认为，这个理论模式是从三大经济理论有关厂商投资选择在偏好、认知和效用上的交叉所理解得出的，它是我们对厂商实际投资选择行为进行描述的一种具有高度概括性的理论模型。

作为对问题分析的进一步探讨，我们将这里所阐述的厂商投资选择模式与"经济人"概念联系起来进行考察，或许能得到一些符合这种交叉分析的有益启示。显性交叉表明，由于"效用最大化"存在于三大投资选择模式之中，因而"经济人"概念有着部分的合理性；另一方面，由于"有限理性"在很大程度上否定了以完全信息和完全理性假设为基础的"经济人"概念,并且反映隐性交叉的"偏差行为",也在很大程度上否定了"经济人"概念,因此,我们可以用既包含有限理性又包含偏差行为的"行为人"概念来取代"经济人"概念,与此相对应,用"理性行为人"取代"理性经济人"。[①] 这样的取代,也许存在一些值得商榷的地方,有待于经济学家讨论,但它对我们重新建构厂商投资选择理论,或许存在着直接的帮助(本书第十章将专门讨论厂商投资选择理论的建构问题)。

为让读者加深对"理性行为人"概念的理解,我们在此有必要再次指出它的特定含义:1. 这个概念是以信息不对称和有限理性约束为前提的,它不认为选择者无所不知无所不能;2. 这个概念所反映的行为理性主体,是指具体的投资者(如厂商),它否定将个人、厂商和政府描绘为统一的抽象主体;3. 这个概念同样承认追求自利是选择者最主要的行为动机,但不认为这是唯一动机;4. 这个概念认为厂商选择行为在有限理性思考下做出的,它强调多重选择动机,强调偏好多重和认知不确定;5. 这个概念强调认知偏差对投资选择行为及其结果发生重要作用,投资者存在着效用期望调整,并且认为选择者难以实现效用最大化。——在一部著作中,与先前理论有承接性且具有创新的重要理论概念,反复提及是很有必要的,它可以杜绝读者阅读过程中有可能出现的间断点,可以帮助读者沿着作者的思路理解问题和发现问题。

针对经济学有代表性的三大选择行为理论,我们从经济分析的假设前提来考察新古典经济学、新制度经济学和行为经济学的厂商投资选择理论的基本思想,并在此基础上界定出符合实际的投资行为主体,无疑是正确解读和建立厂商投资选择理论的重要基础。现有的厂商投资选择模式,大体上可以归并到本章所归纳的三大投资选择模式中。本章根据理性与非理

[①] 本书第五章曾对"理性行为人"概念作过详细的解说,这个概念涵括了"理性经济人",重新界定了行为理性属性,并且放大了行为理性边界。本章关于厂商投资选择模式在三大经济理论中的显性和隐性交叉的分析,可认为是对第五章有关"理性行为人"概念之详细解说的一种补充说明。

性投资选择的交叉所综合得出的投资选择模式,在很大程度上反映了厂商投资选择行为的实际,它有助于我们从理论层次上理解厂商现实投资选择模式的一般形式。值得关注的是,厂商的投资选择行为还会受到价格波动及心理情结的影响,这种情形在金融市场表现得极为突出,因而我们对价格波动及心理情结如何影响厂商投资选择的研究,可以金融市场的证券投资者(金融厂商)作为分析对象。在以下的分析中,我们将通过对证券价格波动与金融厂商投资选择之相关性的考察,分别研究金融厂商的理性选择和非理性选择及其心理情结,以便在厂商理论的分析层面上进一步说明经济行为的选择过程要义。

第四节 证券价格波动与厂商投资选择

价格波动影响厂商投资选择,但在不同经济领域,价格波动影响厂商投资选择的形成时间和速度是不一样的。证券交易价格对(金融)厂商投资选择的影响要比其他市场更加迅速灵敏。[①] 虽然证券交易价格仍然由供求关系决定,但如果我们把证券交易价格看成是契约,则证券交易契约与一般商品的区别在于:1. 以股票、债券和期货等为代表的证券交易价格的形成过程和执行过程的时间很短,它不像其他商业契约那样要经历契约谈判或磋商再到执行等阶段;2. 证券交易价格作为一种执行契约,其执行阶段也就是完成阶段,它不像其他商业契约那样会在后续时期经常出现对契约进行修正;3. 证券价格波动速度所具有的稍纵即逝的特征,使得厂商难以像制定其他商业契约那样,能够在充分思考和形成认知的基础上有足够长时间来考虑自己的选择行为。这些区别说明供求关系决定价格

---

① 在证券价格波动对投资选择的影响中,个人证券投资选择形成的时间和速度要比厂商更短更快,但基于厂商投资选择在动机、偏好、认知和效用等方面涵括了个人投资选择的大部分内容,我们在此只分析证券价格波动对厂商投资选择的影响。这里的厂商是指金融厂商。特此说明。

波动的经济学原理，在证券投资领域存在着许多值得我们深入研究的内容。证券投资者的理性、非理性及心理情结同这些内容有着密切的关联。

在证券市场中，证券价格波动与厂商选择行为的相关性呈现出较为复杂的图景。当厂商遵循供求关系决定价格波动的原理，从证券（如股票）供给量或依据流动性所判断的需求量来进行选择时，并不一定能够获得赢利（效用），经验有时会使厂商的选择行为背离经济学原理。这种现象有以下几点值得研究：1. 政府政策和市场所形成的证券供求关系，在多大程度和范围内会被政策的不确定性、市场传闻以及厂商的心理因素等改变；2. 影响证券供求关系的宏观和微观制度安排，会通过什么样的市场传导机制来影响价格波动，从而导致厂商选择行为的变化；3. 在短期和长期中，厂商面对价格波动会采取什么样的选择策略；4. 厂商拟买卖某一证券品种时，该证券品种在盘口所显现的供求关系，会怎样通过厂商的心理活动来影响他们的选择行为。显然，解析这些复杂的图景，需要从制度安排并结合厂商的心理活动来展开。

现代混合经济的重要特征之一，是经济领域的制度安排越来越呈现出不确定性。[①] 这种不确定性在证券市场中的反映是：当某一时期的金融、财政和产业政策等的制度安排既定时，证券产品的供求数量通常由这些制度安排决定；当政策性制度安排有利于扩大需求或相对缩小供给时，证券价格就会上涨，反之则反是。当某一时期的金融、财政和产业政策等制度安排不既定时，证券产品的供求数量则不一定由这些制度安排决定，此时，政策性制度安排不既定对证券供给和需求的影响很复杂，它有可能推动价格上涨也有可能导致价格下跌。证券价格波动既是厂商选择行为的结果，也是影响厂商选择行为的最重要的市场因素。

---

① 在经济学说史上，以康芒斯、凡伯伦和加尔布雷斯等为代表的老制度分析理论，曾在制度既定的假设上，对影响经济运行的制度安排做出过描述性研究，但由于这种研究淡化了制度不既定，因而被注重制度不既定的分析性理论——新制度经济学——所取代。制度既定和不既定两种分析假设，是新制度经济学运用交易费用、契约、逆向选择、机会主义、资产专用性等范畴来研究经济选择行为的假设前提（Grossman & Hart, 1986；Hart & Moore, 1990），我们分析证券价格波动与厂商投资选择行为的相关性，应明晰这些假设前提。

在制度既定从而证券供求关系相对既定的情况下，只要证券价格上涨或下跌不超过一定的幅度，它通常与厂商选择行为呈正相关，即证券价格上涨或下跌会引致厂商对证券需求的增加或减少。例如，既定制度下的新股发行量在市场预期范围，从而股票价格上涨或下跌不超过一定的幅度时，厂商在心理预期作用下对股票需求的增加或减少，经常会因股票价格上涨而增加，因股票价格下跌而减少。这种情形可以理解为是主流经济学有关制度、主体和行为之于市场价格理论，在"制度安排→供求关系→价格波动→投资选择行为"中的曲折反映。当然，证券供求关系在某一时期的相对既定，既有可能是制度既定的结果，也有可能是其他经济因素使然，但这并不影响以上结论。

在制度不确定的情况下，厂商选择行为与证券价格波动的关联，并不是显著的正相关或负相关。这是因为，无论是在短期还是在长期内，制度不确定会使厂商选择行为受心理预期的影响，厂商对短期或长期内证券价格波动的心理预期，会在很大程度上减弱该时期内制度安排对证券供求决定以及与此相关的价格波动的影响。心理预期是一个结合经济学和心理学而被广泛运用于理性行为和预期效用的分析范畴，它涉及对不确定性的特征刻画。就制度安排和选择行为关联的不确定性而论，它要求对这种关联所显现的不确定性进行刻画。① 概括而言，厂商对短期内的金融或财政政策等的制度安排影响证券价格波动的心理预期，会在价格波动的初期，同这些制度安排决定供求关系的方向一致，即证券供给量相对减少时，厂商会做出买进证券的投资选择，在证券供给量相对增加时做出卖出证券的投

---

① 传统主流经济学最广泛使用的是"期望效用"模型，该模型以不同选择结果的各自概率来权衡每种结果的期望价值，以概率加权来描述和论证不确定条件下的理性行为方式；以这个模型为分析底蕴的经济理论，特别注重对实际选择行为的各种不同结果的可能性进行估价，从而给期望效用的计算提供了一个可行的推论结构（von Neumann & Morgenstein，1947）。期望效用模型在理论经济学和应用经济学得到了广泛运用（Friedman & Savage，1948；Arrow，1971），但由于这个模型淡化了心理因素，或者说忽视了心理预期对选择行为的影响，因而受到了非主流经济学的批评（Kahneman & Tversky，1973，1979；Simth，1994）。考察证券价格波动与厂商选择行为的相关性，当我们借助期望效用模型来研究这种相关性时，如何在运用期望效用模型时考虑到心理因素，是一个值得深入研究的问题。

资选择。这是一种可以在证券市场观察到的证券价格波动与厂商投资选择的正相关，但如果价格波动经历了一段时间，这种正相关便不一定必然存在。

厂商在长期内对金融或财政政策等制度安排影响证券价格波动的心理预期，要比短期内复杂得多。首先，厂商对政策性制度安排影响供求关系和价格波动有一个跨期判断的心理预期框架，这个框架通常由追求自利最大化驱动下的机会主义、逆向选择、确定性效应、情景依赖、心理账户等行为方式或情结所构成；其次，政策性制度安排的不确定性导致证券供求和价格波动的事实，会加强厂商对政策性制度安排不确定性的心理预期，经验会使厂商把长期内的证券供求关系和价格波动区分为若干阶段来对待，他们会在不同阶段采取不同的投资选择策略；再次，证券价格瞬息万变的市场情形，往往会致使厂商以短期眼光所决定的选择行为来代替以长期视角所拟定的选择行为。因此，我们很难依据供求变化对长期内的证券价格波动与厂商投资选择的相关性做出一个准确的分析描述，只能概括性地认为长期内的证券价格波动与厂商投资选择会呈现出正相关和负相关相互交替的格局。

以上分析在于重点说明，证券价格波动与厂商投资选择的相关性，是通过政策性制度安排影响供求关系实现的。如果把这一相关性理解为是制度安排和供求关系的函数，那么，我们对这个函数在长期和短期中的理论描述，则需要借助微积分等数学工具来处理（这是一项难度很大的研究）。另一方面，厂商面对证券市场供求关系变化和价格波动，其投资选择还存在着行为属性的界定问题，厂商投资选择的理性和非理性属性，与证券市场的供求关系和价格波动有着较为密切的联系。这种联系既是解释证券价格波动与厂商投资选择之相关性的理论基础，也是解读厂商心理预期活动的理论基础。

经济学关于厂商投资选择的理性和非理性的研究，主流观点是将厂商投资选择界定为理性行为，通常忽视厂商投资选择有可能出现的非理性行为，以至于像资产定价理论那样的标准模型也淡化了对厂商投资选择行为有可能出现的非理性行为的研究。非主流观点认为厂商投资选择有可能会出现非理性行为。厂商投资选择的理性和非理性的行为属性,在很大程度上依赖于厂商的心理活动,这要求我们对厂商心理活动做出理论描述。

一般来讲,厂商投资选择在受供求关系和价格波动牵引时,存在着受心理活动影响或支配的心理情结,这种心理情结在厂商理性和非理性选择时有不同的反映;对这种情结的关注与否,从而对受这种情结影响的选择行为属性的关注与否,是主流经济学和非主流经济学在行为理性选择理论上产生若干分歧的症结之一。厂商的特定心理情结在很大程度上影响着厂商投资选择的行为属性,它是我们研究厂商投资选择行为所必须关注的。

第五节 厂商理性选择及其心理情结

在行为理性选择理论的形成和发展中,传统主流经济学曾针对做出什么样的理性选择才能实现效用最大化,以及建立什么样的理性模型来说明实现效用最大化的条件等问题,进行过广泛而深入的研究。这些研究的学术结晶或归宿,是一般均衡分析理论;从一般均衡分析理论中分离出来的局部均衡理论,仍旧是以行为理性选择理论为基础的。撇开不同流派的经济学家对均衡分析所持的不同观点(如主张演化分析),任何流派的经济学家对宏微观经济问题的研究,都可以从源头上追溯到其有关行为理性选择理论的基本观点。这是我们研究经济行为的选择过程要义所必须知晓的。

我们对行为理性选择理论的形成和发展有以下概括性认识:其理论形成起步于传统主流经济学的"经济人假设",以及与此相关的对自身利益追求和效用最大化分析,其理论系统化强化于"理性经济人"范式,其理论争论反映于对认知过程以及与此联系的心理活动之于行为选择的不同理解。经济学家在行为理性选择理论上的争论，至今尚没有结束，行为理性选择理论尚未完全定型，它还有许多值得探讨的内容。如果我们把以上概括性认识看成是行为理性选择理论发展和变化的脉络，那么，这个脉络则集中体现在对以最大化为核心的选择动机、偏好、认知和效用的理解上。

传统主流经济学以追求自身利益最大化作为基本假设来解说人类行为理性选择并没有错，但只把行为理性选择等同于自身利益追求，并严格遵循这一准则时，"理性经济人"范式会在以下几个方面偏离现实（何大安，2004，2005，2009，2010a，2010b）：1. 完全信息或完全理性假设代替现实的信息不对称和有限理性约束，会忽略有限理性及其实现程度；2. 这种假设淡化或忽视了利他、互惠、公平等多重选择动机和多重偏好；3. 这种假设暗含着将实现效用最大化作为行为理性选择的判定标准，将行为主体的理智思考和认知排除在行为理性属性之外，等等。现代经济学与传统主流经济学有关行为理性选择的重要理论分歧之一，主要表现为是将"思考和认知"作为投资者行为理性选择的内生变量，还是作为外生变量的不同处理上。理解这一点很重要，它是我们解说厂商理性选择及其心理情结的分析基础。

如果我们把"思考和认知"作为外生变量来处理，就会忽视厂商行为理性选择过程的心理情结和认知变化等各种内在规定，就会把追求自身利益最大化等同于行为理性选择，就会把行为主体局限在"理性经济人"范式内。不可否认，厂商在选择过程中思考和认知的目的仍然是利益追求，但对这种追求的描述不应完全局限于自身利益。我们把"思考和认知"作为行为理性选择的内生变量，实际上是将行为理性边界放置于信息不对称和有限理性约束的分析背景中，这尤其适合于证券市场中金融厂商的投资选择行为。在证券市场中，投资者有限理性约束渊源于信息不对称的情况最为明显，他们追求自身利益最大化，通常需要对影响买进或卖出的目标证券品种的信息进行收集、整合、加工和处理，这种情形既适合股票或期货市场上的个人投资者，也适合于机构投资者（金融厂商）。现代非主流经济学在行为理性选择理论上最突出的理论贡献，就是通过行为和心理实验把"思考和认知"作为内生变量来处理。

金融市场明显揭示了应以"思考和认知"作为投资者行为理性选择之内生变量的情况。如上所述，金融厂商要做多或做空某一证券品种，通常要对相关信息进行收集、整合、加工和处理，然后才会对目标金融品种做出是扮演多头还是空头的行为选择。从证券价格波动与金融厂商选择行为的相关性来看，尽管金融厂商在短期或长期中的选择行为会在一定程度上受价格波动的影响，但他们的选择动机、偏好、目的和效用期望调整则始终伴随着思考和认知。现代经济学对"理性经济人"的质疑和批评，并不表明它否认厂商追求自身利益最大化是其选择行为的显著动机，并不表明它对反映人类本性的利己偏好在行为理性选择中主导地位的否认，只是表明它关注到了利他、互惠和公平等选择动机及其偏好。①

我们能不能通过将"思考和认知"的内生化来分析厂商的行为理性选择呢？显然这需要对厂商的选择偏好再次进行解说。新古典经济学联系效用函数对选择偏好进行分析时，认为行为理性主体追求效用最大化，是在自利驱动下遵循着偏好的内在一致性。② 但在证券市场中（也包括其他市场），金融厂商的选择偏好并不像新古典经济学所论证的那样具有内在一致性。首先，金融厂商选择证券品种一般不局限或固定于两种股票或

---

① 经济学最新的跨学科研究曾利用生物学把利他划分为亲缘利他、互惠利他和纯粹利他，认为"为亲属作出某种牺牲的亲缘利他和为回报而相互帮助的互惠利他"容易得到主流经济学理论的解释，而具有不惜损失个人成本与他人合作的强互惠特征的纯粹利他，则偏离了主流经济学以自身利益追求作为行为理性判断依据的论断（Gintis & Bowles et al., 2003）。社会偏好理论对委托人信任投资行为及代理人可信任回报行为的博弈分析（Berg et al., 1995），对独裁者给予行为的实验博弈分析（Forsythe et al., 1994），对公共品实验中合作行为的博弈分析（Marwell & Ames, 1979），对交易双方互惠行为的博弈分析（Fehr et al., 1996），等等，则洞察到了人类选择存在着亲社会的行为偏好。

② 偏好的内在一致性的理论描述，需要满足于一种二元关系：不同子集的各种选择之系统性方式存在着一种相互对应，即在可供选择的全部子集中具有能寻找到选择 X 比选择 Y 受偏好的理性化能力，这种理性化能力会使全部子集中任何特定子集的选择，正好由选择 X 比选择 Y 受偏好时的最大化元素组成（Richter, 1971）。这一理论在得到传递性、自反性和完备性等的论证后，偏好便逐步被理解为效用的函数。

期货品种的选择,而是经常性地在两种以上的金融品种之间进行选择;其次,即便金融厂商在某一时点上对甲乙两种金融品种做出比较选择时,也不是稳定性地处于偏好甲或偏好乙的选择状态;再次,当金融厂商对多种证券品种进行选择时,其偏好也不明显呈现出具有传递性、自反性和完备性等特征。以上情形不仅适合于金融厂商对股票或期货的品种选择,也适合于非金融厂商对特定股票或期货品种所对应行业的投资选择。

厂商的选择偏好之所以不具有稳定的内在一致性,是因为证券市场瞬息万变的信息不确定性以及由此产生的厂商的有限理性约束。现代经济学较之于新古典经济学的发光点之一,是清晰了理性选择行为的以下逻辑链:信息不对称→有限理性约束→偏好多重→思考和认知→选择不确定→效用期望调整。但是,由于现代经济学仍然在很大程度上局限于自利追求和效用最大化的理性分析框架,他们关注到思考和认知在行为选择中的作用以及相关的结果,但没有把"思考和认知"彻底融合到行为理性选择的分析框架。这个问题与投资者的选择动机有关。以证券市场为例,由于追求自利的基本动机在很大程度上隐匿了利他、互惠等选择动机,因而金融厂商行为选择的思考和认知便容易被处理为外生变量。厂商的行为选择动机具有追求自利的排他性,但厂商的行为选择有时也反映出利他、公平和互惠等动机,否则,我们便无法解释股票或期货市场某一品种当天巨大的振幅,无法解释金融厂商之间的合谋(如联合坐庄),无法解释比比皆是的老鼠仓等现象。

理性选择与自利追求和效用最大化相关联的现实情形,曾使新古典经济学的理性选择理论在一定程度和范围内得到了科学的解释;但厂商的思考和认知仍然是追求自利和追求效用最大化的事实,则要求我们将其纳入行为理性选择的分析中。信息不对称和有限理性约束会引致厂商的多重偏好、思考和认知、选择行为不确定。当我们把思考和认知作为内生变量来看待时,行为理性选择的边界会因为信息不对称、多种选择动机、多重偏好和选择不确定等而得到扩大。基于这样的理论解释,我们可以把厂商的行为理性选择理解为：追求自利的多重选择动机和多重偏好，导致了厂商的思考和认知，以至于使厂商做出了期望实现效用最大化的行为选择。行为理性边界并不能涵括行为理性选择的全部内容，厂商行为选择在很大程度和范围内还要受心理活动的影响，这种影响在证券市场比在其他市场更加显著。

证券价格波动在引发金融厂商偏好及选择行为不确定的同时，对厂商特定心智模式的影响也是不可忽视的。从纯理论角度来考察，心智模式可理解为个人认知体系的创造性对环境内部表象的反映。一个群体认识特定环境所具有的心智模式的共享框架，则是这个群体对这个特定环境的意识形态（Denzau & North，1994）。心智模式的形成和发展要受到不断变化的心理情结的影响。从这个意义上来说，心智模式是心理情结的函数。联系证券价格波动来看问题，证券价格波动是市场环境变化的表现，金融厂商通常会因价格波动而形成特定的心理情结，这些情结一般由兴奋、谨慎、恐慌等因素组成，也有可能是由这些因素综合而成；心理情结是对价格波动这一证券市场重要环境因素的反映，它会促动金融厂商在股票或期货等金融市场上作出"做多和做空或多翻空和空翻多"的选择。[①]

厂商的行为理性选择是在特定心理情结驱动下形成和进行的，传统主流经济学排除心理情结来讨论厂商的行为理性选择，使行为理性选择理论成为经济学与心理学分离状态下的理论，从而使经济理论难以从讲台走向现实。我们结合心理情结来分析厂商的理性选择行为，必须重视厂商对影响市场环境变化的信息进行的思考和认知，这种重视不仅会使我们对厂商的行为理性选择有正确的理解，而且可以帮助我们理解厂商的非理性选择。

---

① 对于这种现象，应该说行为金融学没有充分重视投资者在心理情结下如何思考和认知的问题；就此而论，行为金融学对证券投资者理性选择的论证，始终没有跳出新古典经济学理性选择理论的边界。

第六节 厂商非理性选择及其心理情结

自美联储前主席格林斯潘在一次著名的演讲中启用"非理性繁荣"一词以来,经济学界对证券市场价格严重偏离价值的格局,常常用"非理性繁荣"这个词汇来描述。[①] 证券市场价格严重偏离价值是由金融厂商选择行为所导致的。以基础理论来定性这种偏离,涉及行为理性属性及其边界的确定,涉及厂商特定的心理情结对选择行为的影响,涉及厂商有限理性的实现程度等问题。这些问题只有在基础理论范围内获得前后一贯的说明,才能对证券投资者的非理性选择做出符合现实的解读。经济行为的选择过程要义,有着极其宽泛的内容,金融厂商在证券市场中的行为选择的理性和非理性属性及其边界,始终是我们理解这种要义时不可忽视的重要内容。

对行为理性属性及其边界的解释,不能完全局限于自利追求的单纯动机,这一点已被现代经济学广泛认同。经济学家建立吻合实际的行为理性选择理论的主要困难之一,是不能完全局限于对自利追求的解释但又离不开对自利追求的强调。如果完全依据传统主流经济学对行为理性属性的解说来界定行为理性的边界,那么,以利他动机和利他偏好所支配的行为选择,便很容易被解释为非理性。因此,传统主流经济学以纯粹利己动机和利己偏好来作为行为理性唯一依据的判定是不准确的。实际上,重视多重动机是行为理性选择理论吻合于现实的重要一步,而充分反映自利追求和偏好多重、认知不确定、效用期望调整,才是行为理性选择理论吻合于现

---

① 罗伯特·希勒(Shiller,2001)在《非理性繁荣》一书中,始终坚持这样一个基本观点:投资者作为一个集群,在经历股市的飙升或暴跌时常常表现为一种非理性选择。不过,希勒对非理性选择的解说,只是对股市的一种现象描述,而不是行为理性选择理论意义上的基础理论分析,准确地说,希勒有关股市非理性选择的分析,只是一种根据现象而涉及理论层面的概括,并不具有基础理论研究的分析性质。

实的关键。正是基于这样的理路，笔者以"思考和认知"来体现多重选择动机和多重偏好，以此来说明行为理性选择边界、投资者心理情结和有限理性实现程度。假如这样的理路具有一定的科学性，我们便可以在基础理论的框架内对厂商的非理性选择做出合理的解释。

在证券市场中，股票或期货成交量放大和价格飙升的繁荣情形，通常会伴随金融厂商一窝蜂疯狂抢购的景象；股票或期货成交量缩小和价格阴跌的萧条情形，则通常伴随着金融厂商谨慎观望的景象。对于这些充分体现自利追求和偏好暂时锁定的景象，我们既可从理性也可从非理性的角度来理解。从理性角度来看，无论金融厂商在繁荣阶段的疯狂抢购还是在萧条阶段的谨慎观望，他们或多或少会对影响证券价格走势的信息和环境等复杂因素进行了思考和认知，这样的思考和认知，无疑是由追求自利使然。从非理性角度来看，如果金融厂商在繁荣阶段的疯狂抢购或在萧条阶段的疯狂杀跌，这便表明其行为选择放弃了思考和认知，盲目地顺随市场趋势，尽管这时他们仍然是在追求自身利益。总的来说，金融厂商做多或做空某一证券品种的选择行为的背后所内蕴的由兴奋、谨慎和恐慌等为依托的心理情结，一方面会改变选择偏好并致使效用期望值的调整，另一方面会诱导和驱使金融厂商坚持或放弃思考和认知。从这个意义上来讲，以行为经济学为理论底蕴的行为金融学与传统金融学之间的一系列理论分歧，主要不是体现在是不是追求自身利益方面，而是在很大程度上反映为对"思考和认知"之于实际选择过程的不同理解方面。

我们可以"厂商是坚持还是放弃思考和认知"为依据，对证券市场的某些常见现象展开选择行为的非理性分析。现象之一：当新闻报道、权威观点或著名证券评论人士看好某一证券品种或某一经济行业时，如果这些证券品种涨势已现，金融厂商很有可能在兴奋的心理情结促动下，不加思索地购买这些证券；如果情况相反，金融厂商便有可能在恐慌的心理情结促动下，不加思索地卖出这些证券。现象之二：经验有时会排斥思考和认知，例如，多次经验表明一只股票连续三个跌停板后会有5%的反弹出现，当这种情形出现时，具有这种经验的金融厂商就会不加思索地购买这只股票，以博取5%的反弹赢利；再例如，当某行业的某只股票出现暴涨或暴跌时，金融厂商很有可能不加思索地购买或抛出同行业的其他股票。

现象之三：当市场出现重大利好或重大利空时，金融厂商很可能不考虑这些重大利好或重大利空的实质性内容、持续时间长短以及对后续期经济走势和不同行业的影响，而是在兴奋或恐慌的心理情结驱动下，不加思索地购买或抛出证券。这些现象说明金融厂商存在着放弃思考和认知而出现不折不扣的非理性选择行为。

现代经济学曾用羊群效应、蝴蝶效应、从众效应和偏好颠倒等范畴来描述过以上现象。以行为经济学和实验经济学为代表的非主流经济学，曾利用认知心理学的成果以确定性效应、锚定效应、信息层叠和框架依赖等概念来解说上述现象，以说明证券市场中非理性行为的广泛存在。然则，非主流经济学有关非理性选择的分析和研究，主要是针对主流经济学的"偏好一致性和效用最大化"偏离现实选择的批评而言的。尽管他们关注到了思考和认知在行为选择中的作用，但他们没有在明确界定行为理性边界的基础上把思考和认知作为内生变量来处理；尽管他们分析了心理情结对厂商选择行为的影响，但他们没有考察心理情结与思考和认知之间的互动。

就行为选择过程的形成而论，市场价格波动导致投资者心理情结变动的第一道程序，是引发投资者对影响选择行为的信息的思考和认知。新古典经济学跨越了这一程序，现代经济学关注到了这一程序但没有把"思考和认知"作为内生变量置于模型。于是，我们有理由认为现代经济学对心理情结诱导厂商非理性选择的基础理论研究是不到位的。市场价格波动引致厂商心理情结变动的结果，是导致厂商选择行为的兴奋或恐慌，以至于完全放弃思考和认知。在这里，我们再次看到"思考和认知"是甄别行为理性选择的主要依据。但遗憾的是，到目前为止的几乎所有的行为选择理论，都自觉或不自觉地以选择结果——效用最大化——作为甄别理性选择的依据。

在证券市场中，金融厂商能否获得赢利有着极强的不确定性，这种不确定性要比其他市场更加明显。如果我们以"选择行为要取得效用最大化"作为理性选择的标准，那么，我们便很难把金融厂商选择描述为理性选择。这个问题的深入分析再次涉及理性和非理性的边界划分，在不把"思考和认知"作为内生变量的情况下来解释厂商的选择行为，这个边界是模糊不清的。其实，厂商追求效用最大化只是自利动机驱动下的一种主观期望，这个期望值能否实现及其调整幅度的高低，在相当大程度上受制于厂商的有限理性约束以及由市场价格波动所引致的心理情结。其实，在兴奋、谨慎和恐慌等不同心理情结下，厂商对影响选择的信息同样有思考并产生不同的认知，而不同的思考和认知会决定他们相应的效用期望值。因此，厂商的理性或非理性选择，与能否实现效用最大化并不存在必然的关联。我们可以把追求自利的厂商的非理性选择解释为：在特定心理情结支配下放弃思考和认知而完全根据直觉（产生特定心理情结）的选择行为。

不过，较之于兴奋和恐慌这两种心理情结，厂商在谨慎心理情结下思考不确定信息的程度要深一些，认知要充分一些，这可以看成是厂商的有限理性实现程度较高的反映。与这种较高的有限理性实现程度相对应的选择行为，则可以被看成是理性的。但问题在于，厂商充分思考和认知并不一定会取得效用，尤其是并不一定会取得最大化效用。厂商在兴奋和恐慌这两种心理情结下，通常很少甚至不对信息进行思考和认知，其选择行为基本上是根据直觉做出的，这可以看成是厂商有限理性实现程度极低的反映。与这种极低的有限理性实现程度相对应的选择行为，则可以被看成是非理性的。但有趣的是，厂商在金融市场中根据直觉进行非理性选择并不一定不能取得效用。因此，把效用（最大化）作为判断行为理性属性的依据，在金融市场尤其不适合。

厂商在以上特定心理情结支配下，是否对信息进行思考和认知的情况及其选择结果所揭示的事实，说明理性或非理性的属性界定与选择结果无关。当然，厂商的心理情结可能不像这里所描述的那样简单，很有可能在追求自身利益的强烈驱动下还会出现焦虑、烦躁乃至于疯狂等心理情结，并且有可能会在一定程度和范围内出现兴奋、谨慎、恐慌、焦虑、烦躁、疯狂等的某种组合，但严格来讲，这些组合并不影响"是否进行了思考和认知作为甄别理性和非理性"的依据。同时，厂商的心理情结所发生的变化会导致理性选择向非理性选择的属性转化。厂商的心理情结对理性和非理性选择定性的影响，属不属于经济行为之选择过程的要义呢？显然，如果我们将其看成是一种要义，则行为理性选择理论的分析范围无疑会扩大。

有过证券交易经历的学人，或许会赞成这样的观点：厂商的非理性有时是从理性转化而来的。这个观点的理论解读是：从选择行为的过程来考察，厂商并不是一开始就放弃自己的认知，放弃对信息和环境等不确定因素的思考，以至于像行为经济学揭示的那样在偏差心理支配下进行非理性选择。[①] 在证券市场价格暴涨或暴跌中，存在着促动厂商买卖行为的"一窝蜂效应"，这种没有经过思考和认知的效应，会促使经济学家认为证券市场存在着经常性的群体非理性选择。其实，证券市场永远是理性和非理性并列或融合的市场，即便在出现群体非理性选择的情形，它仍然有一定比例的理性选择厂商，只是占主导地位的金融厂商群体的非理性选择隐匿了处于次要地位的金融厂商理性选择。在现实的证券交易中，一些经历了思考和认知的理性选择的金融厂商，也会在"一窝蜂效应"的影响下做出非理性选择，这是典型的理性选择向非理性选择转化的情形。我们的分析结论是：金融市场中的群体非理性行为的形成过程，通常伴随着厂商（个人）理性选择向非理性选择的转化，我们可以把这种转化看成是经济行为选择过程的一种重要意义。

---

① 关于这个问题，有必要再次联系行为经济学著名的价值函数来进行评论。丹尼尔·卡尼曼和阿莫斯·特维斯基（Kahneman & Tversky, 1979）在他们创造性的价值函数中，认为投资者通常是先按照自己的理性偏好对事件进行编辑处理，以理性计算的方式展望事件的未来前景，当他认为展望的事件结果会出现较高概率时，就会在选择过程中贯彻效用最大化原则。此时，用于概括这种选择过程的价值函数便是 S 曲线中的凹形状态。然而，由于现实中存在着信息和环境的复杂性，当这些复杂性达到足以让厂商怀疑或否定自己对事件未来前景的预期时，他们就不像传统主流经济学所设定的基本假设那样采取选择，此时，用于概括这种选择过程的价值函数便是 S 曲线中的凸形状态。凸状部分是对非理性选择行为的结果描述。如果我们从厂商选择行为的动态过程来分析，曲线 S 反映了理性选择向非理性选择的转化（何大安, 2005）。

例如，某金融厂商在兴奋的心理情结下拟买入一只经过仔细研究的股票（经历了思考和认知），这是一种拟进行的理性选择，但如果其他厂商告诉他有关另一只股票的内部利好信息，主力机构即将拉升这只股票的信息，如果恰好近日的报纸杂志刊登了有关该股票有可能成为一匹"黑马"的基本面材料，该金融厂商便极有可能否定自己经过数日研究的选择而义无反顾地买入这只其他厂商推荐的股票。假如这只股票的内部利好消息在市场上广为流传，专业人士也极力看好或推荐，那么，便会有很多金融厂商纷纷介入这只股票，从而推动这只股票的价格上涨。如果某只股票 X 出现与上述情况完全相反的情形，则会有许多金融厂商跟风进入抛盘的行列（恐慌心理情结使然）。值得说明的是，上述情形同样会出现在期货或保险市场。这种现象实际上是金融市场中的理性选择向非理性选择转化的明显例证。

综上所述，金融厂商的非理性选择大都是伴随着兴奋或恐慌等特定心理情境，从而放弃思考和认知的结果。在这里，我们之所以对金融厂商的投资选择行为进行专门分析，主要是基于单纯对个体选择行为的分析不足以说明证券市场现象的考虑。本章将金融厂商看成是一般投资者，但分析结论同样适合于个人投资者。如果我们运用"投资者"这一既包含个人也包括厂商的概念，本章的基本思想可表述为：我们分析和研究证券投资者的选择行为，应当在关注他们追求自身利益和多重偏好的前提下，从有限理性约束的角度，以思考和认知为依据来摆脱效用最大化的束缚，这样才有可能拓宽行为理性边界，从而对证券投资者的理性或非理性的选择属性有一个符合实际的解说。

第七节 几个值得研究的问题

对证券投资者的理性和非理性及其心理情结进行分析和研究，属于行为金融学的基础理论专题。鉴于行为金融学尚未明确划分行为理性边界，我们研究证券投资者的选择行为，应该重视影响投资者选择行为的内生变量和外生变量的区分。经济理论从象牙塔走进现实的重要举措，是尽可能地缩小外生变量的范围，尽可能扩大影响经济行为的内生变量。依据本章的立意，行为金融学的研究方向应考虑将多重选择动机、多重偏好、思考和认知等归入影响选择行为的内生变量，以对应于信息不对称和有限理性约束的现实背景。针对行为理性边界的划分，针对把思考和认知作为内生变量的处理，针对投资者各种心理情结对选择行为的影响，下一步的研究应当在数理模型处理上展开分析性论证，以便给实证分析提供理论依据。这方面基础理论研究的重点，应放在假设前提、变量设定、模型建构和分析方法重塑等方面。

基于价格波动会引致证券投资者的心理情结变化，政府制定金融等相关政策，不仅要考虑到政策对证券市场供求关系的影响，而且要考虑到政策对投资者心理情结及选择行为的影响。经济理论的基础分析一旦关联到政府行为，便上升到经济理论研究的规范分析层面。从证券市场的有序运行和稳定发展来看，有序和稳定的证券市场需要投资者在稳定的心理情结下进行理性选择，我们制定金融等影响证券市场政策要关注政策的连续性、稳定性和可预期性，不要让政策体系出现明显的波动。显然，政策效应要实现这样的境界，必须有相关的规范分析的支撑，而这样的规范分析必须在明确界定出理性和非理性边界并对心理情结做出符合实际描述的基础上进行。因此，从基础理论探讨进入规范分析，政府的选择行为也是需要我们认真研究的。

作为投资者的厂商，其理性和非理性选择行为不仅反映在证券市场，更主要反映在公司治理活动中。公司治理是公司与市场相关联的一项制度安排，它包括公司内部制衡和市场外部约束两大块；在公司治理结构安排及其运行的过程中，公司各层级机构及相应的行为主体，也会面临理性和非理性的选择问题，公司面对市场竞争和垄断、价格（成本和利润）波动、市场占有率、资产并购和重组等外部环境约束时，同样面临着理性和非理性的选择问题。我们如何在符合实际的行为理性选择理论的基础上，把厂商在公司治理中的行为选择活动描述出来，或者说，如何把厂商的公司治理活动置于行为理性选择理论的分析框架中，这是我们理解经济行为选择过程要义的一个不可或缺的重要方面。

参考文献

Kahneman, D. and A., Tversky, "Prospect Theory: An Analysis Decision under Risk", Econometrica, 47 (2), 1979.

Simth, V. L., "Economics in the laboratory", *Journal of Economic Perspectives*, Winter 1994.

Shiller, R. J., "Market volatility and investor behavior", *American Economic Review*, Vol. 80, No. 2, 1990.

Grossman, S. J., Hart, O. D.: The Costs and Benefits of Ownership: A Theory of Vertical and Lateral Integration, *Journal of Political Economy*, 94 (4), 691 – 719 (1986).

Hart, O. D., Moore, J., Property Rights and Nature of the Firm, *Journal of Political Economy*, 98 (6), 1119 – 1158 (1990).

Friedman, M. and Savage, L. J., 1948, The utility Analysis of Choices Involving Risk, *Journal of Political Economy*, 56, August.

Arrow, K. J., 1971, Essays in the Theory of Risk – Bearing. Amsterdam: North – Holland.

Von Neumann, J. and O. Morgenstern (1947), Theory of Games and Economic Behavior, 2nd. ed. Princeton, NJ: Princeton University Press.

Kahneman, D. and A., Tversky, "Prospect Theory: An Analysis Decision under Risk", *Econometrica*, 47 (2), 1979.

Kahneman, D., Tversky, A. (1973), On the Psychology of Prediction, *Psychological Review*, 80.

Simth, V. L., "Economics in the Laboratory", *Journal of Economic Perspectives*, Winter 1994.

Gintis, Bowles, Boyd & Fehr. Explaining altruistic behavior in humans, *Journal of Theoretical Biologe*, 2004, (3).

Berg, J., Dickaut, J. and McCabe, K. Trust, Reciprocity and Social History, *Games and Economic Behavior*, 1995, 10.

Forsythe, R., Horowitz, J. L. Savin, N. E. and Sefton, M. Fairness in Simple Bargaining Experiments, *Games and Economic Behavior*, 1994, 6 (3).

Marwell, G. and Ames, R. E., Experiments on the Provision of Public Goods. I. Resources, Interest, Group Size, and the Free – rider Problem, *American Journal of Sociology*, 1979, 84 (6).

Fehr, E. and Gächter, S. and Kirchsteiger, G. Reciprocal Fairness and Non-compensating Wage Differentials, *Journal of Institutional and Theoretical Economics*, 1996, 152.

Richter, M. K., 1971, Rational choice, In Chipman, Hurwicz, Richter and Sonnenschein (1971).

Denzau, A., D. North (1994), *Shared Mental Models: Ideologies and Institutions*, Kyklos, 47.

罗伯特·希勒：《非理性繁荣》，中国人民大学出版社2001年版。

西蒙：《理性选择行为模型》，载《西蒙选集》，首都经济贸易大学出版社2002年版。

何大安：《投资选择的交易成本》，《经济研究》2003年第12期。

罗斯·哈里森：《新帕尔格雷夫经济学大辞典》第一卷，第243—246页，经济科学出版社1996年版。

米塞斯：《经济学的认识论问题》中译本，经济科学出版社2001年版。

贝克尔：《人类行为经济分析》，上海三联书店1996年版。

卢瑟福：《经济学中的制度：老制度主义与新制度主义》，中国社会科学出版社2000年版。

郑也夫：《新古典经济学'理性'概念之批判》，《社会学研究》2000年第4期。

邓宏图：《相对理性研究》，载《制度经济学研究》，山东大学经济研究中心、经济科学出版社 2003 年版。

罗纳德·哈里·科斯：《论生产的制度结构》中译本，上海三联书店 1994 年版。

威廉姆森：《反托拉斯经济学》中译本，经济科学出版社 1999 年版。

何大安：《行为经济人有限理性的实现程度》，《中国社会科学》2004 年第 4 期。

何大安：《理性选择向非理性选择转化的行为分析》，《经济研究》2005 年第 8 期。

何大安：《交易过程中的行为最大化》，《中国社会科学》2009 年第 5 期。

何大安：《政府产业规制的理性偏好》，《中国工业经济》2010 年第 6 期。

何大安：《通过拓宽行为理性边界来认识经济行为人》，《光明日报》2010 年 9 月 28 日。

赫伯特·西蒙：《从实质理性到过程理性》，载《西蒙选集》，首都经济贸易大学出版社 2002 年版，第 245—269 页。

第九章

公司治理中的理性选择与非理性倾向

大量经济学文献针对公司治理结构的分析和研究,主要是以厂商理性选择为分析对象的,而对公司治理中厂商隐性存在的非理性倾向,并没有予以足够的关注。经济行为主体以理性选择为主的事实,很容易使经济学家忽视对非理性倾向的研究。其实,厂商的选择行为或多或少夹带着一些非理性,即厂商选择行为是理性与非理性的融合,公司治理中也存在这样的情况。我们研究厂商的理性选择和非理性倾向,一方面,可以通过公司治理之组织形式的考察,从公司内部制衡和外部约束的选择途径或手段来展开;另一方面,也可以通过经济体制模式或市场治理模式对公司治理的制约,从厂商的委托代理、契约联结、实际投资等选择活动来展开。在公司治理中,厂商的理性选择是十分明显的,但非理性选择倾向是一种隐性存在。

公司治理结构与制度安排约束之间存在着关联。当经济体制模式和法律规章等的制度层面既定,而市场运行的制度层面不既定时,公司治理模式、投资选择、委托代理、契约联结等便有许多可以从选择行为角度进行讨论的内容,这些内容不仅涉及公司治理中的投资选择规则和程序,而且涉及公司委托代理与投资选择安排。我国的公司治理模式是组织治理型和市场治理型的并列存在,从制度角度来考察,公司治理模式在很大程度上是经济体制转轨的产物,从经济行为的选择过程来考察,无论是公司治理模式和投资选择安排,还是委托代理和契约联结等,都是政府和厂商行为选择的结果。

第一节　公司治理模式的组织形式及其选择

一　公司治理结构的组织形式

公司治理结构是同产权、交易费用和委托代理等问题联系在一起的。① 经济体制模式会影响产权结构，产权结构会影响委托代理模式。中国现阶段公司治理结构在很大程度上是由产权结构塑造的。一般认为，如果公司的股东相对集中、董事会主要由公司内部人组成、董事会与总经理缺乏制衡机制、企业的目标和管理方式注重长期利益和强调协调与合作，则公司治理结构是组织治理型（德日模式）。如果公司的股东高度分散、重大投资选择、董事会与总经理的制衡依托于庞大的流动性强的资本市场，企业的目标和管理方式注重短期利益和强调分工与制衡，则公司治理结构就是市场治理型（英美模式）。② 撇开产权对公司治理结构之组织类型的规定，公司治理结构的组织形式会受到市场外部环境的约束，厂商通常会结合公司内部制衡和市场外部约束，对信息和环境等不确定因素进行思考和认知，以确定采取何种组织类型的公司治理结构。

公司治理结构的内部制衡，是指董事会、总经理、监事会和股东大会等在权责利上的相互制约；公司治理结构的外部约束，是指公司重大投资、资产兼并和重组等外部活动受制于市场治理的情形。如果说前者主要

---

① 现代成本经济的产权转移速率加快及权益分配不确定，导致了现代企业在产权界定、权益分享和风险承担等方面，越来越需要支付以搜集、传送、处理信息和保障交易各方动机兼容的交易成本（Milgrom & Roberts, 1992）；为减少交易成本，股东通常将产权委托给代理人经营；为了在理论研究上能全面解说产权和交易费用对公司委托代理的影响，新制度经济学把产权、交易费用和委托代理与公共选择理论和宪法经济学等结合起来，对这些问题展开了以制度为关联的研究（齐默尔曼，2004）。

② 关于这两种公司治理结构的组织形式，可参见秦晓《组织控制、市场控制：公司治理结构的模式选择和制度安排》，《管理世界》2003 年第 4 期。公司治理结构是一种制度安排，它是对股东、董事会和经理人员之间权责利制衡的选择结果，在笔者看来，这种选择涉及公司治理中的理性和非理性选择问题。

反映为公司治理中的内部管理结构，那么，后者则主要是公司治理之于市场治理的应对结构。① 事实上，公司治理是试图解决股东、董事和经理阶层的激励约束，旨在解决好剩余控制权的内在制度安排；另一方面，是解决以竞争为主线的涉及资本控制权、经理选聘和产品竞争等的外在制度安排。国内学者通常侧重于对股东、董事和经理阶层的激励约束，尤其是关注对经理行为的研究，以探寻究竟应采取何种制衡机制才能最大限度地满足股东和利益相关者的权益。② 但作为"理性行为人"的股东、董事和经理阶层，他们之间的合作和非合作博弈将面临很多选择，这些选择在性质上可理解或划分为理性和非理性。

二 我国公司治理模式的组织形式考察

我国现阶段的公司治理结构是市场治理型和组织治理型并存，但这两种治理模式不能简单地等同于德日模式和美英模式。在我国现阶段，政策制定和行政法律规章尚不足以完整配套于经济运行和发展，制度环境对公司治理结构的内部制衡和外部约束的影响，主要是通过《公司法》、《证券法》、产业政策、宏观调控政策等相关政策法规来实现的。③ 以公司治理模式而言，我国的股份有限公司和有限责任公司的股权结构，主要可以分为国有控股和数家法人控股两大类型。这两大类型所反映的共同特征是"一股独大"。相对于"德日模式"，由于这两大类型公司的股权不存在或很少出现银行控股或大公司之间的环形控股的情况，因而公司的内部制衡

---

① 新古典经济学强调公司的市场治理模式，将公司看成以利润最大化为目标不涉及组织范畴而单纯以技术决定的生产函数。新制度经济学认为，以契约为核心的市场治理模式越来越不适应等级交易和混合交易所体现的母公司与子公司之间的委托代理关系，十分关注以交易成本为分析线索的有关市场、价格和企业之间的关联研究（Coase，1937，1960），认为应该以组织行为取代价格机制来内化交易，实行组织治理的公司治理模式。

② 这种学术研究路径可能是来源于诺贝尔经济学奖获得者米勒（Merton H. Miller）教授1995年在上海举办的国有企业改革国际研讨会上所作的题为《公司治理的两种不同策略》的演讲。米勒在演讲中注重对如何判断和督导经理行为进行了解说（徐滇文、文贯中，1996）。经理行为的判断和督导属于委托代理问题，而委托代理问题的研究自然联系到了公司治理模式的选择。或许是当年米勒教授的演讲过多介绍了英美或德日的公司治理模式，至今我们关于公司治理模式的选择，习惯于以这些模式为分析蓝本。

③ 例如，《公司法》所规定的董事会和监事会制度，在法理上规定了公司内部制衡结构是股东大会任命董事和监事，董事会负责重大选择和任命总经理，监事会负责监督董事和总经理。

和外部约束受市场组织机制控制的比重和覆盖面较小。也就是说，公司内部的股东大会、董事会、总经理、监事会在管理和监督等方面的内部制衡，只是呈现出《公司法》和《证券法》的框架设计要求，并没有反映市场体系的外在约束。这种情况在我国的国有控股公司中尤为显著。① 基于这样的现实，我们倾向于将我国公司的治理模式理解为："一股独大"导致"内部人控制"，缺乏制衡机制和较少受市场外部约束的治理模式。

股东大会、董事会、总经理和监事会相互制约的内部制衡，是厂商适应现代企业制度运行的行为选择结果；市场调节对公司运营所产生的外部约束，则是厂商为自身利益进行市场竞争所形成的外在强制，这种外在强制同样是厂商行为选择结果。经济学家关于组织治理模式和市场治理模式的解说，主要是针对公司股权结构在多大程度上受制度环境影响、其内部制衡在多大程度上受市场约束而言的。但无论是组织治理模式还是市场治理模式，它们的形成和发展都是厂商在长期的运营中，对影响公司管理和投资的信息和环境等复杂因素进行思考和认知的结果，都是由厂商行为理性选择导致的。在公司治理结构的诸种制衡关系中，所有权与经营权的委托代理最能反映公司治理模式。

我国的国有控股公司在委托代理方面的深层问题，是所有者层次不清晰导致产权不清晰；相对于自然人产权的委托代理，国有控股公司是一个复杂的委托代理体系。这个体系的委托代理是由产权委托和法人治理双结构构成，它要比非国有控股公司的委托代理多出一个"产权委托代理"的层次，国有产权的委托代理通常是国务院将国有资产委托给各级政府管理，这是一种典型的行政委托代理规定的产权使用和管理的组织治理模式。诚然，这种组织治理模式在运行机制上部分解决了国有产权的虚置经营，使经营主体和程序能够组织化运作，但当各级政府将国有资产委托给

---

① 国内学者曾讨论过国有控股公司的治理模式问题，有人认为要解决国有产权的行政性委托代理向企业性委托代理的转化，提高公司治理效率，需要加强、规范和改革国有投资公司的治理结构（魏杰，2001），这种把国有投资公司的治理作为解决国有控股公司治理模式的讨论，实际上是从组织治理角度的一种分析。

诸如国有资产管理公司、国有投资公司等机构，再经由这些机构委托给所属企业经营时，便涉及了法人治理结构的治理模式问题。我国经济体制转轨时期特有的制度环境所决定的国有资产的委托代理结构，通常会影响公司法人治理结构中的委托代理。

三 对我国公司治理模式选择的评说

我国国有控股公司的治理模式属于组织治理型，而以自然法人控股的民营公司的治理模式属于市场治理型。德日公司的组织治理模式的股权结构，是银行控股或企业之间的环形控股，这种股权结构有可能在制度安排上探寻出有效的制衡机制，并能够较好地兼顾来自市场的外部约束，但由于我国国有控股公司股权的单一化，并不具备仿照德日公司的组织治理模式的条件，股权的单一化难以建立起有效的制衡机制：1. 单一化股权会导致股东大会、董事会、总经理和监事会在管理、监督和重大投资选择等方面的同一性；2. 股权单一化决定了董事长等重要人选由上级主管部门任命，从而会使制衡机制在组织制度上被削弱；3. 所有权与经营权之间的委托代理，也会因股权单一而难以实现市场意义上的约束。从这个意义上来说，我国政府忽视了不同国度的制度环境差异，没有比照"德日模式"对国有控股公司的治理模式进行思考和认知。

"德日模式"的重要特征，是公司目标和管理方式体现长期利益和强调协调与合作。以我国国有控股公司的委托代理而言，从国务院到地方政府再到各级国有资产管理局及所属企业，其委托代理结构链的上述特征不明显，只是在公司内部法人治理结构中，其委托代理关系才反映了这一特征。另一方面，现代企业制度的委托代理十分关注公司剩余索取权的制度安排，剩余索取权是与控制权相关联的；国有控股公司对市场控制权的排斥，在相当大的程度上限定了代理人的剩余索取权，这种限定不可避免地会减弱委托代理中的激励。关于这些问题，我国学术界曾进行过广泛的讨论，这些讨论是将国有控股公司和市场型运营公司放置于同一框架展开的，涉及了委托代理问题，但没有从公司治理模式的角度对这些问题进行专门的研究。① 联系剩余索取权来研究委托代理和公司治理模式，分析边界要扩大到市场型运营公司。

市场型运营公司是指产权或股权结构已初步形成多足鼎立，内部制衡机制能发挥一定效率，以及外部约束对公司制度安排发生影响的那些公司。这类公司是以不存在"一股独大"为前提的，它具有以下特征：1. 股东大会、董事会、总经理和监事会之间存在相互约束和相互监督；2. 委托代理契约体现了激励原则；3. 制度安排中存在着解决剩余索取权的有效手段；4. 资本市场对公司的控制权形成一定的威慑；5. 董事会和监事会有股东和职工代表参与。在以上特征中，剩余索取权是核心。如果剩余索取权与其他利益相关者无关，公司便不属于市场营运类型；如果剩余索取权与代理人无关，代理人便不会真正关心公司的长期发展，代理人就会利用与委托人之间的利润、成本和收益等信息不对称来机会主义地损害公司利益。市场型营运公司重视股权激励，关注总经理资源配置权和收益分享权等创新措施，关注内部制衡机制建设和外部市场约束，关注股权变更、收购兼并、资产处置、上市、清盘等有可能涉及剩余索取权问题。

我国经济体制转轨所规定的制度环境，在一个相当长的时期内决定着我国公司治理的组织治理和市场治理两种模式的并列存在。从理论上来讲，作为理性行为人的政府和厂商，对公司组织治理模式和市场治理模式有着不同的选择偏好，不同选择偏好会影响政府和厂商的认知过程，从而影响政府和厂商的效用期望调整。具体地说，政府和厂商是在多重动机和多重偏好下进行选择的，它们是否对影响或决定公司治理模式的制度环境等信息做出思考和认知，会在很大程度上决定其选择行为的理性和非理性属性。

---

① 例如，张维迎（1996）曾在广义和狭义两个层次上对剩余索取权和控制权的法律、文化和制度安排的规定性进行过分析；杨瑞龙（1999）分析了"行政干预下的控制型企业"的诸种弊端；林毅夫（1997）认为，对于控制权及其监督机制，只存在适合于特定制度环境下的相对有效率的公司治理结构，而不存在最优的公司治理模式；何玉长（1997）曾围绕"三会四权"对企业的控制权、经营权和剩余索取权等问题展开过分析；豆建民（1999）认为，由于国有控股公司存在"所有者缺位"问题，委托人的剩余索取权和控制权不相匹配会导致对国有资产所有权代表的激励不足和缺乏监督的动力。

第二节 理性选择：公司治理中的制度安排

公司治理作为一种制度化的选择行为，它在涉及公司内部的机构制衡、委托代理、剩余索取权分享以及外部约束等问题的同时，也关联到经济主体的行为属性及其选择问题。"理性经济人"范式涵盖下的追求自利和效用最大化原则，在引导经济学家研究公司治理中的理性选择的同时，也在一定程度上封杀了经济学家对公司治理中的非理性倾向的研究。公司治理中有可能出现的非理性选择，之所以容易在研究者的分析视阈中掠过，是因为它处于理性选择的包容之中。[①] 这种包容状态主要是指选择行为以理性为主、非理性为辅的情形，或者说，是指理性与非理性融合时，非理性选择显得无关紧要的情形。这种状态不仅出现在个体的行为选择中，也出现在政府和厂商的行为选择中。

自经济学将制度作为内生变量来研究社会的经济运行和经济发展，经济学家就越来越正视到了制度安排的重要性。在经济学说史上，以勃伦（Veblen）、康芒斯（Commons）和米切尔（Mitchell）等人为代表的老制度经济学，曾承接德国历史学派的实证主义分析方法对制度问题进行过深入的研究，[②] 但由于制度分析的理论魅力不在于对历史资料的归纳和推论，于是老制度经济学沉没达一世纪之久。以科斯（Coase，1937）、威廉姆森（Williamson，1985）、奈特（Knight，1992）、阿尔奇安和德姆塞茨（Alchian & Demsetz，1972）等人为代表的新制度经济学，通过对交易费

[①] 何大安（2004，2005a）在以前的研究中，曾在纯理论上对理性包容非理性的几种状态进行过讨论，本章有关公司治理中的非理性倾向的分析，可看做是对先前理论解说的一种针对实际问题的补充。

[②] 一些学者在比较新老制度经济学时认为，老制度经济学只是对制度影响社会经济运行作出了描述性的学术贡献，并没有对制度如何约束经济活动展开分析性的理论概括，这是一种缺憾（Hodgson，1998）；经济学术界普遍认为，新制度经济学弥补了老制度经济学的这一理论缺憾，完成了制度经济分析的理论化和系统化。

用、制度安排、资产专用性、机会主义、不确定性、剩余索取权、契约等范畴的学术讨论,创立了分析性的新制度经济学。在经济学个人主义方法论假设下,新制度经济学具有能够以个体行为解说公司绩效的理论解析力,越来越多的经济学家已偏好于以制度分析来研究问题。经济学家对公司治理的研究,也存在着类似的情况。

经济学家关于公司治理结构的分析,主要是以两种研究路径来展开的:1. 在特定的制度假定下,对公司治理中的不同选择展开以私人部门为分析对象的研究,这一研究关注交易费用在何种市场情形下最小化,公司内部交易在什么样的条件下出现,这种研究路径通过长期契约对公司治理结构进行了细化选择;2. 在制度不既定的条件下,分析制度安排变化对公司治理结构的影响,这一研究强调时间变化导致制度环境变化,在一定程度上是将市场治理和公司治理中的制度安排理解为制度环境的函数,当这一研究完全局限于企业范围时,对公司治理结构的研究会形成以委托代理、契约等制度安排为核心的企业理论(Klein,1999)。但无论是在制度既定,还是在制度不既定条件下探讨公司治理问题,经济学家关于公司治理中制度安排的研究都是对公司选择行为的理性分析。

公司治理结构与制度安排约束之间存在着关联,这种关联既可以从经济体制模式和法律规章等层面也可以从市场运行层面,对公司治理结构的设置和运作进行理解。这两个层面对公司的内部制衡和外部约束都会发生影响的事实,使得我们关于制度不既定的界定至少要划分出以下几种情形:1. 上述两层面的制度均不既定;2. 市场运行的制度层面既定,体制模式和法律规章的制度层面不既定;3. 体制模式和法律规章的制度层面既定,而市场运行的制度层面不既定。如果我们把第一种情形解说为整个制度系统的不既定,则第二种和第三种情形便属于社会制度系统的部分不既定。从经济理论角度来考察制度安排对公司治理结构的约束,研究第三种情形下的制度不既定则显得尤为重要。这是因为,对第三种情形下的制度不既定有正确的认知,可以旁及第二种情形,并可以归纳和推论出第一种情形下的制度不既定对公司治理结构的约束。

市场层面的制度不既定源于市场信息和环境因素的不确定性,在通常情况下,公司会根据市场的不确定性改变投资选择,而投资选择的经常性变化会在一定程度和范围内修正公司治理结构。这种市场性制度安排对公司治理结构的约束,通常是通过公司决策层对市场信息进行搜集、加工和处理和形成认知来实现的,它是一种典型的理性选择行为。在体制模式和法律规章的制度层面既定的情况下,市场层面的制度不既定,则主要表现在委托代理和契约联结以及由此引致的剩余索取权和控制权等方面。

以委托代理而言,委托者与代理者之间的参与约束和激励约束是否相容,会涉及公司的内部制衡;[①] 就契约联结而论,它对公司内部制衡的影响则反映为公司的资产和现金流存在着可以分割的剩余索取权。[②] 因此,我们从委托代理和契约联结来考察市场制度不既定对公司治理结构的约束,实际上是对公司治理中的理性选择的分析。以下我们以第三种情形下的制度不既定为分析背景,在理性框架内对公司治理中委托代理和契约联结这两种制度安排做出分析。

在现实中,委托代理难以摆脱委托者和代理者在诸如成本、收益和市场需求等方面的信息不对称,这种情形曾导致一些经济学家把企业(公司)解释为企业家的创新和才能(Richardson,1972;熊彼特,2000)。其实,在市场经济发达的国家中,存在着一个作为代理人的企业家市场,公司资产所有者(股东)与代理人签订具有不同奖惩比例条款的委托代理合同,这些合同是委托者和代理者在各自偏好、认知和效用期望调整下形成的,是他们对信息和环境等复杂因素进行加工和处理的理性选择的结果。这些合同在反映厂商如何面对市场竞争的同时,也反映出微观层面经济规则及其执行手段的制度安排质量。委托代理作为一项制度安排,质量

---

① 公司的参与约束和激励约束的相容问题,是衡量公司治理结构之优劣的一个重要方面,公司的参与约束和激励约束的相容,意味着股东大会、董事会、总经理和监事会之间的协调,反之则反是(何大安,2007)。

② 詹森和麦克林(Jenson & Michling,1976)在分析公司的性质时,曾联系契约联结来探讨过公司剩余索取权,尽管他们的探讨不完全局限于公司内部制衡,而是在一定范围内涉及了公司的外部约束,但他们坚持认为公司是一组人力和物质资本,是一组显性契约和隐性契约的理论观点,却为后续研究者将公司治理与市场契约展开融合分析提供了思想材料。

高，则有利于公司治理结构的内部制衡，反之则反是。

以高质量的委托代理契约来说，它必须能够在一定程度上化解委托代理双方在成本、收益、市场需求等方面的信息不对称，而低质量的委托代理契约则通常难以消除这种信息不对称。也就是说，质量高低不同的委托代理契约对公司治理结构运转的影响是不同的。

公司在理性选择中要实现内部制衡的有效性，委托者必须在规制诸如经营成本、利润分割、奖惩比例等最优化参数时，能够获得充分的信息，而不能以主观概率性的思维方式来制定委托代理契约（非理性）。以新制度分析的观点评析，主观概率性思维之于未知参数评估，会产生一种绕避因搜寻和处理信息而支付交易费用的行为依赖，而缺乏信息支持的未知参数，一旦作为委托代理契约的依据，就会导致委托代理双方在剩余索取权和控制权上出现不利于契约有效实施的博弈；在博弈过程中，受有限理性制约的委托代理双方，有可能采取以隐瞒和谎报信息为手段的逆向选择，会在自利动机下采取机会主义行为，从而有可能出现违背或不兑现契约的道德风险。一般来说，高质量的委托代理契约是以尽可能少的逆向选择、机会主义和道德风险为前提的，如果缺少这一前提，公司董事会与总经理之间的委托代理，就会在剩余索取权和控制权上充满讨价还价的纷争，以至于出现不利于公司内部制衡的选择行为。

当然，公司治理结构的内部制衡并不仅仅取决于委托代理，它还在很大程度上取决于股权结构以及由此决定的股东大会、董事会、总经理和监事会之间的职能发挥和权利分配。不过，这些机构之间的职能发挥和权利分配主要涉及的是公司治理结构中科层组织的制度框架，尽管这种制度框架的运转受外部资本市场约束很强（例如，资本市场会改变公司的股权结构），但现代公司的投资和生产经营的实施主要是通过委托代理来实现的。因此，如果我们撇开公司科层组织的制度框架，仅从委托代理契约对公司内部制衡的约束来讨论问题，或许是问题讨论的一条有效途径，它能够在有限理性制约、信息不对称、激励规制手段、交易费用支付等方面产生一些新的认识。

科斯关于企业、市场和价格的关联从而将"市场与企业合而为一"的混合分析（Coase，1937），引发了后续经济学家对市场之契约联结（nexus of contracts）的关注。① 契约联结范畴的出现，是与现代企业制度下的等级交易、混合交易两种形式相联系的。具体地说，随着企业间的兼并和重组的广泛展开，原来一些属于企业与企业之间的纯粹市场契约，已部分转化为母公司与子公司之间的内部契约（等级交易），或转变为介于纯粹市场契约与公司内部契约之间的契约（混合交易）。交易形式的变化意味着市场治理的变化，而市场治理的变化必然会导致对公司治理结构的约束。②

随着等级交易和混合交易这两种市场交易形式的覆盖面的扩大，公司对契约的思考和认知更加理性化。法人所有者与总经理之间的委托代理是一种契约关系，这是好理解的，但董事长与董事、董事与总经理、董事与监事、总经理与监事等之间的关系能不能解释为契约呢？法人所有者与各要素投入者在剩余索取权分配上究竟是什么样的契约关系呢？以及公司与外部资本市场投资者应该定性为什么样的契约关系呢？显然，这一系列问题的核心在于对公司剩余索取权和控制权的理解。

如果我们依据科斯的观点将企业看成是市场的替代，公司剩余索取权和控制权问题，便可以通过契约联结范畴得到较为合理的解释。这两权包括利润分配、产权界定以及无形资产的收益和权益等，但无论是公司的内部制衡还是外部约束，剩余索取权和控制权都同公司的治理模式相关联（如德日模式和英美模式）。公司长期利益或短期利益通常是由剩余索取权分配来实现的，剩余索取权的格局会决定剩余控制权的格局，这是问题的一方面。另一方面，特定的剩余索取权和控制权是通过特定的契约联结

---

① 最早有关契约联结的描述，主要是针对企业本质的分析而展开的，当企业被看成是不同要素投入者与计量和监督要素投入者贡献的代理人之间的一种契约关系时（Alchian & Demsetz，1972），或认为当企业在资产和现金流上的可分割的剩余索取权无须缔约便能出售时（Jenson & Michling，1976），以等级交易和混合交易为特征的契约，便将企业和市场联结起来，从而使契约联结在概念上就会成为企业契约与市场契约（形式和内容）相融合或等价的媒介。

② 西方有些经济学家认为市场治理与公司治理属于同一问题（齐默尔曼，2002），这种学术观点实际上是科斯的"企业代替市场"理念的延伸。我们姑且不论这种观点正确与否，它至少表明西方学者意识到了市场治理变化对公司治理结构存在约束这个值得讨论的问题。

来形成的,而契约联结是理性选择的结果。因此,我们对公司内部制衡和外部约束中契约联结的分析和研究,必须在理性框架内展开。

相对于公司的内部制衡,在外部约束方面,契约联结对公司治理结构的影响就表现得比较明显了。以资本市场的控制力和调节力为主要内容的外部约束,通常以强制手段改变公司股权结构,从而促使公司在做出重大选择时重视内部制衡机制对外部约束的适应性,这是理性选择的要求。公司股权结构的重塑,一方面是资本市场或金融市场中契约联结的结果,另一方面会导致剩余索取权和控制权的转移。发生在现代企业制度中的等级交易或混合交易,通常是以这些契约联结为手段的;同时,公司外部约束中的契约联结,会通过股权变更来改变或创新公司的内部制衡机制。正因如此,很多经济学家都从外部约束对公司治理结构所具有的这种制度安排的强制效应出发,对公司本质、契约安排、组织形式和管理等问题进行过广泛的研究,尽管他们没有明确以契约联结怎样制约公司治理结构作为分析对象,但这些研究是以理性分析为前提的。

制度包含着规则及其执行规则的手段两大块,制度是限制经济活动不确定性的产物,主体行为不确定必然导致制度不既定。在经济体制转轨的过程中,原有的制度体系中的各种制度有可能被改革,也有可能被继续保留;被改革的制度有可能适应经济增长,也有可能效率不显著;继续保留的制度有可能存在继续保留的合理性,也有可能阻碍经济增长,这是一个涉及制度安排的质量问题。[①] 制度不可能在一夜之间改变的事实,在经济体制转轨时期更加显示出它的不确定性和复杂性。

作为制度安排的公司治理结构以及制约公司治理结构的其他制度安排,是社会经济系统中的契约联结及其网络构成的一个重要组成部分。我国现阶段公司治理结构仍然存在着一系列的问题,"一股独大"所导致的"内部人控制"现象十分明显,这种情况使市场层面的制度安排对公司治

---

① 欧洲复兴银行(EBRD,1989)曾针对东欧改革的私有化进程等制度转型指标进行过研究,认为反映制度质量的不同指标,有的可以判断哪些问题已解决,有的可以判断哪些问题依然存在,但由于这些指标难以加总,因而这些指标不能说明体制转轨的成败。这项分析提醒新制度经济学必须重视对制度质量的研究。

理结构的约束弱化。《公司法》在法理上所规定的董事会任免总经理，总经理负责公司经营的制度安排，并不能保证公司内部制衡的效率。我们不禁要问，与《公司法》一样，公司治理结构作为一种制度安排，应是政府理性选择的产物，即应是政府对影响公司运营的信息和环境等复杂因素进行思考和认知的结果；当我们在理论上联系效用函数来考察政府这一选择时，显然会涉及理性和非理性的相关内容。

市场层面的制度安排主要体现在以契约联结及其网络的构成方面，在体制转轨时期，以不完全契约所构成的契约联结体系会变得更加复杂。① 从大的方面来考察这种复杂性对公司治理结构的约束，主要反映在以下三方面：1. 市场机制和行政干预的摩擦，会导致法律规章对契约签订和执行缺乏一致性原则，以公司内部利益相关者之间的显性或隐性契约而言，政府难以通过法律规章来制度化公司的内部制衡；2. 国有公司转型为现代企业制度意义上的股份制或有限责任公司，将面临解决产权虚置、委托代理、剩余索取权和控制权等系列性制度安排的困难，这些困难会制约公司治理结构的运行效率；3. 在体制转轨时期，金融市场和长短期资本市场发展不成熟，契约联结的制度体系在法律规章方面存在着很多间断点甚至断裂层，这会使公司之间的以兼并和重组为内容的等级交易或混合交易得不到规范的契约联结体系的支持。②

我国体制转轨时期的契约联结体系，是公司治理结构中厂商理性选择的产物，但厂商理性选择并不一定会取得满意的效用函数；同时，厂商在公司治理中也存在着非理性倾向，这些非理性倾向在一定程度上影响着公司治理结构的内部制衡和外部约束。

---

① 经济活动的不确定性决定着市场契约的不完全性，不完全契约是制度不既定的市场化反映。在现实中，签订不完全契约的双方只是部分地约定各方在一些可能情况下的权利和义务，契约的内容局限于一般目标和条款以及制定执行、调整和解决争端的规则和手段（Grossman & Hart, 1986; Hart & Moore, 1990）。这些问题是可以联系厂商的选择动机、偏好、认知和效用来展开的。

② 大量的新制度经济学分析文献曾从交易成本的角度对契约联结中的问题进行过研究。但联系体制转轨来考察等级或混合交易中的契约联结，问题可能会更加复杂。也就是说，如果我们从搜寻、传送、处理信息的协调成本或从保障交易各方动机兼容的激励成本来分析，体制转轨都会使契约联结在广度和深度上大大拓宽和加深。

第三节 公司治理中的非理性倾向

行为选择的理性和非理性的研究，是与有限理性学说联系在一起的。现代经济学在有限理性的框架内对产权、交易成本、委托代理、制度安排等一系列问题进行过深入的研究。这些研究涉及信息不对称对厂商有限理性的约束，涉及契约制定等制度安排对厂商选择行为的影响，涉及厂商的逆向选择和道德风险等问题，它对公司治理中厂商选择行为的研究有着很多值得进一步讨论的内容。撇开现代经济学对公司治理问题的专题研究，仅就其涉及的理性选择而论，它至少在"否定完全理性和信息对称"等理论层次上折射出有关非理性及其选择的思想。① 现代经济学有关厂商的选择偏好、认知过程、计算能力和效用期望的分析，对后期非理性选择的研究产生了一定的影响。② 不过，在大量有关理性和非理性的经济学文献中，经济学家针对选择行为的属性界定，或者说针对选择行为的理性和非理性的划分，并没有形成统一的观点。

在公司治理结构的分析文献中，经济学家着重研究了公司治理的理性选择问题，但对公司治理中有可能出现的非理性倾向并没有引起足够的关注。如果我们将行为经济学和实验经济学等对非理性的解说，看成是这两大理论运用有限理性学说对人们实际选择进行分析的一种理论衍生，那么，联系公司治理来看问题，我们可以把对厂商非理性倾向的理解，看成

---

① 例如，赫伯特·西蒙（Simon，1973）有关有限理性的论证以及他前期关于直觉理性之于选择行为的分析，罗纳德·科斯（1937）关于企业、市场和价格统一于边际交易成本等价的分析，威廉姆森（Williamson，1975）关于交易成本产生条件的分析等，都从有限理性约束角度对公司组织治理中行为选择问题作出了讨论。

② 行为经济学的集大成者丹尼尔·卡尼曼在2002年诺贝尔经济学奖领奖会上曾指出，赫伯特·西蒙以有限理性为分析框架的"满意取代效用最大化"的过程理性学说是其展望理论的思想来源。参见卡尼曼《有限理性的图谱：迈向行为经济学的心理学》，载《比较》第13辑，中信出版社2004年版。

是厂商没有对信息和环境等复杂因素进行思考和没有形成认知所产生的选择倾向。非理性倾向是非理性选择的一种前意识行为，它有着较为宽泛的内容。本书前几章曾对非理性做出过解释，这些解释涉及这种前意识行为，但它主要是针对非理性选择及其规定性展开的，并没有对这种前意识行为进行专门的研究。现在联系公司治理中的理性选择来考察非理性倾向，这种研究就显得很有必要了。

事实上，无论是主流经济学还是非主流经济学，他们对选择行为的理性和非理性属性问题都没有做出一般性的说明。这个问题需要重点探讨的地方在于：传统主流经济学有关选择偏好的内在一致性、传递性、排他性、自反性等的论述，是重点描述和揭示选择行为的顺序问题，而其对效用最大化的关注，很容易将选择结果作为判断理性和非理性的依据。其实，选择行为属性并不决定于选择的顺序和结果，而是取决于行为主体的选择是否是理智地进行，而理智选择的标志在于是否进行思考和形成认知。我们把选择行为的基本理性属性理解成"先思考后认知再选择"，把非理性属性理解为"未思考和缺乏认知的选择"，如果选择者处于"未思考和缺乏认知但还没有进行实际选择的阶段"，我们便认为选择者具有非理性倾向，如果选择者处于"未思考和缺乏认知并且进入实际选择的阶段"，我们便认为选择者是非理性的。很明显，这里关于非理性倾向的理解，是对前文有关非理性解说的一种分析延伸。

在现实中，厂商会对信息和环境等复杂因素进行思考和认知，但也会放弃对这些因素的思考和认知，这是本书反复强调的理性与非理性的融合状态。[①] 这种融合充分显现了"存在思考、放弃思考和有无认知"等情形

---

① 传统主流经济学运用偏好一致性和效用最大化对理性选择所展开的数理逻辑推论，是一种象牙塔式的论证，它之所以经常遭到非主流经济学的批评，主要是因为现实中存在着理性与非理性融合这种状态的缘故。传统主流经济学所论证的偏好一致性，是指行为理性选择要符合二元关系所对应的不同子集，并在各个子集中存在最大化解。阿罗（Arrow, 1959）、里奇特（Richter, 1971）、森（Sen, 1971）、赫茨伯格（Herzberger, 1973）等人，曾对这一问题进行过专门的研究。行为理性选择的这种二元关系，通过一系列假设在数理逻辑上得到了证明，但理性与非理性的融合状态却否定了行为理性选择能在全部可选择子集中搜寻出这种二元关系并取得偏好内在一致性的科学性。

的组合。针对厂商有没有思考和认知，传统主流经济学实际上是在假定"厂商存在并完成思考和认知"的前提下来研究理性选择的，但当我们把思考和认知看成是选择过程重要因素时，便会有以下几方面问题需要考虑：1. 有限理性约束有可能使厂商放弃对信息和环境等复杂因素（有可能获取，也可能不能获取）的思考；2. 厂商具体的选择行为不一定是在认知完全形成的情况下产生；3. 厂商选择中的非思考和非认知的存在，意味着非理性选择的存在；4. 当厂商的非理性成分逐步超过理性成分时，厂商的理性选择便有可能转化为非理性选择。我们可将以上情形看成是非理性倾向。

厂商的非理性倾向是以一种隐蔽的形式蕴含于选择行为中的，它有可能形成非理性选择，也有可能被厂商的理性选择"泯灭"。我们将其解说为是非理性的一种前意识行为，主要是基于现实选择以理性为主、非理性为辅的情况。这种情况极有可能致使非理性倾向被抑制在萌芽状态。无论是个体还是群体的选择行为，事实上都存在着以下的情景：由于影响选择的信息部分可以获取、部分难以获取，厂商对于可以获取的信息，会理智思考从而通过对信息的加工和处理来形成认知，但也有可能放弃思考，不对信息进行加工和处理从而缺乏认知；对于难以或无法获取的信息，厂商通常不会进行理智思考，因而便不存在加工、处理信息和获取认知；至于影响选择的其他环境等复杂因素，厂商的行为选择会出现类似的情景。这些情景是导致厂商产生非理性倾向的现实基础。

认知可以区分为"自我认知"和"他人认知"两种类型。以厂商而论，"自我认知"来源于厂商对信息和环境等复杂因素的搜集、整合、加工和处理；"他人认知"则可以理解为是其他厂商对信息和环境等复杂因素的搜集、整合、加工和处理。从一般意义上来讲，"他人认知"往往来自他人的经验和权威理论。或许有人认为来自他人（他国）经验或权威理论的"他人认知"，是他人理智思考和认知的结果，利用"他人认知"进行选择也应属于理性选择。但这混淆了两种选择主体。因为，考察影响选择行为的信息和环境等复杂因素必须以同一性为前提；信息和环境因素在不同时空上是不同的，即便在同一时空上也有可能不同。因此以他人经验和权威理论所进行的选择，在本质上不是自己思考和认知的结果。就理性与非理性融合而论，无论是个体还是群体在进行理性选择时，都或多或少夹带着利用"他人认知"进行选择的非理性倾向。

现代企业的生产经营或投资选择，通常伴随着公司治理结构的调整。如果我们将公司视为单一行为主体，则公司投资选择中的理性选择和非理性倾向便存在着一些值得讨论的内容。市场组织理论（Williamson，1975，1985；Knight，1992；Hart，1990）有关公司内部制衡和外部约束的分析和研究，十分强调公司治理结构对投资选择的制约。按照公司治理结构所规定的投资选择程序，董事会根据公司发展需要和市场情况提出投资选择议案，议案的酝酿和提出，通常包含着对影响投资选择的市场环境等复杂因素进行信息的搜集、加工和处理，这一理智思考的过程至少在董事长个人的层面上形成了由思考而产生的认知。假定该投资选择议案经过董事会认真的可行性分析而顺利通过，并由总经理负责实施，那么，我们通常认为这项投资选择是公司的理性选择。公司治理结构的制度安排决定其投资选择的程序，反映了公司理性选择的过程。

但无论是董事长、董事或总经理，他们在面临投资选择时都会受到有限理性制约。董事会根据公司发展需要和市场情况而提出投资选择议案时，信息不完全会限制董事会成员的认知程度，市场的复杂变化会制约他的理性计算，这种情形集中体现在董事长和总经理身上。于是，尽管公司的投资选择从酝酿、提议到实施都是在理智思考的基础上进行的，但由于有限理性会制约信息和环境等复杂因素的加工和处理，董事会成员的理性计算能力会受到思考和认知会的制约，他们的有限理性实现程度是有限的（何大安，2004）。经济主体有限理性的实现程度受到限制，会使其选择行为中或多或少包含没有经历思考而产生认知的因素。也就是说，经济主体选择所依据的认知，可以分为由思考形成的认知和借助于他人认知两大块。当由思考形成的认知居主导地位而借助于他人认知处于次要地位时，这一选择可以被解释为理性选择。对于借助于他人认知所形成的选择，是否可以被看成是非理性倾向呢？这个问题应该讨论。

针对非理性倾向的认识，实际操作者的理解和理论研究的判断是不同的。以投资选择为例，如果公司不是对影响选择的全部变量，而只是对部分信息和环境等因素进行了分析，这种认知在董事和经理阶层看来，或许会认为是理性的投资选择；但依据把"先思考后认知再选择"解说为理性，将"未思考而缺乏认知而选择"解说为非理性的理论见解，董事会在选择过程中没有对影响选择的全部信息进行理智处理的行为，则存在着非理性倾向。由于现实选择中的这种非理性倾向尚不处于主导地位，它只是包容于理性行为中，或者说，理性和非理性的融合状态并没有改变现实的理性选择行为的总体状况。因此，我们有理由将理性选择中的"未思考而缺乏认知"的部分，看成是厂商的非理性倾向。

我们将非理性倾向理解为非理性行为的一种前意识，是试图把经济选择行为一般化。就这种前意识范畴而论，它至少包括两个层次的内容：1. 选择行为的非理性倾向往往是因为思维惯性，或由经验陈规所导致的某种行为定式而产生，当思维惯性和行为定式在人们的头脑中固定下来，就有可能跳过对影响选择的信息和环境等复杂因素的理智思考，从而以固定的意识形式在选择者的脑际中存在；2. 非理性倾向要转化为非理性行为，一般以选择者对众多影响选择的变量不做出理智思考，忽视信息和环境等复杂因素从而缺乏特定认知为前提，也就是说，选择者经常以某种带有框架式的意识来进行选择。从这个分析层面来理解，行为经济学和实验经济学有关非理性的研究，我们可以认为，在很大程度上和范围内是针对非理性倾向而言的。

公司投资选择的理性选择和非理性倾向，可以通过以下的情景予以描述：在通常情况下，董事会在提议和讨论投资选择方案时，应该说已对影响该投资选择的信息和环境等复杂因素进行了一定程度的加工和处理，这种由理智思考到认知（实施该投资选择的意识）的形成过程，其行为属性应理解为理性选择；但由于任何一项投资选择方案的信息搜集、加工和处理，以及对环境不确定性的把握都有着不可控性，对不可控部分的信息搜集、加工和处理所产生的交易成本，有可能致使公司决策层放弃对这部分影响选择的不可控因素的理智思考，此时，公司决策层很可能依据过去经验、他人经验或依据权威理论进行选择；这种对部分不可控信息和环境等因素进行的选择，实际上是将"脑袋交给别人"放弃思考和认知的非理性方式。尽管从公司投资选择的行为属性来看，对部分信息和环境因素放弃思考而缺乏认知，并不一定会在性质上彻底改变公司的行为理性选择，但公司行为理性选择中所蕴含的非理性倾向却是存在的。

公司治理中的非理性倾向，不仅存在于公司投资选择的外部约束中，也存在于公司治理结构调整和重塑的内部制衡中，因为公司法人治理结构的调整和重塑，同样面临着信息和环境等复杂因素的加工和处理，同样面临着思考和认知，同样存在着以上所描述的情形。因此，以上分析同样适用于公司治理结构调整和重塑的内部制衡中，这是可以肯定的。

我们将选择行为看成是理性与非理性融合的观点所面临的挑战，是如何界定选择行为中的理性选择与非理性选择的各自比例。迄今为止，几乎所有涉及理性与非理性研究的经济学家都没有涉及或回避了对这个问题的专论。不过，难以界定这一比例是一回事，这一比例的客观存在却是另一回事。行为经济学和实验经济学在研究选择行为的非理性时，曾通过认知心理实验开创性地揭示了选择者非理性意识如何导致非理性行为的过程。[1] 如上所述，行为经济学和实验经济学关于确定性效应、框架效应、相似性效应、可利用性效应、锚定效应、从众效应等的分析和研究，是对直觉、经验、外部刺激等影响选择者放弃思考和认知的理论解读。[2] 这种解读在意识层面揭示了选择者非理性倾向的由来，尽管它没有划定出选择

---

[1] 行为经济学和实验经济学有关非理性选择的研究，主要是针对传统主流经济学的期望效用理论所建构的工具理性的批评而言的（Kahneman & Tversky，1973，1979；Simth，1994），虽然他们没有专门讨论选择行为中的理性与非理性的各自比例，但在他们的相关论述中，可以看到他们对非理性倾向这一非理性行为前意识的思想痕迹。

[2] 例如，展望理论（Kahneman & Tversky，1979）认为，个体会根据事件 A 的相关数据和信息来预估事件 B，产生相似性（representativeness）效应；个体受记忆能力或知识水平的制约，通常利用自己熟悉或能够想象到的信息来进行直觉推断，产生可利用性（availability）效应；个体对特定对象预估进而选择时，倾向于选择一个起始点，从而产生锚定（anchoring）效应；同时，个体往往认为主流观点的信息充分或预测正确，从而产生从众效应。很明显，展望理论关于个体放弃思考而追随主流的行为分析（认知偏差），已在一定程度上涉及了非理性倾向。

行为中的理性与非理性的各自比例。

联系公司治理中的投资选择来看问题，我们有理由在抽象的层次上依据信息、环境等因素是否被加工和处理，公司管理层是否对信息、环境等因素进行思考和认知，把董事会投资选择方案的制定划分为两大类型，即划分为"先思考后认知再选择"和"未思考而缺乏认知而选择"两大类型。当前一类型占据主导地位时，投资选择属于理性选择，而非理性只是作为一种倾向存在；当后一类型处于主导地位时，非理性倾向就不是作为非理性行为的一种前意识，而是转化为非理性行为。以上分析不仅适用于投资选择方案的制定，也适用于投资选择的执行。总经理在执行董事会的投资选择时，市场不断变化的信息和环境等因素的不确定性，要求总经理根据市场情况作出选择，这同样会涉及"先思考后认知再选择"和"未思考而缺乏认知而选择"的两大类型划分问题。

投资选择之所以最能反映公司治理过程是否存在和在多大程度上存在非理性倾向，是因为投资选择方案的制定和实施贯穿于公司治理结构的内部制衡和外部约束的全过程。虽然，公司治理中内部制衡的权责利关系取决于股权结构，但这些制衡关系的维系和运转则取决于市场的外部约束。外部（资本）市场变化所引致的股权结构的变化，归根结底是投资选择的结果。研究投资选择中的理性和非理性，不能仅仅局限于考察行为结果，而要着眼于行为过程。投资选择的行为过程是一个相当复杂的过程，厂商投资的理性和非理性融合的事实，要求我们对公司治理结构与投资选择安排做出理论解说。

第四节 公司治理结构与投资选择安排

在以上分析中，我们将公司治理的理论分析架构划分为内部制衡和外部约束两大块。公司内部制衡主要反映为（法人）治理结构安排及其运行；公司外部约束则主要地反映为投资选择与市场的互动。现代企业理论对公司、市场和价格之间关联的强调，曾致使一些经济学家将公司内部制衡和外部约束置于统一的分析框架来研究。从理论架构来考察，这种研究框架并没有什么错，但问题在于，它容易将公司治理锁定在制度安排上，即内部制衡被锁定于公司治理结构，外部约束被锁定于资本市场及其规则。其实，公司治理结构是公司治理在组织上的完成形态，它是厂商投资选择的结果，资本市场及其规则是独立于公司治理结构的。因此，我们有必要对公司治理中的投资选择行为作出更深入的研究。

一　公司治理与投资选择之关联

一国的公司治理结构是由经济体制模式的市场化和行政干预及其组合决定的。各国的实践表明，在强市场、弱行政的经济体制模式中，公司治理结构的内部制衡和外部约束，有可能按照公司内部制衡机制和外部资本市场制约而有序运行。但在弱市场、强行政的经济体制模式中，便有可能出现诸如内部人控制、资产所有者缺位、剩余所有权界限模糊等问题。[①]现实的情况是，不同的公司治理模式会导致不同的投资选择，我们可以将股份制或有限责任制公司的投资选择受公司治理模式制约的情况，理解为公司内部制衡和外部约束对其投资选择发生影响的制度反映。

从制度来分析公司内部制衡与投资选择的关联，可以围绕两个层面来展开：一是从公司治理结构是否符合经济体制模式，观察其内部制衡的制度安排对投资选择的影响；二是通过公司治理结构设置及其功能的发挥，分析制衡机制在哪些方面对投资选择产生制约。前一层面的观察可以反映出不同经济体制模式对公司内部制衡机制所具有的不同规定性，基于这种规定性在不同国家存在着差别，各国公司的内部制衡机制与投资选择的关联形式是不同的。后一层面的分析可以揭示公司治理结构的机制、程序、

---

① 这一理解是针对产权清晰而言的。1995年以来，我国学者曾从产权角度对公司治理结构中的问题展开过广泛的讨论（郑红亮、王凤彬，2000），但由于当时公司产权存在着严重的所有者缺位，因而在弱市场、强行政的格局下，我国公司治理结构的内部制衡和外部约束存在着许多问题。进入21世纪以来，尽管我国的弱市场强行政格局有很大改变，但由于尚未完全转型为强市场弱行政的体制模式，公司治理结构中的一些问题仍然没有得到解决。

功能等对投资选择的作用过程，它是公司治理与投资选择之关联受公司内部制衡制约的最主要内容。

从制度来分析公司的外部约束与投资选择的关联，同样会涉及经济体制模式的影响问题。这种影响主要发生在体制模式对资本市场运作的各种法律规章及其作用方面。资本市场（尤其是长期资本市场）对公司投资选择的外部强制，一方面会规定或诱导公司投资什么、投资多少和怎样投资；另一方面会通过投资收益效益来改变或约束公司的投资选择。资本市场的发达程度催生和规定着法律规章的成熟过程，而法律规章的逐步成熟又会反过来决定公司治理结构的成熟程度，从而使公司投资选择的规则、程序和过程等规范化。

以经济体制模式和法律规章等制度安排作为理解"公司治理与投资选择关联"的中介，似乎显露出分析脉络的某种迂回性，但沿着这一分析脉络可以在理论层次上概括出公司治理与投资选择的关联。现代成本经济的运行是由投资活动引致的，投资活动是厂商理性选择的主要内容。当我们清晰了经济体制模式和法律规章等制度安排对公司治理结构的设置和运作的规定性，当我们了解公司的内部制衡和外部约束会影响公司投资选择，公司治理结构决定投资选择安排的关联机理，应该说在理论层次上得到了说明。更为重要的是，市场信息和环境因素的不确定性，会抑制厂商有限理性的发挥，会致使厂商的非理性选择，从而使厂商在市场不确定性背景下改变投资的规则和程序。投资选择规则和程序的变化会在一定程度和范围内修正公司治理结构，这可以解释为厂商投资选择对公司治理结构的反作用力。

二　公司治理中的投资选择规则和程序之概析

公司治理结构仅仅被看成是一种经济性制度安排的思维倾向，容易使人们忽略或淡化公司以隐性形式存在的政治层面问题。如果我们将公司章程看成是现代企业之法，将股东大会理解为立法机构，将董事会和经理阶层理解为行政执行机构，将监事会理解为司法机构，那么，我们就可以将这些机构之间的制衡所反映的权责利关系，理解为公司内部制衡的一种

"三权分立的政治关系"。当然，这样的理解也许存在着把政治关系广义化之嫌，但它可以拓宽我们对经济体制中所蕴含的政治关系的理解，从而使我们在较深层次上认识公司治理结构以及由此规定的投资选择安排。

我们理解上述意义上的公司治理结构中隐性存在的政治关系，对于加深认识公司投资选择的依据、手段以及组织运转机制等，无疑提供了某些帮助。现代企业制度下的公司治理结构的投资规则及其秩序的机理构成（我国的情况尤其如此），可概括性表述为：公司投资选择决定主要取决于大股东的意志，在具体程序上，股东以投票方式对具体投资项目提出赞成或反对意见，其投资选择的组织运转程序及其机制，是公司董事会根据发展需要提出具体的投资议案，股东大会采取投票表决来决定该议案；若议案通过，董事会将授权公司经理执行，监事会则依据公司章程对项目实施财务、审计等监督。一些西方学者对这种权责利制衡的"公司内部政治"，曾以政治学的"一致性同意原则"进行过解读。这种解读涉及了公司治理结构与其投资规则、秩序的机理构成。

值得说明的是，公司董事会的投资议案，公司的投资规则及其秩序，一方面，是公司行为选择的结果，它在关系到公司投资选择之行为属性的同时，不可避免地影响到公司投资选择的收益；另一方面，投资议案和投资规则及其秩序，在反映公司投资选择之行为属性的同时，也会显露出公司治理结构运转的机理构成在多大程度和范围内符合现代企业制度的精神和原则。

一般来讲，公司投资选择规则及其程序会形成投资秩序，投资秩序与公司治理结构息息相关。投资秩序是针对规则和程序而言的，投资秩序机理内蕴于规则和程序之中，规则决定程序从而决定机理构成。公司治理结构中的投资规则的基质，是投资选择秩序依据股权而采取投票制原则，它决定投资选择的运作程序及其机理构成；同时，投资秩序能否处于有序状态，则取决于公司治理结构的制衡机制。经济学关于公司内部制衡机制的分析和研究，一般集中于股东大会、董事会、总经理和监事会之间权责利的制衡方面，这是许多学者所熟悉的。

公司内部的制衡机制主要反映在公司几大机构之间的互动中。就投资选择安排而论，董事会做出 A 种而不是 B 种投资选择方案，通常是董事会对影响 A 或 B 选择方案的信息和环境等复杂因素进行思考和认知，并通过比较 A 和 B 选择方案的结果。如果董事会没有经过思考、认知和比较，而是依据直觉或依据经验和权威理论来进行投资选择，则其投资选择是非理性的；如果董事会只是对一部分信息进行了思考和认知，而对另一部分信息的处理是依据直觉或依据经验和权威理论，则其投资选择存在着非理性倾向；只有当董事会对全部分信息进行了思考和认知时，其投资选择才是纯粹的理性行为。

现代企业制度的股东大会、董事会、总经理和监事会等之间相互制约的法人治理结构，是实现公司投资规则及其秩序的制度形式。从投资规则及其秩序的机理构成的相关性来看，当股权结构分布较为均匀，从而在投资规则安排上采取投票制选择原则时，投资规则安排决定其秩序的机理构成，才有可能使投资选择程序真正实现具有"上下对话"机理的组织形式；而当股权分布绝对集中时，这种组织形式实际上是一种准行政执行制的规则安排，投票表决纯属一种形式上的需要。这时，在投资规则和秩序上，公司治理结构之于投资选择安排便不反映现代企业制度精神。正是基于这样的情况，许多经济学家在讨论投资选择安排的规则和秩序时，都倾向于在股权适度分散的基础上加强公司治理，以实现有真正约束力的"上下对话"的投资选择规则及其秩序。

现代经济发展越来越促使经济学家从公司和市场相关联的角度来关注公司治理。公司治理在很大程度上取决于如何对市场进行治理的制度安排（Knight，1992；Klein，1999）。撇开市场治理与公司治理之间所涉及的错综复杂的问题，单以市场治理所涉及的对公司投资选择的外部约束而论，投资选择规则和秩序会在相当大的范围内受资本市场的影响或制约。这种影响或制约的机理，主要表现为当股东高度分散时，庞大的流动性强的资本市场会对公司长短期利益等发生影响，以至于影响公司重大投资选择和董事会与总经理之间的制衡。现实中的市场治理主要是通过非完全契约来进行的。以资本市场而言，签约各方通常局限于契约的一般目标和条款，着眼于制定、调整、执行和解决争端的规则和手段，于是，在信息不对称或不完全的情况下，资本市场的不确定性有可能会导致公司治理出现摩擦，有可能引发公司投资选择的不确定性。

公司治理出现摩擦和投资选择不确定，并不一定会导致公司投资选择规则和秩序的紊乱，或者说，并不必然会造成股东大会、董事会、总经理在制定和执行投资选择时引起操作程序的无序化。不过，资本市场不确定会间接影响公司投资选择规则和秩序。例如，在英美的股权相对分散的市场型治理中，资本市场（尤其是金融资本市场）的风云变化，就经常致使公司在投资选择上对长短期利益的争论，这些争论常常会改变公司不同职能机构之间的权利制衡，从而影响公司的投资选择规则和秩序；再例如，在德日股权相对集中的组织型治理中，资本市场的收购、兼并和重组，会经常改变公司的股权结构，从而影响公司的投资选择规则和秩序。我国的公司治理模式既不属于英美模式，也不属于德日模式，我国公司的投资规则及其秩序有着特定的机理。

三　公司委托代理与投资选择安排

公司治理结构的设置和运行，始终面临两大重要问题：一是解决好股东大会、董事会、监事会和总经理之间的内部制衡，处理好剩余索取权和控制权；二是要应对外部竞争所涉及的资本控制权、经理选聘和产品竞争等。这两大重要问题对于公司来说，始终存在着理性选择、非理性倾向和非理性选择问题。从行为选择理论来看，公司治理模式、公司委托代理、投资选择规则和秩序这些制度安排，都伴随着公司理性选择和非理性选择（包括非理性倾向）。因此，我们对公司投资选择安排机理的分析，其分析底蕴仍然是行为理性选择理论。

21世纪以来，我国GDP的生产者主要是国有控股型公司和市场型运营公司。如果将这两大类的公司治理分别界定为组织治理型和市场治理型，我们理解和认识这两类公司的投资选择安排，可以通过公司内部制衡和外部约束受制于制度环境这条分析线索来展开。制度环境对公司治理的内部制衡和外部约束的影响,主要是通过《公司法》、《证券法》、产业政策、宏观调控政策等相关政策法规来实现的。公司治理结构究竟是组织治理型还是市场治理型的判别依据,取决于制度环境决定的特定内涵,它不能简单地等同于德日模式和美英模式。

在我国,国有控股公司的公司治理结构之所以被看成是组织治理型,主要原因是公司股权大比例被国家或数家法人控制,公司治理具有较强的行政色彩;民营公司的治理结构之所以被看成是市场治理型,则在于其股权相对分散,公司内部制衡体现了股东大会、董事会、总经理和监事会的制衡,并且较之于国有控股公司,民营公司的投资选择行为在很大程度上受资本市场的控制和调节,也就是说,市场以强制手段不断改变着民营公司的股权结构。以上这些情况,可以通过对国有控股公司和民营公司选择行为的分析而得出更深刻的认识。

在组织型治理模式中,国有控股公司的股东、董事和总经理不完全是新古典经济学意义上的理性经济人,他们之间的合作和非合作并不表现为严格经济学意义上的博弈行为。这种非博弈行为产生的深层原因,是所有者层次不清晰引发产权不清晰。以国有控股公司的委托代理关系而论,由上级主管部门委派的管理者对影响委托代理效率的信息的加工和处理,因产权和剩余索取权等方面的原因,不可能像民营公司那样对投资等重大选择作出支付较高交易费用的思考和认知。从这个意义上来说,国有控股公司比民营公司有更多的非理性倾向,甚至会出现较多的非理性选择。他们选择偏好的多重性是由复杂选择动机决定的,对信息和环境因素的思考和认知,常常受到多重动机和偏好的影响,效用期望调整也不像民营公司那样纯粹以赢利为目标。国有控股公司在委托代理上的行为选择,表现为很明显的理性和非理性融合,从行为理性主体上来讲,国有控股公司是本书所界定的典型的理性行为人。

如上所述,国有控股公司的委托代理是由产权委托和法人治理双重结构构成,它比非国有控股公司的委托代理多出一个"产权委托代理"的层次。这个多出的产权委托代理层次,很容易致使公司的投资决策层受制于地方政府或国有投资公司等机构的意志,从而使得投资选择安排不反映公司的内部制衡和外部约束。具体地说,当投资选择安排受到地方政府的影响时,公司的投资选择规则和秩序便不可避免地受到干扰,或者说,行政干预或多或少会对公司投资选择规则和秩序发生影响。这些影响是广泛而深刻的,可以理解为是国有控股公司投资选择在组织治理模式中的重要机理之一。

从宽泛的层面来理解,政府对产权归其所有的公司进行投资选择干预,也是一种外部约束,但它不属于现代企业理论所讨论的市场意义上的外部约束。在投资选择安排上,政府对公司的约束会干扰投资选择规则和秩序,这主要表现在政府在一定程度和范围内成为公司的"影子内阁"。也就是说,股东大会、董事会、总经理和监事会在投资选择上要受到政府的牵制。在我国国有控股公司的投资选择中,董事会的投资选择议案时常体现着地方政府有关本地区发展而不是公司如何适应市场的选择思路,在"一股独大"和总经理、董事和监事受制于政府的情况下,公司投资选择规很容易偏离市场导向,投资秩序很容易背离现代企业制度所要求的"一致性同意"和"上下对话"的原则。

我国国有控股公司的投资选择思路和投资秩序,可被看成是政府介入公司投资选择所出现的一种混合机制,这种混合机制会使国有控股公司以上投资选择机理成为一种常态。有一个问题值得关注,国有控股公司的委托代理合同未能在目标上体现企业的长期利益,是一个源自从国务院到各级地方政府再到国有资产管理局及所属企业的委托代理结构链,没有真正解决好"法人所有权缺位"问题。在国有控股公司的法人治理结构中,委托代理合同通常只要求代理人在代理期限向公司上交一定数额的利润;至于国有资产的增值,公司向消费者提供的服务价格和质量,以及社会福利效应等并没有硬性约束;委托代理合同的这种忽视企业长期发展而单纯强调短期利润的激励方式,可以从理性选择和非理性选择层面展开讨论。

就投资选择安排而论,强调短期利润的投资选择方案往往只会以局部或短期的市场信息为选择依据,且对信息的搜集、整合、加工和处理从而认知的形成就不会充分，以至于有可能形成非理性选择（不考虑效用）。如果我们将这一过程理解为国有控股公司中投资选择的一种机理性现象，那么，当公司代理者面临市场信息变化来执行委托者的投资选择方案但又不得不进行市场投资策略调整时（策略调整是代理者思考和认知的结果），必然会要求委托者修正原有的投资选择方案，这种情形会影响到公司的投资选择规则和秩序，使投资选择程序发生改变。显然，这个问题的深入讨论，涉及前文反复谈到的公司决策层的理性和非理性选择。从公司运行效率来考察，非理性选择放弃了思考和认知，并且通常会导致低效率，因而国有控股公司要建立相应的问责机制；但由于我国的国有控股公司是特定制度环境的产物，其行为主体在很大程度上是虚置的，这表明我国的经济体制转轨需要加速完成。

我国特定制度环境下的公司治理结构的市场型模式，可以高度概括为：产权或股权结构已初步形成多足鼎立，内部制衡机制能发挥一定效率以及外部约束对公司制度安排发生影响的那些公司。这类公司主要包括民营公司以及股权相对分散的其他类型公司。在市场型治理公司中，存在着"股东积极主义"的文化，股东大会、董事会、总经理和监事会之间有着较为明确的约束和监督，委托代理契约会体现剩余索取权分配的激励，并且公司的控制权明显受到资本市场的威慑。如果我们把以上情形看成是市场治理型公司在内部制衡上的制度体现，则其投资选择安排便明显不同于组织治理型模式。

以市场治理型模式的公司投资选择规则来说，其规则及其执行规则手段的制定，在一定程度上会体现民主意识，任何一方的股权代表都不能独自决定或否定某一投资选择方案，公司重大投资选择的提出、审议和实施，一般会围绕影响或决定这一投资选择的信息和环境等复杂因素展开可行性讨论，或者说董事会对信息和环境等复杂因素进行了搜集、加工、整合和处理，并且形成了特定的认知；投资选择方案能否通过以及用什么样的手段来实施，原则上要得到大部分股东的认可。投资选择秩序中这样的程序，是市场型公司治理结构中的特定"经济性政治"的要求，也是公司内部制衡对投资选择安排的规定。市场型公司治理结构中的投资选择规则对产权的委托代理会发生影响，董事会在委托总经理执行投资选择时，除了在委托代理合同中规定激励条款外，通常会赋予总经理依据市场信息变化对投资选择提出反馈意见，从而提请董事会对投资选择做出适当修正的权利。市场治理型模式下公司投资选择规则会加强公司的理性选择。

从委托代理形成和实施过程对公司治理结构作出评说，有效率的公司治理结构是以有效率的委托代理为前提的，有效率的委托代理必然会影响公司投资选择安排，而这种影响通常是在公司内部制衡和外部约束的合力下出现的。对这些问题进行追踪讨论，涉及政府和厂商选择行为的具体层面；就政府和厂商这种选择行为的效用函数来讲，理性选择通常会带来较理想的效用，非理性选择通常会带来较低的效用。这种情形不同于一般性选择行为，尽管在委托代理中政府和厂商仍然是理性行为人，仍然是理性与非理性融合的选择者。

第五节 几点补充说明

从基础理论角度而论，公司治理问题属于政府和厂商的行为选择问题。政府和厂商在公司治理中的选择行为是以理性为主、非理性为辅的，是理性和非理性的融合，但政府和厂商选择行为的非理性倾向是一种没有引起经济学家关注的客观存在。这一观点的立论依据，是经济运行和发展中的信息不对称和有限理性约束，以及政府和厂商在动机、偏好、认知和效用等方面的行为反映。作为"理性行为人"而不是作为"理性经济人"的政府和厂商，他们在公司治理中对信息和环境等复杂因素有可能放弃思考和认知，当政府和厂商尚未进行实际选择时，这是一种非理性倾向，当政府和厂商进行实际选择时，则是一种非理性选择。政府和厂商的非理性倾向会不会成为非理性选择，与制度因素息息相关。

一国公司治理结构的现存格局及其运作模式，是由该国特定的制度环境决定的。基于公司治理的内部制衡和外部约束与政策、法律规章和社会游戏规则所决定的制度环境相联系的事实，我们应该充分认识到制度环境影响着公司治理结构的选择及其比较效率。我们选择公司治理模式要以现存的制度环境为依据，要从决定公司内部制衡和外部约束的正式和非正式制度安排，或从内在和外在制度安排来选择公司的治理模式。[①] 公司的组织治理和市场治理这两种模式会受到不同类型制度安排的不同程度的影响，因此，必须根据经济体制转轨下的制度环境，分别对性质不同、股权构成不同的公司做不同类型的研究，而不能简单套用英美或德日的公司治理模式来进行现实的选择。

在理论上围绕制度环境来研究我国公司治理模式以及由此决定的投资选择安排，必须在体现"制度、主体和行为"分析脉络的同时，沿着体制转轨的路径来加深和拓宽对公司投资选择的理解和认识。体制转轨不同阶段的制度环境是不同的，制度环境不同会导致公司治理结构中的内部制衡和外部约束等条件的不同，而公司的内部制衡和外部约束等条件的不同，必然会引致投资选择安排的不同。这条现实逻辑分析链的逆向推论是：如果单纯分析公司的投资选择规则及其手段，即便对公司投资选择的秩序或程序分析得十分细致，也只是具有局部的理论价值。我们联系制度环境变化来研究公司的治理模式以及相对应的投资选择安排，会涉及许多本章没有论及的问题，但研究我国现阶段的公司治理结构与投资选择安排，首先要解决的，是这种研究的分析框架的设置问题。

广义的公司治理结构应拓展至现代经济理论没有引起关注的企业政

---

① 齐默尔曼（2004）曾在诺斯（1990）有关制度划分为正式和非正式制度安排的基础上，将制度进一步划分为内在和外在两种形式，认为以法律规章等为代表的外在制度，只有同以契约、习俗、惯例等为代表的内在制度相容性时，才会发生适用性效率。公司治理是剩余索取与控制权的正式制度安排或内在制度安排，而制度环境是正式和非正式或内在和外在制度安排的具体反映，因此选择公司的治理模式，则必须围绕导致公司内外部约束的制度环境来展开。

治、经济和文化的交融层面来进行综合性的研究。① 如果公司制度安排存在着本章说明的政治层面，它至少包括两方面的内容：一是由经济体制因素决定的公司所有权性质及其与上层建筑的关联；二是由所有权规定的公司内部治理结构的架构、运作及其制度设定。经济学家很少关注公司治理中具有政治色彩的制度安排的原因，原因可能在于只是将公司看成是同市场关联的思想观念，这种根植于经济功利的思想观念，在新古典经济理论的偏好和效用等的逻辑导引下，将厂商行为完全定性为理性选择，以至于现有的厂商理论中不包括非理性选择。在笔者看来，创新或重塑厂商理论，必须在修正"理性经济人"范式的基础上引入非理性选择。

参考文献

Milgrom, P. R., Roberts, J., Economics, *Organization and Management*. Englewood Cliffs, NJ.: Prentice Hall 1992.

Coase, R. (1937), The Nature of the Firm, *Economica*, 4, 386–405.

Coase, R. (1960), The Problem of Social Cost, *The Journal of Law and Economics*, 3, 1–44.

Williamson, O. E., "Markets and Hierarchies: Analysis and Antitrust Implications", *A Study in Economics of Internal Organizations*, New York–London, 1975.

Hodgson, G. (1998), The Approach of Institutional Economics, *Journal of Economic Literature*, 36, 166–92.

Alchian, Armen and Demsetz, Harold, "Production, Information Costs and Economic Organization", *American Economic Review*, 62 (50), 777–795,

---

① 这一理论见解是基于决定公司内部制衡和外部约束的制度安排会引致公司的政治、经济与文化的关联。公司的制度安排和契约联结，既可以看成是经济性的制度安排和契约联结，也可以看成是一定意义上的政治性的制度安排和契约联结，并且这些制度安排和契约联结时常有文化性制度安排穿插其间。诺斯（1990）、哈耶克（1973）等新制度经济学家在研究制度变迁时，曾在一定程度和范围内认为制度是政治、经济、文化等的融合。本书将公司治理中的制度安排理解为一定意义上的政治、经济与文化的融合，启迪于诺斯、哈耶克的思想。

1972.

Knight, J. (1992), *Institutions and Social Conflict*, Cambridge: Cambridge University Press.

Klien, P. (1999), New Institutional Economics; Bouckeart, B., G. de Geest (eds.), *Encyclopedia of Law and Economics*, Cheltenham: Edward Elgar.

Jensen, Michael and William Meckling, "Theory of the Firm: Managerial Behavior, Agency Costs and Ownership Structure", *Journal of Financial Economics*, 3, 305 – 360, 1976.

Richardson, George B., "The Organization Industry", Economic Journal, 82, 883 – 896, 1972.

EBRD (European Bank for Reconstruction and Development), Transition Report, various Issues, London.

Grossman, S. J., Hart, O. D., The Costs and Benefits of Ownership: A Theory of Vertical and Lateral Integration, *Journal of Political Economy*, 94 (4), 691 – 719 (1986).

Hart, O. D., Moore, J., Property Rights and Nature of the Firm, *Journal of Political Economy*, 98 (6), 1119 – 1158 (1990).

Arrow, K. J., "Rational Choice Functions and Orderings", *Econometrica*, 1959, 26, May, 121 – 127.

Richter, M. K., "Rational Choice", In Chipman, Hurwicz, *Richter and Sonnenschein*, 1971.

Sen, A. K., "Choice Functions and Revealed Preference", *Review of Economic Studies*, 1971 (38), July, 307 – 317.

Herzberger, H., "Ordinal Preference and Rational Choice", *Econometrica*, 41 (2), 1973, March, 187 – 237.

Williamson, O., *The Economic Institutions of Capitalism*, New York: Free Press, 1985.

North, D. C. , 1990, Institutions, *Institutional Changes and Economics Performance*, *Cambridge University Press.*

齐默尔曼:《经济学前沿问题》,中国发展出版社2004年版,第118—121页。

秦晓:《组织控制、市场控制:公司治理结构的模式选择和制度安排》,《管理世界》2003年第4期。

徐滇文、文贯中主编:《我国国有企业改革》,中国经济出版社1996年版,第2页。

魏杰:《国有投资公司治理结构的特点研究》,《管理世界》2001年第1期。

张维迎:《所有权、治理结构与委托—代理关系》《经济研究》1996年第9期。

杨瑞龙:《应扬弃"股东至上主义"的逻辑》,《中国经济时报》1999年9月10日。

林毅夫:《充分信息与国有企业改革》,上海三联书店、上海人民出版社1997年版。

何玉长:《国有公司产权结构与治理结构》,上海财经大学出版社1997年版。

豆建民:《中国公司制思想研究》,上海财经大学出版社1999年版。

赫伯特·西蒙:《从实质理性到过程理性》,载《西蒙选集》第245—270页,首都经济贸易大学出版社,2002年版。

何大安:《厂商参与约束和激励约束之相容》,《财贸经济》2007年第11期。

熊彼特:《经济发展理论》中译本,商务印书馆2000年版。

丹尼尔·卡尼曼:《有限理性的图谱:迈向行为经济学的心理学》,载《比较》第13辑,中信出版社2004年版。

何大安:《行为经济人有限理性的实现程度》,《中国社会科学》2004年第4期。

郑红亮、王凤彬：《中国公司治理结构改革研究：一个理论综述》，《管理世界》2000年第3期。

齐默尔曼：《经济学前沿问题》，中国发展出版社2004年版，第118—121页。

哈耶克：《自由秩序原理》，生活·读书·新知三联书店1997年版；《法律、立法与自由》，中国大百科全书出版社2000年版；《哈耶克论文集》，首都经济贸易大学出版社2001年版。

第十章

厂商行为选择理论的建构路径

现代经济学对新古典经济学把厂商视为抽象行为主体的批评，在相当长的一段时期中，激发了一些经济学家探索厂商行为选择理论的热情；厂商生存和发展离不开投资选择，厂商的行为选择过程主要表现为投资选择过程；经济学家重塑厂商行为选择理论，涉及该理论建构的路径问题。以资本人格化而言，我们需要从动机和目的来研究厂商投资选择；以市场环境和政策导向变化对厂商投资选择影响而言，我们需要依据经济环境变化来研究厂商投资选择；以建构厂商投资选择理论框架的分析路径而言，我们需要从偏好、认知和效用等基础理论视角来考察厂商投资选择。厂商投资选择涉及理性和非理性行为，其理论基础是行为选择理论。经济学要对厂商投资选择作出理论解说，必须探索厂商行为选择理论的建构路径，建构符合实际的厂商行为选择理论的分析框架。

新古典经济学把厂商理解成不经历认知过程和不存在效用期望调整的纯粹追求效用最大化的理性经济人，这实际暗含着新古典经济理论之厂商行为选择理论的建构路径。现代经济学在信息不对称和有限理性约束下重新考察了偏好、认知和效用，对厂商行为选择过程展开了逐步逼近现实的研究，但这些研究尚未达到理论和实际相结合的系统化。这种情况表明，我们要搭建厂商行为选择理论的新框架，必须从选择偏好、认知过程和效用展望等方面来探寻新的建构路径，以充分体现现代经济学行为理性选择理论的精髓。

第一节 问题的提出和理解

在正统新古典经济学的精美理论大厦中，微观经济分析的很多内容，是以其抽象的厂商理论为基础的，这种抽象的厂商理论之所以影响了新古典经济学的科学性，乃是因为它是以完全信息和完全理性假设下的理性选择范式及其综合为基础的。① 半个多世纪以来，许多经济学流派从选择动机、偏好、认知和效用等方面对正统新古典经济学的厂商理论进行了批评。这些批评在以下五方面值得进一步研究：1. 选择动机和偏好被唯一确定为追求自利和效用最大化，会在多大程度上偏离厂商行为选择实际；2. 通过数理逻辑把厂商选择偏好予以程式化，会在哪些方面强化厂商行为选择理论的抽象性；3. 认知过程作为厂商行为选择不可忽视的环节，它同选择偏好和效用期望存在着什么联系；4. 最大化作为厂商的效用期望，如何通过认知而发生调整；5. 效用函数的变量构成需要作出怎样的补充，等等。显然，这些批评是经济学家重塑新古典经济学厂商行为选择理论的一种学术努力，它拓宽了被正统新古典理论圈定的分析范围。

关于第一个问题。现代经济学认为正统新古典理论把自利动机与选择偏好解说为具有内在一致性的观点，极大地限制了厂商行为理性选择的分析边界。这种限制使自利命题与选择偏好（即便在一致性命题框架内）难以出现完全的等价（Houthakker，1950）。一些经济学家曾试图用"显示偏好弱公理"和"显示偏好强公理"对这种不完全等价进行理论修补（Samuelson，1938；Sen，1971），但却没能令人满意地从动机和偏好两方

---

① 现代经济学认为，新古典经济学的厂商理论，实际上是一种由技术决定其边界的生产函数，它把个人、厂商和政府看成是同质的抽象行为主体，其理论基础是"偏好的内在一致性和效用最大化"，其理论之综合，集中体现在"理性经济人"范式上；或者说，新古典经济学的厂商行为选择理论是以一系列给定条件约束（信息对称、完全理性、偏好稳定等）为前提的，该理论实际之间存在着很大的偏离。

面对厂商行为选择实际做出解释，这就是说，自利动机与选择偏好一致性的观点，严重偏离了厂商行为选择实际。

关于第二个问题。正统新古典经济理论的"偏好内在一致性"推论，导致了选择偏好在数理逻辑上程式化，这一理论缺陷越来越受到现代经济学的批驳。经济学家普遍认为除了自利最大化的选择偏好外，还广泛存在着利他主义意义上的社会偏好（Forsythe et al., 1994；Marwell, Ames, 1979；Fehr et al., 1996）。厂商在进行行为选择分析时，有时会把社会规范、利他行为、价值观念、个体身份的自我认同等社会偏好纳入到选择偏好中，这说明正统新古典理论的行为选择理论对现实的偏离，其偏离的程度与抽象程度息息相关。新古典经济学的偏好稳定假设是抽象了自利以外的所有选择动机和偏好，它不仅在动机和偏好上强化了厂商行为选择理论的抽象性，而且通过跳越认知和效用期望调整过程，进一步强化了厂商行为选择理论的抽象性。

关于第三个问题。现代经济学家普遍赞同厂商投资选择不可逾越认知过程，不可直接由选择偏好进入效用分析的分析观点。与正统新古典经济学假设偏好稳定和忽视认知的过程不同，现代经济学对信息不对称和有限理性约束下厂商投资选择的分析，开始注重多重选择偏好和认知变化对厂商投资选择的影响，认为选择偏好和认知过程是前后相继的两阶段，厂商投资选择经由多重偏好和认知过程后才会进入实际实施阶段（Kahneman & Tversky, 1979, 1973）。客观地说，现代经济学尤其是其中的非主流经济学，已经较为明确地意识到厂商投资选择中的选择偏好与认知过程的关联。但遗憾的是，他们并没有以这种关联作为分析主线来建立系统的厂商行为选择理论。其实，厂商行为选择过程中的认知阶段有着十分重要的意义，它的前向关联涉及选择动机和选择偏好，后向关联涉及效用期望，这不仅在理论上而且在现实中都是成立的。正统新古典经济理论跳越认知阶段，是致使其缺乏符合实际的厂商行为选择理论的症结所在。

关于第四个问题。在现实中，厂商投资选择实际发生后会对投资结果进行效用评估，即效用函数是对效用评估的理论描述。现代经济学在行为理性选择理论上的重要创新之一，是反对用"效用最大化的实现与否"作为判断行为理性选择的依据，认为厂商在信息不对称和有限理性约束下会不断调整自己的效用期望。但值得说明的是，现代经济学在很多场合下，仍然把最大化作为厂商投资选择之效用期望的分析基点，并努力通过对认知变化的分析来说明效用期望调整，尽管这与正统新古典学忽视认知过程不完全相同。总之，现有的经济理论文献关于效用期望调整的研究，并没有跨越赫伯特·西蒙的"投资选择最优解和次优解"的分析范围，或者说，还没有在较深的理论层次上揭示认知变化作用于效用期望调整的机理。或许是这个原因，厂商行为选择理论的完善尚有进一步拓宽和挖掘的空间。很明显，这些问题的深入研究，关系到了效用函数问题。

关于第五个问题。效用函数问题一直是行为理性选择理论关注的焦点。现代经济学除了不同意正统新古典理论把最大化作为效用函数主要乃至于唯一变量外，或主张效用函数应考虑到消费和闲暇（Friedman, 1957；Modigliani et al., 1954），或主张把诸如价值观念、行为准则、效用损失等作为效用函数的变量（Akerlof, 2007）。这些主张反映了经济学家试图拓宽选择偏好系列以修正效用函数的理论研究指向，揭示了经济学家对效用函数变量构成如何调整的分析思想。但从厂商行为选择理论的建构来考察，符合实际的效用函数必须是能够反映厂商效用期望调整的效用函数（第七章）。换言之，如果现代经济学借助效用函数来重塑厂商行为选择理论，则需要把选择偏好、认知变化与效用函数结合起来分析，使效用函数能够体现厂商在投资选择时的效用期望调整，而不是仅仅停留在对效用函数变量构成的增补或修正上。

信息不对称和有限理性约束下的厂商行为选择理论，其分析框架的建构路径究竟如何选择，是一个值得研究的问题。本章拟借助现代经济学有关行为理性选择理论的相关成果，沿着选择动机→选择偏好→认知过程→实际选择→效用期望调整的分析路径，在对投资行为主体作出大体符合实际的假设前提下，以现实中厂商投资选择过程为参照系，注重从选择偏好、认知过程和效用期望调整等角度来探寻厂商行为选择理论框架建构的新路径。

第二节 行为主体分析假设之探讨

现代经济学视正统新古典经济学的厂商理论为偏离现实的抽象学说，依据在于新古典理论否定了厂商的个性存在，即将厂商看成是与个人和政府具有同一内涵的行为主体。这个内涵的同一性表现在新古典理论对厂商、个人和政府行为理性选择的逻辑推理上。这个推理的逻辑演绎是：假定三者的行为理性选择动机是唯一追求自利和具有偏好内在一致性，通过对偏好稳定和效用最大化的数学逻辑推理，将行为理性主体解说为纯粹追求自利并能预知选择结局和实现最大化。厂商理论一旦以"理性经济人"作为行为主体，便难以对厂商的投资选择作出符合实际的解释。现实投资活动表明，厂商作为行为理性主体，其理论分析背景应是信息不对称和有限理性约束，只有对厂商的选择动机、偏好和效用等作出符合实际的解说，才能跳出正统新古典理论"理性经济人"范式的束缚。这是我们探寻厂商行为选择理论新路径所必须关注的，也是我们在基础理论上刷新行为理性选择理论所必须面对的问题。

众所周知，厂商投资选择的主要动机是追求自利最大化，但它不是唯一选择动机，厂商在现实投资中通常还存在公平、互惠、利他等动机决定的社会偏好。例如，厂商的某项投资选择除了追求利润最大化外，或许蕴含着以爱国主义、公共福利、完成祖父辈遗愿、帮助亲朋好友等动机决定的社会偏好。如果我们单纯以追求自利最大化来锁定厂商投资选择的行为动机，并以此为基础来建构厂商行为选择理论，那么，无论分析过程还是分析结论，都会偏离厂商行为选择的实际。厂商投资选择动机的多元化，在很大程度上给我们逼近现实地解说厂商投资选择行为带来了困难。从解决这些困难来看，它首先要求我们在描述厂商投资选择行为时建构出一个能反映这种多元化的选择动机函数；其次，要求我们依据多元化选择动机对偏好选择函数做出分析；再次，要求我们依据偏好选择函数来分析厂商投资选择的认知过程和效用期望调整；最后，要求我们探寻出与现实的选择动机、选择偏好、认知过程和效用期望相一致的效用函数调整。显然，这些困难在正统新古典理论中是不存在的，因为"经济人假设"和"理性经济人"范式排除了这些困难。

选择偏好是关联于选择动机的一个重要的基础理论问题。正统新古典理论的偏好稳定假设是通过"偏好内在一致性"的严密数理逻辑论证来完成的，这一逻辑论证对厂商投资选择所赋予的描述，是厂商投资选择偏好有着非此即彼的结论。例如，正统新古典学说的厂商理论有关"无差异曲线"、"等产量线"、"生产可能性边界"等的分析，均是以偏好稳定假设为基础的。现实中厂商的多元选择动机会致使偏好多元化，传统新古典理论的偏好稳定假设是一种高度的理论抽象。我们在厂商行为选择理论中对行为主体作出符合实际的分析假设，必须要有与实际相一致的偏好选择函数。就正统新古典理论的分析逻辑而论，它以"偏好内在一致性"为核心的偏好选择函数，就与其行为主体假设存在着这样的逻辑一致性。这样的行为主体假设之所以遭到现代经济学（尤其是非主流经济学）的批评，是因为其选择偏好假设严重脱离了实际。不过，现代非主流经济学对正统新古典理论偏好假设的批评，只是局限于行为实验和心理实验的案例展开的，它并没有通过重塑行为主体假设对其展开釜底抽薪的批判，因而这些批判显得有些苍白无力。这是我们探寻厂商行为选择理论建构新路径时必须知晓的。

在假设选择动机单一和偏好稳定的基础上研究厂商行为选择，行为主体假设中就不需要有任何"认知"的分子。这是因为，对认知的讨论涉及完全理性和有限理性，以及完全信息和信息不对称等问题。正统新古典理论是以完全理性和完全信息为假设前提的，这一假设赋予了厂商能够预知选择结果及能够实现效用最大化的能力，因而在正统新古典学说的厂商行为选择理论中，认知过程是可以忽略不计的。然而，忽略认知过程的行为主体，是脱离现实的抽象主体，当厂商被看成是这样的抽象主体时，建立在此基础上的行为选择理论就会严重偏离厂商的投资实践。现代经济学

（主流和非主流）十分重视认知过程之于投资选择的作用，他们在涉及厂商投资选择的行为主体假设分析时，实际上是以信息不对称和有限理性约束为基础并强调认知作用的，但由于他们没有对行为主体作出有别于正统新古典理论的明确假设，因而他们（尤其是非主流经济学）对厂商投资选择行为的分析，时常会出现有关行为主体假设的暧昧不清的情形，即他们经常游离于现实主体与抽象主体之间，以至于大大损害了现代经济学厂商行为选择理论的严谨性。

效用函数与认知过程有着密切的联系。从效用函数通常难以实现最大值来考察，厂商的实际效用期望可被看成是认知的结果。其实，经济学家强调和不强调厂商行为选择的认知过程，以及重视和不重视厂商的效用期望调整，可以从他们对行为主体的假设中看出，也就是说，可以从他们是赞同还是反对"理性经济人"范式看出。在正统新古典学说的厂商行为选择理论中，效用期望及其调整是被隐匿在效用函数之中的，或者说，效用期望调整在正统新古典理论的厂商行为选择理论中就根本不存在。这种状况集中体现在由"经济人假设"决定的"理性经济人"范式上，它封杀了经济学家构建符合实际的厂商行为选择理论的分析路径，使厂商行为选择理论始终停留在抽象层面上。

现代经济学对效用期望进行了以认知过程研究为背景的深入分析。如前所述，这方面最为典型的理论分析是行为经济学的展望理论（Kahneman & Tversky，1979），该理论认为，由于厂商投资选择存在着风险厌恶和风险偏好的两种情形，认知过程会促使投资者不断调整自己的效用期望，并会以某一特定参照点来追求期望效用。Kahneman 和 Tversky 强调期望效用调整的独特理解，实际上是主张把厂商追求自利的效用函数描述为反映认知过程和效用期望调整的价值函数。展望理论这一有独到见解的精彩分析，明确指出了行为主体假设应在体现认知过程和效用期望调整的前提上作出，但遗憾的是，Kahneman 和 Tversky 甚至包括整个行为经济学和实验经济学，他们的分析到此停止了。于是，正统新古典经济学的行为主体假设、进而"理性经济人"范式没有得到彻底修正。

行为主体假设是经济学家对动机、偏好、认知和效用等的分析设定，不可置疑，行为主体假设是行为理性选择理论的基础。在理论上，我们对投资行为主体作出符合实际的假设，应考虑到选择动机和偏好的多重性，要将认知过程和效用期望调整等纳入到行为主体假设中。这样的行为主体假设在内涵和外延上应具备以下的条件：1. 放宽"经济人假设"有关选择动机是单纯追求自利最大化以及选择偏好具有内在一致性的限定；2. 突破"经济人假设"把认知过程作为外生变量处理的束缚；3. 重视和强调没有被"经济人假设"放置于效用函数内但却反映投资者心理活动的效用期望调整。

本书第五章曾主张用"理性行为人"取代"理性经济人"，用"行为人"取代"经济人"，但没有联系厂商行为选择理论来阐释行为主体假设。在此，我们可不可以把具备以上条件的行为主体假设，理解或界定为"行为人假设"呢？显然，这样的假设对应的行为主体是"理性行为人"。或许有人会认为这样的行为主体假设几乎接近于现实的投资者，无所谓假设问题。其实，这个比"经济人假设"条件宽泛的"行为人假设"，远远没有囊括现实中投资者（厂商）的动机、偏好、认知和效用等，它仍然是对现实投资者选择行为的一种理论抽象，只是抽象程度大为减弱罢了。我们用"行为人假设"作为建构厂商行为选择理论的假设前提，可以充分反映厂商行为理性决策中的信息不对称和有限理性约束，从而使厂商行为选择理论更加贴近现实。

第三节 厂商行为选择理论建构之路径

一 以"行为人假设"作为分析前提，把厂商"还原"成受信息不对称和有限理性约束的行为主体

这里所讲的"还原"，是针对传统主流经济学将厂商作为脱离实际的高度抽象主体，力图恢复厂商行为选择的现实状况来说的。在市场经济中，信息不对称的永恒存在，是导致厂商行为选择受有限理性约束的最根本原因。本书在第八章和第九章有关厂商投资选择和公司治理的分析中，对厂商行为选择动机、偏好、认知和效用所作的解说，实际上是以"行为人假设"为分析前提的；在那里，笔者把第二、三、四、五、六、七各章对行为理性选择理论的理解，运用到厂商投资选择和公司治理分析中，已经做了这方面的"还原"工作。但从建构厂商行为选择理论的要求来讲，确立行为理性主体的假设前提，则是这一理论建构不可绕避的重要环节。

厂商追求自利最大化是其投资选择的主要动机，这是一个不争的事实；但厂商的其他选择动机对追求自利最大化存在着影响和约束，也是一个不争的事实。"经济人假设"将追求自利最大化作为厂商投资选择的唯一动机，包含着两个潜在的但经过分析会明显反映出来的问题：一是厂商理性选择完全等价于追求自利最大化（舍此则非理性）；二是厂商能够掌握影响选择的全部信息，并能预知和控制选择结果，从而在投资选择中成为"理性经济人"。针对第一个问题，如果把厂商行为理性选择完全等价于追求自利最大化，厂商行为理性选择便被限制在极其狭窄范围，以至于我们不能解释厂商在其他选择动机促动下的选择行为。其实，厂商选择动机是与目标函数相联系的，厂商投资选择的目标函数，并不是由追求自利最大化唯一确定，它会发生变化，厂商有时是以利他、公平、互惠等为目标函数的。"行为人假设"所包含的选择动机，要比"经济人假设"符合厂商投资选择的实际。

针对第二个问题。我们以"行为人假设"作为分析前提来建构厂商行为选择理论，最重要的，是排除了厂商能够掌握影响选择的全部信息并能预知和控制选择结果的分析假设；也就是说，厂商作为行为人，是在信息不对称和有限理性约束下进行投资选择的。无论是从理论逻辑还是从实际选择过程来考察，厂商不能掌握影响选择的全部信息并能预知和控制选择结果，厂商对影响选择的信息进行搜集、整合、加工和处理，就会产生对选择过程的认知，而认知过程又会反过来影响厂商的选择偏好，并且会使厂商投资选择的效用期望发生调整，这是一个既符合现实也符合逻辑的解说。因此，"行为人假设"把厂商"还原"成为受信息不对称和有限理性约束的行为主体。

现代经济学（尤其是非主流经济学）与传统主流经济学在行为理性选择理论上的一系列分歧，说到底，是行为理性主体假设前提的分歧；现代经济学对传统主流经济学的行为理性选择观点的质疑和批评，说到底，是对"经济人假设"或"理性经济人"的质疑和批评。如果我们能够以"行为人假设"作为假设前提来建构厂商行为选择理论，厂商就不再是抽象的行为主体，厂商的投资选择过程就有可能在信息不对称和有限理性约束下被描述出来。当然，行为理性主体的假设前提只是建构厂商行为选择理论的基础，或者说，只是为厂商行为选择理论开辟了建构路径的窗口，如何把这个假设前提糅合到厂商行为选择的偏好、认知和效用的实际中，才是我们探寻这一建构路径的主要任务。

二 从选择动机的多重性来分析厂商选择偏好，选择偏好函数既要反映选择动机，也要反映认知过程

这是一项具有相当理论难度的研究工作。传统主流经济学之所以能在其结构和框架等方面显示出理论体系的精美，重要原因之一，是它有着与"经济人假设"相一致的偏好函数。发端于新古典理论的传统主流经济学，针对不确定条件下的选择偏好，曾做出作了一种二元关系的抽象理论描述：行为理性偏好须满足不同子集的各种选择之系统性方式的相互对应，即在可供选择的全部子集中，能寻找到选择 X 比选择 Y 更加受到偏好的理性化能力；对于厂商行为选择来说，有了这种能力，就可以在理论上把厂商行为选择偏好及其函数描述为具有"偏好的内在一致性"特征；厂商在面对现实的全部选择子集时，这种能力使厂商行为选择被框定在特定的分析子集中。①

---

① 这种解说的数理逻辑含义，是指厂商的偏好函数由选择 X 比选择 Y 受偏好时的最大化元素组成（Richter, 1971）。很明显，这样的偏好函数是与"经济人假设"相对应的，它在吻合于单纯追求自利最大化动机的同时，通过对理性能力的描述，跳过认知来解说效用最大化。传统主流经济学以"偏好的内在一致性"来界定偏好函数，对于厂商行为选择偏好的形成来说，是不符合实际的。

厂商在实际投资中的选择偏好是受多重选择动机影响或制约的。基于厂商现实投资选择偏好子集通常大于2，如果我们假定这个选择偏好子集的实际值为 U，并假定厂商投资选择有 W 种选择动机，则厂商实际选择偏好子集的 U 值界定应为 $2 < U < W$。诚然，厂商面对不同投资项目会受到不同选择动机的影响或制约，并且追求自利最大化始终是厂商最主要的选择动机，但我们描述厂商选择偏好函数必须突破传统主流经济学二元化的非此即彼的"偏好内在一致性"的约束，这是问题的一方面。另一方面，厂商多重性选择动机所引致的多重偏好，通常会驱动厂商对影响选择的信息进行搜集、整合、加工和处理，从而产生要不要选择和怎样选择的认知过程。这种反映厂商多重选择动机和认知过程的选择函数，才是符合实际的选择函数。只有建立这样的选择函数，才能建构出有别于传统主流经济学的厂商行为选择理论。

在理论上重塑厂商选择偏好函数的困难，主要发生在对多重偏好子集 U 的构成及其数学论证上，这种反映多重选择动机并影响认知过程的偏好函数，具有非线性函数的特征。或许是因为存在着这样的困难，现代经济学尚未做出建构这种选择偏好函数的尝试。值得说明的是，这种选择偏好函数应该以"行为人假设"为基础，其对应的行为主体是"理性行为人"。如果我们不能建立反映多重选择动机并影响认知过程的偏好函数，我们所建立的"行为人假设"便流于形式。作为对厂商行为选择理论建构路径的一种概括性理解，如果说"行为人假设"是建构厂商行为选择理论的窗口，那么，我们建立反映多重选择动机并影响认知过程的偏好函数，则是建构厂商行为选择理论的重要通道。

三 把"认知"作为解读厂商投资选择的内生变量来处理，通过对认知过程的分析和研究，使厂商行为选择理论接近现实

从理论建构的变量处理来看问题，建立在"经济人假设"之上的厂商行为选择理论，暗含着厂商能够知晓选择未来结果的假设，该假设排除厂商投资选择的认知过程，实际上是一种把"认知"作为外生变量处理的分析方法，它使"理性经济人"成为现实行为选择主体的人格化范式。

但在实际中，厂商投资选择要受到信息不对称和有限理性的约束，他们不可能预知选择的未来结果（效用），他们的投资选择一般要经历从选择前的分析论证，到选择后评估的两个前后相继的阶段，而认知则贯穿于这两个阶段的始终。如果我们以接近现实的"行为人假设"作为分析前提，很明显，理论分析的一致性便要求我们把"认知"作为内生变量来处理。

认知被解释为内生变量，还是被理解成外生变量，关系到厂商行为选择理论能不能从传统理论中脱胎换骨，易言之，关系到传统主流经济学的厂商行为选择理论能不能得到修正。现代经济学与传统主流经济学的一系列理论分歧，是与怎样理解认知作用以及怎样安排认知的分析位置有关的。例如，在非主流经济学行为选择理论的分析结构中，认知是被作为内生变量处理的，行为理性在相当大程度上被看成是认知理性，但由于非主流经济学没有对认知主体作出能代替传统主流经济学的一般理论假设，因而其对传统主流经济学行为选择理论的修正，只是局限在对认知的理解或解释层面，并没有对认知在行为选择理论中的分析位置做出基础理论的安排。这大大损害了非主流经济学的理论分析价值。

从厂商行为选择理论的建构路径来考察，我们把认知作为内生变量来处理，包含着两个方面的基本内容：一是厂商对影响选择的信息进行搜集、整合、加工和处理，以决定是否进行投资选择和怎样进行投资选择；二是厂商在投资选择发生后对收益（效用）的展望，以判断投资选择的效用值。前一内容涉及厂商的选择动机和选择偏好，后一内容涉及厂商投资选择的效用函数。选择动机和选择偏好通常会影响甚至会改变厂商的投资选择认知，对选择动机和选择偏好的限定条件不同，认知在投资选择理论架构中的地位也就不同。与"经济人假设"不同，"行为人假设"要求尽可能减少选择动机和选择偏好的限定条件，因而在厂商投资选择理论的建构中，我们必须把认知作为内生变量来处理。就具体的分析层级而论，厂商在对信息进行搜集和整合时，认知受选择动机和选择偏好的影响比较小，但在对信息进行加工和处理时，认知受选择动机和选择偏好的影响会比较大；同时，随着厂商对投资选择之认知的改变，其选择偏好也有可能发生一定程度的变化，这种变化也有可能会传递到选择动机上来。因此，当我们把认知作为内生变量时，有可能彻底重塑厂商行为选择理论。

在理论分析上，沿着"选择动机→选择偏好→认知"的分析路径来建构厂商行为选择理论，能不能把认知看成是选择动机和选择偏好的函数呢？这倒是一个有兴趣的研究问题。如果我们把认知看成是选择动机和选择偏好的函数，那么在信息不对称和有限理性约束下来讨论这个函数的构成和运行轨迹，便可以理解为是重塑厂商行为选择理论的一条值得探索的新路径。在现有的相关分析中，我们至今没有发现这方面的研究文献。不过，认知随着选择动机和选择偏好变化而变化，是一个十分明显的可观察到的现象，至于如何揭示它们之间的机理构成，却牵涉选择动机、选择偏好和认知过程的各自变量构成及其交叉关系。对这种交叉关系的分析和论证，应该是我们重塑厂商行为选择理论的重点，而将认知看成是选择动机和选择偏好的函数，或许是一条可行的分析路径。

厂商行为选择的认知过程与效用函数也存在着关联。正统新古典理论把认知作为外生变量的分析路径，是直接从追求自利的选择动机来推论选择偏好的内在一致性，进而推论出选择结果的效用最大化。当我们引入认知过程后，这条推论的分析链就发生变化了，其特征是从抽象走向了现实。当然，引入认知后的分析链包含着极其复杂的内容，这些内容有两点重要的理论揭示：一是如何说明认知是选择动机和选择偏好的函数；二是如何通过对认知的分析来解说厂商效用期望调整。

四 厂商认知变化会对收益估计发生影响，从而引致效用期望调整，我们应该将其视为建构厂商行为选择理论的重要内容

在正统新古典经济学文献中，效用函数是与最大化联系在一起的。一般来说，效用函数是对厂商投资收益的描述，而最大化是效用函数的最佳理想值，它是正统新古典理论依据"经济人假设"，并通过"偏好内在一致性"而得出的逻辑结论。在现实中，投资收益并不一定能实现效用最大化，它有时甚至会出现效用负值；投资收益这些现实情形的存在，会使厂商不断对投资收益进行效用期望调整；厂商效用期望调整对应于既定的偏好和认知，而厂商随市场变化产生的偏好和认知会出现经常性的变化，并促动着厂商效用期望调整。效用期望概念的较为系统的论证，是行为经济学（展望理论）等非主流学派的贡献。经济学世界自从对效用有了这样的理论认识，经济学与心理学的并轨分析便有了进一步的发展，厂商行为选择理论便开始逐步摆脱（效用）最大化的束缚。

厂商投资选择对影响或决定收益的信息进行搜集、整合、加工和处理的过程，也就是厂商效用期望不断发生变化和调整的过程。在信息不对称和有限理性约束下，厂商不可能掌握全部信息，不可能非常清楚地知晓未来时点上的投资效用，这是厂商效用期望不断调整的理论依据。另外，从市场过程来看，契约制度通常要求厂商的投资选择在契约谈判、制定和执行中遵守市场规则；就厂商的效用期望调整而论，由于厂商很难控制投资合伙人在契约谈判、制定和执行中的机会主义行为和道德风险，因而效用期望调整是一种常态。例如，当投资合伙人在契约谈判、制定时所隐瞒和扭曲的对自己有利的信息被知晓后，厂商会降低投资效用期望，或投资合伙人在契约执行中出现不履行契约的道德风险时，厂商也会降低投资效用期望；反之，如果厂商为自身利益而对投资合伙人隐瞒和扭曲信息获得了成功，厂商会提高投资效用期望，或如果厂商利用资产专用性所形成的沉淀成本，在有利于自身利益前提上来要挟投资合伙人修改契约获得成功，厂商也会提高投资效用期望。当然，厂商投资效用期望调整主要是随市场供求、价格、政策等因素变化而变化，但无论我们怎样理解，厂商都不是"理性经济人"，他始终要受到有限理性的约束。

如何在"行为人假设"的前提下把效用期望调整作为分析性内容放置于厂商行为选择理论中，同样是一项艰巨的研究工作。它至少有三方面工作要做：首先，需要在理论上界定出厂商行为选择的效用期望调整的数值区间，以吻合于投资行为的市场过程；其次，需要依据影响厂商投资选择的信息和影响厂商心理的因素，建立效用期望调整函数，以描述厂商效用期望调整的变动轨迹；再次，需要依据选择偏好和认知过程对效用函数进行修正，以说明厂商投资选择的现实效用函数不是以实现最大化为唯一内容的效用函数，而是以效用期望不断调整为核心内容的效用函数。——效用期望调整被嵌入厂商的行为选择理论，"经济人假设"便在效用函数层面被"行为人假设"所取代，行为理性主体也就不再是"理性经济人"了。这种建构厂商行为选择理论的新路径，能否升华正统新古典经济学的厂商行为选择理论，还可以在更宽泛的层次上来讨论。

五　沿着选择动机→选择偏好→认知过程→投资决策→效用期望调整的路径来建构厂商投资选择理论，需要把"行为人假设"贯穿于这条分析链的始终

现代经济学十分重视理论分析的假设前提。一个理论和现实逻辑关联严谨的理论，必须有贯穿于该理论始终的假设前提。如果我们把建构厂商行为选择理论的路径划分为若干阶段，则"行为人假设"对每一阶段便有着不同的规定。在选择动机影响或决定选择偏好的阶段，理论分析要强调多重选择动机对选择偏好形成的影响，这是与正统新古典理论单纯以自利动机来解说偏好的区别所在；对于多重选择动机之于选择偏好的复杂关系，理论研究要做出一般性理论分析，并在此基础上高度概括出体现这种复杂关系的机理；在强调多重选择动机的同时，仍然要注重对厂商追求自身利益的行为特征分析，以便使以"行为人假设"为底蕴的"选择动机→选择偏好"的新路径能够包容正统新古典理论。

在选择偏好影响认知过程阶段，与"行为人假设"相一致的选择偏好是不确定性的，厂商的选择偏好会因选择动机的变化而变化，这种变化会对厂商的认知过程发生影响。厂商选择偏好有可能是追求自利最大化，有可能是追求公平、互惠等的利他行为，也有可能是追求自利和利他的某种混合偏好。如果厂商的选择偏好函数能涵括这些追求，它便远远超越了正统新古典理论的选择偏好函数，从而给我们探索厂商行为选择理论的建构路径提供与"行为人假设"相一致的依据。在认知过程影响投资选择阶段，我们把认知作为内生变量的主要分析任务，是解读厂商对信息的收集整理和继之而来的评估决策，这部分内容在正统新古典理论中是阙如的，之所以如此，乃是"经济人假设"使然，"行为人假设"则要求补缺这一内容。在投资选择影响效用期望调整阶段，要摆脱效用最大化这一正统新古典教义的束缚，需要关注厂商心理因素变化对效用期望调整的作用，以建立满足"行为人假设"的效用函数，使厂商行为选择理论的建构进一步趋于完善。

第四节　建构厂商行为选择理论的几点补充说明

主流经济学与非主流经济学有关厂商行为选择的重要理论分歧之一，表现为对厂商认知过程和效用预期的心理因素的不同处理上。近几十年来，对正统新古典理论有所修正的现代主流经济学，已开始在一定范围内对厂商选择行为的心理因素进行了分析，但由于现代主流经济学囿于其精美理论大厦的分析结构约束，即没有彻底重塑由完全信息和完全理性所构筑的理论分析框架，因而严格来讲，现代主流经济学仍然是把心理因素作为外生变量处理的。相对来说，现代非主流经济学特别强调心理因素变化对选择行为的影响，我们认为非主流经济学实际上是将心理因素作为内生变量处理的。其实，当我们联系心理学来讨论厂商行为选择时会发现，经济学对厂商心理因素进行分析的理论基础是认知心理学，这种状况促使经济学家将心理学与经济学放置于同一分析框架展开研究。近几十年来经济学的理论发展表明，这一并轨研究在行为经济学中取得了较大的成功，而实验经济学也给这种并轨研究提供了许多启迪。

行为经济学和实验经济学将认知引入行为选择分析，应该说，这两大学说在并轨心理学和经济学的研究方面都作出了贡献。我们可考虑延续这两大学说来运用认知心理学，通过解析选择者心理活动来研究行为选择的分析路径；在贯彻"行为人假设"的基础上，深入挖掘这两大学说有关认知心理分析的思想，以建构厂商行为选择理论。

认知心理学的发展给经济学家深入研究厂商行为选择行为开辟了广阔

的视阈和空间。的确，厂商的选择动机、选择偏好、认知过程和期望调整都要受到心理因素的影响或制约，但假若我们把它们看成是能进行描述的单一函数，则无论是在选择动机和选择偏好，还是在认知过程和期望调整的各自函数构成中，心理因素都应该成为解释性变量。这一理解很重要，它给我们建构厂商行为选择理论提供了充分的研究题材，它展现了比传统主流经济学的限制性偏好函数和效用函数更丰富的内容，这些内容无疑会充实新建构的厂商行为选择理论。

需要明确指出的是，以上理论构想在现有的经济理论学说中尚未系统出现。不过，现代经济学（尤其非主流经济学）对传统主流经济学的选择动机、选择偏好、认知过程和效用期望调整的质疑和批评，却显露了他们将其看成是可以单一描述的函数，以及将心理因素看成是偏好函数、认知函数和效用函数的解释变量的思想。这是非主流经济学思想体系中极有追踪研究价值的东西。我们把心理因素作为解释变量，可以使经济学和心理学得到很好的结合，使厂商行为选择理论的建构有更加丰富或更加富有创新的内容，可以使我们深化对选择动机、选择偏好、认知过程和效用期望调整的研究。另一方面，我们把心理因素作为解释变量，可以改变厂商行为选择理论研究的分析方法，而分析方法的改变可以给我们建构厂商行为选择理论提供新路径。

经济学个体主义方法论一直主张以"个体行为"作为基本分析单元，但如果对个体行为给予过多限定性约束，则个体主义方法论贯彻的程度和范围就有限了。传统主流经济学对个体选择偏好的抽象假定，对认知过程的淡化，对效用函数的最大化限定等，严重限制了个体主义方法论的运用。这种情形与传统主流经济学长期忽略个体心理因素有着极大的关联。事实上，无论是从个体还是从群体角度来分析厂商的行为选择，都离不开对心理因素的分析。[①] 这里有必要说明的是，包括非主流经济学在内的现

---

① 无论是把厂商看成个体还是群体，如果我们把心理因素引入对偏好、认知和效用期望等的分析，都可以扩大个体主义方法论的分析和运用范围；另一方面，引入心理因素分析，在强化行为选择理论的自然科学分析基础的同时，也会涉及行为准则、价值观念等对厂商行为理性（非理性）选择的影响问题。这些问题是我们重塑传统主流经济学行为选择理论时必须高度关注的。

代经济学，虽然开始关注行为选择中的心理因素，但他们运用个体主义方法论解说厂商行为选择的程度和范围也是有限的；出现这种状况的原因，莫过于前文反复提及的现代经济学没有对行为主体作出简单可用的一般性假设，以及在没有引入心理因素时对偏好、认知和效用进行深入的研究。如果我们建构厂商行为选择理论时不注意这一点，我们的分析和研究就不可能超越现代经济学。

坚持个体主义方法论来探索厂商行为选择理论建构的新路径，必须关注以下两个方面的问题：一是突破传统主流经济学长期以来将行为选择中的一些内生变量作为外生变量处理的理论禁锢，把现实中原本属于内生的变量还原为内生变量；二是从大的方面来探索经济学不同分析方法之间的调和与互馈的途径，让厂商行为选择理论在大的理论分析框架上有所创新。针对经济学不同分析方法之间的调和与互馈，我们建构厂商投资选择理论最主要的任务之一，是把经济理论的均衡分析和演化分析结合起来，以便在基础理论上解决好建构厂商行为选择理论的方法论要求。不言而喻，以上两方面问题对我们建构厂商行为选择理论，还存在继续贯彻个人主义方法论需要解释的其他问题，其中，经济学家有关行为选择的理性观则是不能忽视的。

主流经济学和非主流经济学坚持个人主义方法论所形成的理性观，分别是哲学层次上的建构理性和演化理性，而与此相对应的方法论，则是均衡分析和演化分析（均衡分析是主流）。按照建构理性对社会制度的理解，人们的一切选择行为都应该得到理性的说明，任何得不到理性解释或对理性的无知，都被认为是非理性；建构理性强调规则遵循，认为人类以制度为主体所形成的一切规则，都要用均衡分析来解说。正因如此，主流经济学依据建构理性原则，对厂商行为选择做出了他们推崇的符合规则遵循的解释。建构理性及其规则遵循给经济理论研究所留下的遗产，是我们可根据传统主流经济学理论，解说"自利动机下厂商追求效用最大化的理性及其规则"。我们探索厂商行为选择理论新的建构路径，要继承和发扬这一遗产。

应当承认，传统主流经济学的这一遗产，有一定的理论分析价值，它至少解释了只考虑利己选择动机，以及在偏好既定和跳过认知过程时的厂商投资选择行为，至少让我们有了一个行为理性选择理论的抽象分析框架。传统主流经济学对行为理性选择的抽象分析，实际上达到了一种极致状态，这种状态在给行为理性选择理论留下缺憾的同时，也给我们在高度概括的抽象理论层面对人类选择行为的实质理性有所把握。但是，由于厂商行为理性选择是在多重选择动机、多重选择偏好和认知不确定下进行的，如果我们遵循传统主流经济学的一系列条件约束，以建构理性的规则遵循以及相应的均衡分析来解释厂商行为理性选择，就会忽视厂商行为选择实际中的过程理性，就难以重塑厂商行为选择理论。

自赫伯特·西蒙的实质理性和过程理性学说问世以来，演化分析以及社会经济演化理性学说，经由哈耶克充分论证后得到了长足的发展。概括而言，演化理性最基本的观点是认为人类一切制度、文化、法律规章、道德规范乃至于习俗等，均是人类长期活动及其发展的结果，人类所面临的世界，存在着大量的理性不及和理性无知，它不是均衡分析所描绘的建构理性及其对应的规则遵循。但由于演化理性及其演化分析未能建立一般理论假设，其整个经济分析没能建立精美的理论大厦，因而它与行为和实验等经济分析学说一样，都被归属于非主流经济学。不过，演化经济学十分强调人类选择中的认知过程，认为行为理性是伴随认知过程而演化产生的，认为建构理性、规则遵循和均衡分析是偏离现实的。撇开演化理性学说所涉猎的宽泛内容，仅就厂商行为选择而论，如果我们能够合理借鉴其强调认知过程的演化思想，以此来研究现实中厂商投资选择的不确定性，我们在重塑厂商行为选择理论时，或许会获取有益的思想来源。

迄今为止，经济学世界有关均衡分析和演化分析在基本概念、范畴、理论假设、分析方法、目的性解释等方面，始终是处于理论对立和冲突状态，甚至是不可通约的。这给我们同时借用这两种分析成果来重塑厂商行为选择理论带来了一时难以逾越的困难。对此，我们可否依据均衡分析和演化分析在个人主义方法论上的一致性，努力在厂商行为选择理论的假设前提下取得能兼容这两种分析方法的融合，即我们在研究厂商行为选择动机、偏好、认知和期望调整时，同时反映建构理性和演化理性的部分思想观点，让抽象分析与实际分析能够统一在均衡分析和演化分析相融合的理论分析框架中。显然，这是一项难度极大的研究工作，它要求经济学家在分析方法上创新，创造出一个新的行为选择理论体系。不过，任何基础理论创新都是以现实为基本参照的，我们要创新厂商行为选择理论，必须依据现实来融合均衡分析和演化分析。

厂商在现实投资选择中的动机、偏好、认知和期望等，具有既体现建构理性又体现演化理性所描述的特征性事实，这给我们从建构和演化两方面对厂商投资选择进行研究提供了可能性。我们能不能在对它们进行演化解说的基础上展开建构归纳呢？我们能不能分别在选择动机、选择偏好、认知过程和期望调整的不同阶段，选择性地以建构理性和演化理性对厂商投资选择进行解释呢？我们能不能在宽广层次上交叉运用均衡分析和演化分析对厂商投资选择进行解说呢？倘若能够做到或部分做到以上几点，我们建构厂商行为选择理论的学术努力就会出现希望，就有可能在新的行为主体假设（行为人假设）的基础上把厂商投资选择的动机、偏好、认知和期望等放置在统一理论逻辑的分析平台上。

厂商行为选择理论的建构路径有着十分复杂的内容。总的来说，对行为理性主体作出有别于传统主流经济学的理论假设，是我们建构厂商行为选择理论的基本前提；融合均衡分析和演化分析以及与此相对应的建构理性和演化理性，是我们建构厂商行为选择理论在方法论上的重要变革；重视多重选择动机和多重选择偏好，强调认知过程和效用期望调整，是我们建构厂商行为选择理论时对传统主流经济学极端抽象假设的理论扬弃；把心理因素引入选择动机、选择偏好、认知过程和效用期望调整的分析，则是我们建构厂商行为选择理论时，对如何处理内生变量和外生变量的学术主张。这些基本前提、重要变革、理论扬弃和学术主张，与其说是建构厂商行为选择理论的重要任务,不如说是我们对现代经济学体系下经济行为之选择过程要义的解读。

参考文献

Houthakker, H. S., Revealed Preference and The Utility Function, *Economica*, 1950, (15).

Samuelson, P. A., A Note on the Pure Theory of Consumers' Behaviour, *Economica*, 1938, (5).

Sen, A. K., Choice Functions And Revealed Preference, *Review of Economic Studies*, 1971, (38).

Forsythe, R., Horowitz, J. L. Savin, N. E. and Sefton, M., Fairness In Simple Bargaining Experiments, *Games and Economic Behavior*, 1994, 6 (3).

Marwell, G. and Ames, R. E., Experiments on the Provision of Public Goods. I. Resources, Interest, Group Size, and the Free-rider Problem, *American Journal of Sociology*, 1979, 84 (6).

Fehr, E. and Gächter, S. and Kirchsteiger, G., Reciprocal Fairness and Noncompensating Wage Differentials, *Journal Of Institutional And Theoretical Economics*, 1996, (152).

Kahneman, D., Tversky, A., (1973), On the Psychology of Prediction, *Psychological Review*, 80: pp. 237–251.

Kahneman, D. And A., Tversky. Prospect Theory: An Analysis Decision Under Risk, *Econometrica*, 1979, 47 (2).

Modigliani, Franco And Brumberg, Richard, Utility Analysis and the Consumption Function: An Interpretation of Cross-Section Data, In Kenneth K. Kurihara, ed., *Post-Keynesian Economics*, New Brunswick, NJ: Rutgers University Press, 1954.

Friedman, Milton, *a Theory of The Consumption Function*, Princeton NJ:

Princeton University Press, 1957.

Akerlof, G. A., The Missing Motivation in Macroeconomics, *American Economic Review*, 2007, 97 (1).

Richter, M. K., 1971, Rational Choice, In Chipman, Hurwicz, Richter and Sonnenschein (1971).

后 记

这部著作是我近十年来研究行为理性选择问题而长期思考的产物。书名取作"经济行为选择过程要义"是出于将选择过程看成行为理性选择理论核心内容的理解。现代经济学对传统主流经济学的质疑和批评，主要是以选择过程的动机、偏好、认知和效用等为对象的，人类经济行为实际选择过程中的动机、偏好、认知和效用，充满着非事先设定或控制的不确定性，选择过程是理性主导而非理性从属的一种融合，这种融合的要义，应该可在理论上予以揭示。——任何理论之要义，非精华之独占，它应包括理论研究的基本分析假设、分析线索和分析框架，具有导引人们径直掌握其基础理论之功效。基于以上的理解和认识，笔者选择了这一研究课题。

一项研究工作的深入和拓宽，通常需要热情和兴趣的支撑。行为理性选择理论作为理论经济学的分析基础，有着理论探究的玄奥和形而上学的烦琐；这种玄奥和烦琐在致使学者产生疑惑的同时，也会致使学者因执着追求而产生热情和兴趣。我在研究行为理性选择理论时深深感到，有热情和兴趣的学者是有可能走进这个象牙塔的。这些感受，与其说是自己对该领域长期研究的理解，倒不如说是本人长期从事该领域研究的发自内心的体会。说实话，自从对行为理性选择理论有了深刻的理解和认识，本人的理论研究便产生了多重学术偏好，即试图从理性或非理性角度来分析更多的现实经济问题。这种多重学术偏好依据于以下事实：既然任何经济制度或经济现象都关联于主体和行为，那么，行为理性选择理论便自然具备了阐释任何经济问题的学术魅力。我时常在想，如果自己能够在前人的基础上进一步挖掘新思想，就有可能实现这种多重学术偏好。这部著作正是这种想法驱动下的一种研究尝试。

我们对经济行为选择要义的理解，同样存在着一个认知过程：首先，对个人、厂商和政府的选择动机、偏好、认知和效用期望等，必须有符合实际的认知；其次，但却是最重要的，需要对行为主体作出符合实际的一般性假设，并设立符合逻辑的简单可用的分析框架；再次，需要探索贯彻经济学个体主义方法论的途径，如何在以"个体行为"为基本分析单元的前提下解释现实中的群体行为选择问题；最后，需要探寻出一条揭示经济行为选择过程要义的分析链，使其贯穿于行为理性选择理论。——以上对经济行为选择过程要义的认知过程，似乎局限于理论层面，但仔细品味，要捕捉到这种要义的真谛，需要以现实的观察和理解为基础。笔者曾发动学生展开过问卷调查和心理测试，对特定情境下的选择动机、偏好和认知进行过仿真实验，发现多重选择动机、多重偏好、认知不确定和效用期望调整的普遍存在。正因如此，我将行为理性选择过程作为本书的研究主题，这一点是需要特别说明的。

像绝大部分经济学家一样，笔者也是赫伯特·西蒙有限理性学说的推崇者和奉行者。有限理性学说具体到效用函数，便是选择者的效用期望值的不断调整；选择者的效用期望调整是与认知不确定相对应的，这是本书将其作为经济行为选择过程要义之分析链终点的依据所在。赫伯特·西蒙关于人的选择只能取得"次优解或满意解"而难以取得"最优解"的观点，是对效用的一种结论性评说，这个观点的实质是选择者的效用期望调整。本书把效用期望调整与多重动机、多重偏好、认知不确定等作为一条分析链，并以这条分析链作为对经济行为选择过程要义来解说，并反复考虑这条分析链是否吻合经济学个体主义方法论，是否集中反映了现代经济学有关行为理性研究的成果。在笔者看来，效用期望调整反映了选择者错综复杂的心理和行为，尚有许多新思想、新内容有待深思和挖掘；本书对其所作出的研究，或许只是从经济行为选择过程要义角度的理解，但就本书这一研究的理论效用而论，同样存在着效用期望的调整问题。

在给本书写"后记"之际，我的思绪始终没有离开本书试图揭示经济行为选择过程要义的分析链。聪颖的读者看完这个"后记"会发现，本书研究主题的确定，同样是笔者理论研究的一个理性选择过程。"后记"第1至第4自然段，实际上是依次在阐述笔者选择"经济行为选择过程要义"作为研究对象的动机、偏好、认知和效用（期望）。我不敢断言本书的研究能对行为理性选择理论的发展取得多大的效用期望值，但我敢说，这一研究主题是笔者的一种理性选择，它同样反映了经济行为选择过程的要义。

在本书完稿之际，我对人生一个最大的思想感悟是，人的一辈子是一个行为理性选择过程，其理性选择轨迹是可以运用经济行为选择过程要义来解释的。在现实生活中，无论是成功者还是失败者，如果将他们看成是理性选择者，而不是看成非理性选择者，那么，就可以按本书的理论予以解说。冯友兰先生曾经说过"立功靠机遇，立德靠修行，立言靠禀赋"，那是冯老先生结合自己的阅历对人生选择行为的一种朴素理解，但立功、立德和立言都需要通过行为理性选择来实现，这一点是确定无疑的。我想，冯老先生这个朴素的理解同本书所揭示的经济行为选择过程要义是吻合的。人生是行为理性选择的结果，整个世界也是行为理性选择的结果。

何大安

2014年6月于杭州